- 本书为国家社科基金项目，项目号 12BMZ028。

- 本书由海南省中国文学研究中心、海南省特色重点学科"中国语言文学"、海南大学人文社科科研创新团队资助出版。

马荣江 ◎ 著

海南
民俗文化生态研究

HAINAN MINSU WENHUA
SHENGTAI YANJIU

人民出版社

序

　　马荣江教授前几年来北大访学，与我多有交流。他当时提及他在做海南民俗文化的研究，将以专著的形式出版。我对此是很期待的。

　　海南是令人向往的宝岛。幸运的是，海南是我除了生长的湖北和工作的北京之外曾经访问次数最多、居留时间最久的省份。因为一辈子从事地方文化的调查研究，我算是在全国跑得比较多的学者。但是，我最爱游览、考察、逗留的是海南。首次游览海南的细节至今还记忆犹新。郑钢兄1992年邀请几个朋友去三亚帮忙为南山文化项目的设计开阔思路，他带领我们驱车环岛考察，浸泡在海水里，陶醉在热带景观里，十分享受。后来老同学承辉兄安排我带领团队在海口市的石山镇调查传统的民俗生活，除了访谈，还有机会深入村社，实际参与过婚庆活动、祠堂活动和寺庙活动。石山镇有火山石建墙铺路的荣堂古村，在节庆和婚丧礼仪中保持着传统的民俗，虽然离海口只有十多公里，但是古风古韵犹存。海南建设国际旅游岛，建设自由贸易区，既依赖于她得天独厚的沙滩蓝海，也得益于她别具特色的民俗风情。

　　我曾经在荣堂古村文化遗产调查报告的引言中说，新农村建设需要新的概念、新的思维、新的方式。画地为牢，局限在农村和传统农业来搞新农村建设是十分落后的路数。我们认识到，中国社会已经处在一个新的时代，现在对于资本与资源的界定、对于生产与产品的区分为农村（至少是一些特殊区位的农村)的发展带来了新的机会。"文化生态"和"非物质文化遗产"的概念为一些原以为没有什么价值的旧事物提供了点石成金的机会。农村的旧房子、旧家具甚至旧工具,一直处于凋敝的命运之中;农民的旧风俗、老手艺,在越来越普及的科学技术面前也一直被认为应该及早淘汰。可喜的是,这些新的概念如果得到正确的运用,农村的旧事物将有可能转变成无价之宝。当旧村转变成生态保护的对象,当旧风俗转变为非物质文化遗产,新农村建设就有了出现一种新的模式的条件。农业不再只是单纯地提供廉价的农产品,农村同时也是文化产品的产地;农业生产不再只是生产商品的劳动过程,而且本身就是消费的产品,如农业观光的对象。非物质文化遗产、生态农业与乡村旅游结合在一起,一种城乡共同发展的共生型模式就在新农村建设的大旗下出现了。这种模式的关键是通过转变观念,赋值农村的一砖一瓦、农民的一举一动,使之成为可以观赏的符号,成为高附加值的文化产品。

我在该报告中特别提到,要达到这个目标,我们首先要摸清家底,做好民俗资源的普查工作。我只是海南的游客和浅尝辄止的考察者,来也匆匆,去也匆匆。我们要想系统地了解海南民俗,还得指望像马荣江这样的扎根海南热土的本地学者。

马荣江虽然是外地人,但是已经以海南为他的新故乡。他现在是海南大学人文传播学院教授,与研究海南历史民俗的著名学者周伟民先生是一个大学,也是同一个学院的。他担任汉语国际教育系主任,也兼任海南省民俗学会副会长,在海南民俗的历史钩沉和现实调查中颇有作为,所以才有本书的成就。

荣江在本书中是将海南民俗作为一个完整的文化生态系统进行研究,是将民俗生成的自然和社会环境作为一个整体进行考察,是整体研究。他通过研究这一生态系统与民俗之间以及各种民俗之间的互动,探讨海南民俗的渊源、形成及发展过程,研究海南民俗与大陆文化、与南洋文化以及与其他外来文化之间的关系,以期理清海南各种民俗文化之间作用与变异,冲突与融合,并进而为政府建构和谐海南服务,为发展海南文化建设及海南国际旅游岛建设服务,为促进民族和谐、社会和平服务。

他从自然环境着手,探讨了自然环境与民俗文化形成的关系。海南岛独特的地理格局决定了海南民俗文化的独特性:封闭的海中之洲增加了交通的困难,尤其对于岛内山地居民来说,这种封闭性决定了其文化的稳定性和接受外部影响的滞后性。正是由于这种状况,一些古老民俗文化,比如与刀耕火种传统生产技艺相关的祭祀习俗,比如与陶器、铁器等一些生产生活工具制作的特殊技艺,就能够在一些偏僻地区保留下来。同时,由于海南岛处于大海之中,为"外接诸蕃"的交通要道,这一地位又促成了海南民俗文化的开放性,来自世界各地的"岛外人"和新异的民俗能够上岸,各种不同的民俗也随之汇集于此。海南的炎热气候对海南民俗的影响也是多方面的,既促进了各种作物的丰产,使食物易得,吸引外部人前来;但是又多瘴疠,危害生命,很多视之为畏途。所以,海南素无饥馑之苦,却常受瘴疠之害。这就构成了民俗文化的多样心态。

他发掘了海南民俗的多源头构成。海南民俗,在渊源上,一是由祖国大陆过来的部分,二是由南洋诸国过来的部分,三是远洋贸易传来的,总之是多元的。考查民俗首先要关注这个地方的族群结构,因为不同的族群有各自的集体记忆,结合不同地理环境及其他因素,就会形成自己独具的民俗特色。海南民俗的主流是来自多方入琼的汉人民俗,黎族也不是单一来源,而海南苗族、回族与大陆其他地区的苗族、回族之所以基本不同,是因为其来源差别很大,又加上海南封闭的自然环境,使其更多地保持了原有的"记忆"。这些族群之间又不断交流、借鉴、融合、创新,"民渐黎俗"、"黎渐民俗"的现象和趋势总在发生演变,生生不息。作者由此总括出海南民俗的"共生"和"共享"图景。

对于民俗文化的整体研究需要深入专门的社区进行长期的参与观察,这是今后我们可以共同努力的方向。民俗是一个地方的自我认同的文化基础,在一个人口大流动、文化大交流的时代,整体认识一个地方的民俗是社会科学界的基本责任,在实施上是颇有难度的,需要我们十分的投入。我愿以此与马荣江教授共勉。

高丙中

北京大学社会学系教授

2020 年 5 月 29 日

目　　录

前　言

　　海南岛是中国社会一个比较特殊的地区,虽然只有 3.4 万平方公里,但是,这个小岛却拥有非常丰富的族群资源、宗教思想资源、民俗文化资源。长期居住于海南岛上的民族共有三十多个,大的民族有四个——海南的汉族、黎族、回族、苗族。黎族是岛上最早的住民,其历史可以追溯到 3000 年甚至 1 万年以前。黎族又可分五个支系:侾黎、杞黎、加茂黎、本地黎和美孚黎。五个支系来源各不相同,大体有:南来说,认为黎族的四个(应为五个)支系中,有两个支系(美孚黎、侾黎)的黎族是从东南亚一带来的;北来说,认为黎人黎族的起源与古越族有关,并提出海南黎族与南洋诸国相似是"中土民族海外移植"的结果;多源说,主要是把上述两种观点结合起来,认为侾黎(哈黎)、润黎(本地黎)来源于东南亚,而另外的黎族居民则是由安南、雷州等地人南迁而形成。后来,又有学者总括上述诸种观点,指出海南黎族的主体是岭南土著古越族的一支,在长期的历史发展过程中又以民族融合的形式先后吸收汉族、壮族、马来人等多个民族和种族而形成的融合体。还有学者通过比对海南黎族与台湾高山族的民俗特点,认为海南黎族与台湾高山族同宗。源于中亚的阿拉伯人和波斯人,早在唐朝时期,广州、扬州、泉州就已经是我国重要的通商口岸,海南则是海上通商线路上的重要海岛,商人或避难于此,或被海南海盗掳掠于此,即番人或叫番客。源于大陆的回族人,认为大部分海南回人是在唐朝由西域移到中原,又在宋代时期移居广东,约在四百年前移居海南的新疆维吾尔人。海南苗族的来源相对单一,多为在明朝万历年间朝廷征调而落籍海南的苗兵,另一部分则是由广西迁民至海南的。海南汉族移民至今已有两千一百多年的历史,来琼汉人也可以分为四类:一是中原仕民,包括出仕任职、贬谪流放的官吏和屯边将士;二是闽粤农工,这些人大约早在汉代即已开始远迁海南,大规模迁移则始于宋代,多从中原迁至福建,再从福建迁至海南,到明清达到高潮,这也是海南以闽南语为主的原因所在;三是明朝万历年间渡海的高化客家人(即高州和化州)主要集中于临高和那大两地;四是过海商帮,主要集中于海口府城一带。除了这些族群之外,还有藏、彝、壮、满、侗、瑶、白、泰、高山等族群。

从宗教思想来看,海南文化是大陆文化的延伸,仍然以儒家思想为主,但由于地理与历史的原因,印度的佛教文化、阿拉伯的伊斯兰文化、欧洲的基督教文化在这一块土地上共生共长。佛教传入海南早在唐代鉴直之前,当地政府已经在三亚建有大云寺,到宋初佛寺及佛教逐渐荒废,宋代再次传入,之后香火不断。据《海南省志》"佛教志"载,1932 年海南仅琼山一县就有佛教信徒 3000 人,新中国成立之后大幅回落,但在 20 世纪 80 年代之后信众人数又以几何倍数翻升,今有佛寺 24 个,信徒两万多人。海南佛教是汉语系佛教,多奉如来佛、四大菩萨、"斋"主,大体属于禅宗。道教是我国的传统宗教,约产生于东汉时期,传入海南在宋代,最初在海口琼山,主要从事祈福、超祭等宗教活动,也从事治病救人、卜相等活动,解放前海南约有教徒五千余人,海南许多节日与习俗来自道教。基督教传入中国可以追溯到大唐时代,具体传入海南约在清光绪年间,光绪七年(1881 年)美籍牧师冶基善在那大建立第一座教堂——福音堂,之后,在海南创办了大量的医院、学堂、孤儿院、麻风院等,在传播文化知识、救治百姓方面作出了巨大贡献,到民国时期发展到了一万三千多的信徒,影响很大,但解放后,"文革"时期受到了极大的破坏,进入 20 世纪 80 年代,基督教的传教活动才渐渐得以恢复。穆斯林讲究专门的礼拜和功课,凡是穆斯林成员不得违犯教规,并且《古兰经》中涉及了社会、生活、礼俗等活动的方方面面,因此,对习俗影响也比较深远,但主要限于回族民众。不同的族群有不同的习俗,有不同的宗教信仰,当他们汇聚于海南的时候,他们各自的习俗与信仰也会相互融合与渗透,形成独特、稳定而又多样性的海南民俗文化。

　　但是,学者们的研究多将各个族群的民俗现象作为孤立的个案进行研究,没有揭示出各个族群之间,各种民俗之间的内在联系,难以动态地勾画出海南民俗演进的轨迹。本书拟将整个海南社会看成一个相对完整的文化生态,力求探究海南民俗文化形成中的纵向与横向的作用与联系。通过探究海南民俗文化所处的生态环境研究民俗形成的外在因素,分析海南各族群的来源以及其基本构成,研究民俗的渊源,并在此基础上进一步研究各族群民俗的相互作用与影响,以及作用与影响的动力,并勾勒出各种民俗文化间的共生与共享关系,以期为研究海南各民族关系提供相关的理论依据。

第一章　海南民俗文化的生态环境

海南岛处于太平洋西部,亚洲大陆与澳洲大陆之间的南海之中。南海平均水深 1100 米,是东海平均水深的 6 倍,南海面积约为 344.7 万平方公里,将近东海、黄海和渤海总面积的 3 倍,而处于其中的海南岛则不足 3.4 万平方公里。海南岛北面是中国大陆的广东、广西两省,西面为中南半岛上的越南和泰国,南面有苏门答腊岛、加里曼丹岛、马拉望岛、民都洛岛和吕宋岛,东面则是中国台湾岛。它们共同构成了一个独特的地理格局:既具有典型的封闭性,又具有明显的开放性。

第一节　大海之南,海中之洲

海南岛的面积超过了 3 万平方公里,有足够的人类活动空间,岛上分布着广袤的原始森林,孕育了丰富的生活资源。这个自足而又相对封闭的海岛逐渐塑造了岛上居民独有的性格和民俗。

《汉书·贾捐之传》:"儋耳、珠崖郡,皆在南方海中洲居,广袤可千里,合十六县,户二万三千余。"[1]这是对海南岛较早的描述,"海中洲居,广袤可千

---

[1]　(汉)班固:《汉书》,中华书局 1962 年版,第 2830 页。

1

里"是对海南岛的准确认识。据《海南岛地质》一书介绍,海南岛本是雷州半岛的延续。海南地块从中、晚元古代到新生代经历了许多构造运动,在晚白垩纪时期与华南地块分离,迁移至北纬20°至赤道之间,中间琼州海峡隔开。岛南的三亚地区大致形成于寒武纪(古生代第一个纪),中部的五指山区主要形成于志留纪(古生代第三个纪),北部和西部的火山岩地质的形成大致是由发生在石炭纪(古生代第五个纪)的海西运动形成的。也就是说,海南岛早在远古时代就已经脱离大陆,迁移到茫茫南海之中。到了晚更新世末,海面下降,海南岛重新与大陆相连。直到全新世早期,海面上升,海南岛再次与大陆分离,形成了孤悬海外的海中之洲。①

　　海南独特的地理位置造就了与中国大陆的隔绝,所以,在上古人的眼里,海南一直充满着神秘。屈原《招魂》:"魂兮归来! 南方不可以止些。雕题黑齿,得人肉以祀,以其骨为醢些。蝮蛇蓁蓁,封狐千里些。雄虺九首,往来儵忽,吞人以益其心些。归来归来! 不可以久淫些。"②这里的"雕题"即刻画其面,是指海南岛上黎人的常见装饰,此处代指岛上居民。郦道元《水经注》引汉东方朔《林邑记》曰:"汉置九郡,儋耳与焉。民好徒跣,耳广垂以为饰,虽男女裸露,不以为羞。暑褻薄日,自使人黑,积习成常,以黑为美。《离骚》所谓玄国矣。然则儋耳,即离耳也。"③"民好徒跣"的习俗一直保留着,现在海南还有许多人无论冬夏都穿拖鞋。"耳广垂以为饰"、"以黑为美"则与中原人们的审美观念大相径庭。而"男女裸露,不以为羞"更为中原士绅难以接受。"得人肉以祀,以其骨为醢些"就更为可怖了。至于,"蝮蛇"、"雄虺"则完全是海南地理环境的真实描绘,即使现在海南的原始森林里也不乏这类吓人的毒物,从先秦、秦汉到民国之初,这种可怖情形的记载一直不绝如缕,只是到明清之际,人们对海南的神秘之感稍有消减。神秘的存在源于交流的不便,神秘

---

①　张启富等:《海南岛地质》,地质出版社1991年版,第3—12页。
②　潘啸龙:《楚辞》(注评),黄山书社1998年版,第127页。
③　(北魏)郦道元著:《水经注》,岳麓书社1995年版,第533页。

的消减在于彼此的了解。海南岛之所以"神秘",就在于它是"海中之洲"。

第二节 荒蛮之地,瘴疠之乡

班固《汉书》载有贾捐之上书汉元帝力陈罢弃珠崖郡的一段话:"骆越之人,父子同川而浴,相习以鼻饮,与禽兽无异,本不足郡县置也。颛颛独居一海之中,雾露气湿,多毒草、虫蛇、水土之害;人未见虏,战士自死。又非独珠崖有珠、犀、玳瑁也。弃之不足惜,不击不损威。其民譬犹鱼鳖,何足贪也!"①除对"骆越人"的评判有明显的歧视外,贾氏对海南环境的描述还是比较客观的。海南地处于大海之中,多雾多潮湿是自然的,"多毒草、虫蛇、水土之害"也确是实际情况,放在以农业为主的社会之中,海南为中央政府的贡献自然很少。至于"战士自死"也非虚妄之辞,《后汉书·马援传》:"条奏越律与汉律驳者十余事,与越人申明旧制以约束之,自后骆越奉行马军故事。二十年秋,振旅还京师,军吏经瘴疫死者十四五。"②马援军吏"经瘴疫死者十四五",这么高的伤亡率,而且还是发生在军事行动结束,军队得胜还京的时候,"瘴疠"的可怖再次引起了人们的关注。虽然,此事究竟是不是发生在海南,尚无定论,但可以确定的是发生在岭南"骆越之地",需要指出的是,海南原属"骆越之境",但"骆越之境"并非仅指海南,还包括岭南两广一带的大部分地区。《三国志·全琮传》:"然殊方异域,隔绝障海,水土气毒,自古有之,兵入民出,必生疾病,转相污染,往者惧不能反,所获何可多致。"③全琮之言其实是贾捐之上书的翻版,不同在于,贾只说"兵",强调用兵之不易,而全琮则兼说"民",强调了用兵之后守之不易。但他却再次确认了海南是"瘴疠之地"的普遍认知。

瘴气的存在,让海南成了一个非常可怖的地区。《道光琼州府志》:"当唐

---

① (汉)班固:《汉书》,中华书局 1962 年版,第 2830 页。
② (南朝宋)范晔:《后汉书》,中华书局 1965 年版,第 840 页。
③ (晋)陈寿:《三国志》,中华书局 1959 年版,第 1383 页。

宋时,以新春儋崖诸州,为仕宦畏途。"①"新春"即新州和春州,宋朝合为新春州,即今之肇庆市,在粤西,也是所谓的"骆越之地",因其靠北,气候相对海南要凉爽一些。"儋崖"即儋州和崖州,此处指海南全境,包括琼州、万州等。人们视为"畏途"的原因就是瘴气。《明实录》有巡按广东监察御史汪俊民:"又山水峻恶,风气亦异,中国之人罹其瘴毒,鲜能全活。"②《万历琼州府志》:"水土无他恶,惟黎峒中有瘴气。乡人入其地,即成寒热,重者或黄肿,经年乃愈,谓之黎病。"③正由于海南气候恶劣,这种"瘴气"所引起的病在海南黎族地区非常典型,人们才称之为"黎病"。历代政府皆将海南作为犯人流放之地,主要有两个原因:其一是犯人难以逃跑,其二则是海南气候或生活环境恶劣。明初朱元璋说:"前代谓儋、崖为化外,以处罪人。朕今天下一家,何用如此?"④朱元璋也只是做了个姿态,事实上,整个明朝还是将海南作为流放犯人的地方,并且明朝流放到海南的官宦人数超过之前任何一个朝代,也远远多于后来的清朝,更具有讽刺性的是,明太祖时期流放到海南的官宦又远超明朝其他皇帝之时。整个明朝流寓海南者22人,汪广洋、薛祥、杨升、康鉴、穆惟敬、解缙、王直、崔永等8人,连同其家人为宦者可能多达15—20人,都是明太祖洪武年间流寓海南的。明朝流放门槛很低。解缙因题《雪冤致雨卷》诗,被李至刚弹劾,流放海南,后改交趾。明武宗正德年间(1506—1521年),隆平侯张祐的弟弟张禄与其从弟张婿、张沂、张涣等争袭其侯爵和家产,最后张禄胜诉,而其他参与的败诉者均被流放到了"海南、甘肃、肃州"等地。由于流放到海南的犯人经常有染瘴气而亡者,并且问题很突出,清雍正帝曾专门下旨:"近闻发遣广东人犯,例在崖州、陵水等处,此地水土最恶,易染疾病,每多伤损。朕思此

---

① (清)明谊修,张岳崧纂:《道光琼州府志》第4册,海南出版社2006年版,第1741页。
② 刘耀荃主编,练铭志校补:《明实录广东少数民族资料摘编》,广东人民出版社1988年版,第15页。
③ (明)戴熺等:《万历琼州府志》,海南出版社2003年版,第51页。
④ 刘耀荃主编,练铭志校补:《明实录广东少数民族资料摘编》,广东人民出版社1988年版,第2页。

等不良之辈,虽孽由自作,然其情罪,较之盗犯,尚觉稍轻,即发遣之本意,亦欲全其性命也。今因水土不服,以致伤生,殊可悯恻。"①将本该流放海南的犯人改为流放到其他沿海地带。

不仅仅是流放人员,正常的为官者也一样。乾隆三年(1738年),两位县令刚刚到任即染瘴而亡。于是,朝廷不得不改变海南官吏的任职办法:只调广东、福建、湖南、云贵等地与海南气候饮食起居大致相类的官员候任,并且,其他地方五年例升,而崖州为三年例升。这一政策在乾隆四年(1739年)推广到"粤西边瘴"地区,"照广东崖州例"。明谊、张岳松、郝玉麟等人生活在晚清时代,其所著《道光琼州府志》中所谓"瘴烟大豁"、"清淑之气",大多出于本岛人士的私心之语,与丘濬所谓"境临乎极边而复有,海泄其蕴气而无瘴",只不过是他们的一厢情愿罢了。光绪八年(1882年)四月,张树声、裕宽奉旨剿黎,可是,刚到六月,裕宽等人不得不上书暂停进兵,理由是:"现因暑热,弁勇感受瘴疠,欲图进攻,兵力单薄,请俟秋凉再行剿办。"②也就是说,瘴疠的危害确实存在,并且一直持续到近、现代。

那么,"瘴疠"究竟是什么东西?戴璟《广东通志》:

> 岭南地区通号瘴乡,然郡邑之依山者,草茅障翳,炎气郁蒸,故为害也。《旧志》瘴候始于三月,止于九月。故有青草、黄茅、桂花、菊花之号。商旅氓隶,触热征行,与夫饮食失节,不善调摄者,固自有以取之;为生者,尤当加谨。③

又,《道光琼州府志》:

> 岭南之地,惣阳所积,暑湿所居,蕴隆不宣。一岁之中,风雨燠寒,罕应其候,故蒸变而为瘴疠。瘴有四候:青草黄海瘴于春夏;新禾

---

①　广东省地方史志编委会办公室编:《清实录广东史料》,广东省地图出版社1995年版,第271页。

②　广东省地方史志编委会办公室编:《清实录广东史料》,广东省地图出版社1995年版,第61页。

③　(清)陈梦雷主编:《古今图书集成》第165册,中华书局、巴蜀书社1985年版,第19831页。

黄茅瘴于秋冬,皆草木之气,挟毒虫恶蛰,蒸郁而成。深山菁林之中,
香花瘴尤酷;木棉开时,山岚气随之而发,行者闻异香出林,味如桂
菊,毒易中人。近海州郡,地气稍舒,风涛变动,诸瘴少作。唯山泽
间,蓬蓬勃勃,郁结如火不散。①

这两段文字都提到了瘴疠产生的原因,前文说岭南地区,后文直言海南。
综合起来,瘴疠产生的最重要因素有二:一是暑热,二是潮湿。由于岭南地区
天气炎热,草木之气,毒蛇恶虫之气,混合积郁于山中,不得挥发,人处其间,久
而成疾,即为瘴。这些分析是有道理的。民国陈植编写《海南新志》时这样写
道:"本岛以高温、多雨、多湿,故风土病时有发生,实为必然结果,益以处于类
似原始生活环境中,遂成恶疫猖獗之地。"②至于"青草"、"黄茅"主要是指时
间,"青草瘴"是指春夏时期,青草生长时盛行的瘴气,"黄茅瘴"则是秋冬时
期,草叶枯黄时盛行的瘴气。而"桂花"、"菊花"则是指的气味,告诫人们如果
在山林之中嗅到桂花、菊花之香味,可不是好事,可能是这两种瘴疠之气味。
这一点海南与岭南其他地区又不相同,其他地区瘴疠盛行于三到九月,海南终
年高温,各种生物、微生物几乎四季活跃,瘴疠也盛行于四季。

形成瘴气的"毒虫恶蛰"、"草茅障翳"都是什么呢? 首先,令人望而生畏
的东西是"含沙"。李德裕《岭南道中》所写:"岭水争分路转迷,桄榔椰叶暗蛮
溪。愁冲毒雾逢蛇草,畏落沙虫避燕泥。"③宋之问:"含沙缘涧聚,吻草依林
植。"《诸病源候论》解释"射工候"时说:"夏月在水内,人行水上,及以水洗
浴,或因大雨潦时,仍逐水便流入人家,或遇道上牛马等迹内即停住,其含沙射
入影便病。"④"射工候"即所谓的"含沙",又有蜮、短狐、水弩等别称,也就是
今天的"恙虫病",是一种自然疫源性疾病,又称丛林斑疹伤寒病,是由恙虫病

---

① (清)明谊修,张岳崧纂:《道光琼州府志》,海南出版社 2006 年版,第 73 页。
② 陈植:《海南岛新志》,海南出版社 2004 年版,第 111 页。
③ 陈伯海:《唐诗汇评》,上海古籍出版社 2015 年版,第 3339 页。
④ (唐)宋之问:《宋之问集校注》,中华书局 2001 年版,第 429 页。

东方体所引起的急性发热性传染病。当然,说"入影便病"还是有些夸张,但是,由于这种毒虫太过细小,令人防不胜防。据媒体报道,2012年广州发生数例恙虫病,病人都是在公园游玩的时候不经意染上的①。由于这种虫子不在晚上活动,所以,人们为了躲避这种毒虫,一般晚上活动于水边,白天远离溪流。所谓"夕宿含沙里,晨行冈路间"、"夜渡千仞溪,含沙不能射"即言此事。

其次,海南多毒蛇。海南蛇的种类很多,中国8种蛇类,在海南均有代表,瘰鳞蛇仅海南有分布。据《海南两栖爬行动物志》共计蛇类40大种,其中毒蛇有生活在热带雨林乔木和灌木上的林蛇属的繁花林蛇、绞花林蛇、金花蛇等,这些蛇具有较强的攀爬能力,常常缠绕于树间;生活于稻田、溪边的金环蛇、银环蛇,这种蛇咬人之后,只是微痒,但两个小时之后基本难以治愈;生活在水中的铅色水蛇、黑斑水蛇、中国水蛇,常在近海的河口及红树林中;生活于路边、石缝中的紫沙蛇;最让人恐怖的眼镜蛇的几个种类在海南几乎都有发现,如环蛇属、眼镜蛇属、眼镜王蛇属、珊瑚蛇属等。最毒的当属眼镜王蛇,俗称"过山风","过山风"不同于一般的眼镜蛇,因体大凶猛,主动攻击人,一次注入人体的毒量大,所以被咬后的死亡率达到99%以上;还有青竹蛇、烙铁头等,虽有毒但毒性不大。②

除了毒虫之外,海南多毒草,"草木之中,有巴豆、野葛,食之凑懑,颇多杀人"③。刘恂《岭表异录》详细介绍了这些岭南(含海南)植物:野葛,俗称胡蔓草,又名钩吻、断肠草。毒主要在叶,如果误食,大概不到半日即死。现代医学检测其叶中含钩吻素甲,可以瞬间让人停止呼吸,故有"断肠草"之称。宋之问诗中的吻草依林植,吻草即是野葛。巴豆、麻风果、毒蘑菇、毒木暑,甚至灵芝都有可能有剧毒。除了毒草之外,还有毒鱼,"黄腊鱼,即江湖之横鱼。头

---

① 曹斯:《广州现4例疑似恙虫病2人死》,《广州日报》2012年5月27日。
② 史海涛等:《海南两栖爬行动物志》,科学出版社2011年版,第202—265页。
③ (汉)王充:《论衡》,岳麓书社2006年版,第293页。

嘴长而鳞皆金色,南人脔为炙,虽美而毒",①北方人不知道怎么吃,就只能将头扔掉。更可怕是让人感到神秘莫测的"蛊毒",一直到今天,人们都对之深信不疑。据《岭表录异》言:"广之属郡及乡里之间多蛊毒,彼之人悉能验之。以草药治之,十得其七八。"②刘氏进一步解释,岭南传说的"种蛊"实际上并非人们有意"种"的,而是这么多的毒虫、毒草,再加上"湿热之地",共同形成了有毒之气,才让人身染重病。

海南让人感到可怖的还有台风(古称飓风)。海南是台风的多发地,素有"台风走廊"之称。据气象统计,台风大多在菲律宾的吕宋岛附近海面形成,向北移动,经海南的东部及东北部,登陆中国大陆或越南,因此,对于海南岛来说,台风影响几乎每年都有,最多的年份可达 11 次,最少的也有 2—3 次。如果风力不大,台风会带来大量降雨,促进农业生产,而一旦形成强台风,对岛财产的损害相当惨重,甚至对人民生命造成威胁。明谢肇淛《五杂俎》卷上云:"惟岭南琼、崖之间,飓风三五年始一发,发则村落、屋瓦、林木数百里如洗。舟楫漂荡,尽成虀粉。其将至数日前,土人皆知而预避之,巨室皆以铁楞木为柱,铁铜为瓦,防其患也。此亦可谓之小业风矣。"③谢氏所谓"三五年始一发"就是指的大的台风,这类台风早在宋代就已引起人们的关注。《中国气象灾害大典》将正史上记载的发生在海南并且带来特大危害的台风逐一辑录下来,从宋代到民国时期,这类台风 195 次,④古代重物不重人,多详述官署、城门、学校、房舍的损害情况,对于人员的损害只用简单的"溺死者众"、"溺死者甚众"、"溺死者众多"等词描述,但从其简略的记载我们还是可以看到当时的惨状的。《宋史·五行志》记载海南台风:"七年八月,琼州飓风,坏城门、州署、民舍殆尽。"⑤明永乐二十一年

① (唐)刘恂:《岭表录异》,中华书局 1985 年版,第 17 页。
② 鲁迅辑:《鲁迅辑录古籍丛编》第 4 卷,人民文学出版社 1999 年版,第 477 页。
③ 马镛等:《明代笔记小说大观》第 2 册,上海古籍出版社 2005 年版,第 1491 页。
④ 吴岩峻:《中国气象灾害大典》海南卷,气象出版社 2008 年版,第 21—40 页。
⑤ 冯仁鸿编:《海南风灾纪实·琼崖史海钩沉》,天马图书有限公司 2000 年版,第 548—556 页。下引风灾均出自该书。

（1423 年）："秋八月,琼州飓风暴雨,海水涌溢,湮没庐舍孳畜,居民溺死者五十二人。""八月,琼州刮飓风,降暴雨,本县河水暴涨,淹没庐舍禽畜被溺,居民遭殃。"明宣德六年(1431 年)"秋,飓风夹雷雨,昼夜不息,洪水涨溢,居民溺死者甚众"。嘉靖三年(1524 年)"万州,七月飓风,雨如荆,挟风而来,飘瓦拔木,坏墙屋,伤禾稼(秋七月,乐会、万州飓风大作,雨落如注,震荡弥空,屋瓦皆飞,居民庐舍十去其八,林树合抱折之驾出数丈地,人亦为覆墙所压,或风遍落河海死,牛马豕鹿溺死无算,海舟飘平陆一二里许,浮苴栖于木末,父老骇之,以为从古未之有也。)"。清同治三年(1864 年)定安:"八月初八(9 月 8 日)夜,飓,至次日晨止,尤大于癸亥年(1863 年)八月十五飓。至巳时又复回南,亦极大,至未时止。城内伤室甚多,南城俱毁,城隍庙大门、书院楼阁、文庙经阁、县衙俱被伤十之五,谯国夫人庙大门扫为平地,村庄坡上祠俱杞。水浸城五尺,西门沉船十四只,上下江沉船百余只,没村溺人,不计其数,此水大过乙酉年(明万历十三年,即 1585 年)而稍让于乾隆壬辰年(1772 年)。"[1]这种年复一年发生的灾难,对于岛外人士具有摧肝裂胆的作用。

海南解放之后,有了专门的台风记录,从 1950 年到 2000 年共有台风 383次,其中多数为热带气旋,影响较大的 149 例,直接登陆海南的有 48 例。1950 年10 月 11 日发生在海南的台风并不大,中心附近的最大风力才 7 级,14 日从海南岛的中北部地区掠过,但此次台风造成的损失却是惊人的:60 万人受其影响,占海南岛人口的 1/5,房屋倒塌近 5.4 万间,死伤人数四百多人,牲畜 4313 头,7340公顷作物被毁,台风过后,渔船沉没,房屋倒塌,桥梁损坏,一片狼藉。[2] 这比起2014 年 7 月登陆海南岛的 17 级风力的"威马逊"还相去甚远,只是进入当代社会,各种科技进步,防范措施也先进了很多,但"威马逊"仍然造成了 140853间房屋受损,三十多人丧生。[3] 由此可见,苏轼《飓风赋》所写的"敛衽变色"、

---

① 吴岩峻编:《中国气象灾害大典》海南卷,气象出版社 2008 年版,第 33 页。

② 吴岩峻编:《中国气象灾害大典》海南卷,气象出版社 2008 年版,第 40 页。

③ 《中国民政统计年鉴·台风灾害损失情况》,中国统计出版社 2015 年版,第 548 页。

"股慄毛耸",非文学夸张之语,而是苏轼当时真实的经历。

海南在古代文人笔下常常被描绘成荒蛮之地、瘴疠之乡,主要有太多的不可控之事,而它们又时时处处都在威胁着人们的生命,瘴气、含沙、毒草、毒蛇、蛊毒、鳄鱼、飓风等都是非人力可以改变的,因此,在北方文人看来,南下之路即是赴死之路,以至于海南长期缺少北方人的足迹。这种认识对海南社会发展的负面影响也是深远的。

第三节　南溟奇甸,粤东乐土

人们对于神秘的事物总会有许多猜测和误解,其原因有:一是距离遥远造成不解。颜师古注《汉书·地理志》云:"自交趾自会稽七八千里,百越杂处,各有种姓。"①这里"百越"之地包括了今之江浙、两湖、两广、福建、海南等地,"百越"则是当时活跃于中国东南、南方,甚至西南地带的众多民族,有吴、于越、闽越、东瓯、西瓯、骆越、扬越、滇越、夷越、腾越、雕题、儋耳等民族,其中雕题、儋耳皆指今之海南。二是大海阻隔造成不解。在当代人看来窄窄的琼州海峡,对于古人则是千难万险。三国时期,东吴孙权准备攻打海南(珠崖),全琼回奏:"以圣朝之威,何向而不克?然殊方异域,隔绝障海,水土气毒,自古有之,兵入民出,必生疾病,转相污染,往者惧不能反,所获何可多致?"②其实,全琼所说的"水土气毒"尚在其次,在当时人眼中有"水土气毒"的何止海南,整个岭南甚至东吴都被人认为是"水土气毒"之地,都是所谓的瘴疠之乡,之所以吴人也如此说海南,就是由海南"殊方异域,隔绝障海,交通不便"造成的。

孤悬海外的地理位置造就了海南岛的封闭性,但也正是由于它位于大海之中,受到的第四纪冰期恶劣气候的冲击较少,同时受人类活动的影响也较少,所以,又促成了岛上物种及资源的丰富。

---

① (汉)班固:《汉书》,中华书局1962年版,第1669页。
② (晋)陈寿:《三国志》,中华书局1959年版,第1383页。

地质史上的第四纪冰期时期是人类时代,北半球森林中的灵长目迅速进化,产生了人类,因此,人们把第四纪称为"灵生代"或"人类纪"。同时,第四纪还是地质历史上三大冰期的寒冷时期之一,尤其是新近纪晚期的中新世之后,全球气温逐渐寒冷,进入第四纪后发生了明显的全球性冰期——间冰期的气候变化。据研究,冰期最盛时大气层底部地球的平均气温约为 8℃—10℃(现在的平均气温为 15℃),与现代相比,赤道雨林带的平均气温仅仅低 2℃左右,中纬度地区冰期气温要低 15℃左右。另外,冰期热带海洋的表层水温较现代低 5℃左右,而中纬度地区海洋上却满是浮冰。也就是说,由于海南处于热带的大海之中,在冰期和间冰期到来的时候,更新世冰川活动对本岛植被影响不大。由于岛上气候温暖湿润,植物生长茂盛,种类丰富,组成了与现代基本相同的海南植被。据考察,在全新世早期,全岛从沿海到内陆全部布满了森林或草原,森林呈环状分布。海南岛的南部以热带植物为主,海拔 400 米以下的丘陵、低地或山地,生长着高大茂密的热带雨林,400—800 米地带以山地雨林为主,更高的山地则以山地矮林为主。海湾、河口盐地上分布着红树林,而东方、白沙、屯昌等地的丘陵地带,还分布着热带针叶树林和针阔混交林。①

丰富的植物为各种动物的生长提供了食物和良好的生活环境。据广东省昆虫研究所动物研究室的调查报告可知,岛上有哺乳动物 76 种,其中以热带食虫、食果的种类最为繁盛。这些物种大部分在第四纪晚期都已经出现。据三亚落笔洞考古发现,洞穴中出土有哺乳动物 45 种,其中包括攀鼩目、翼手目、啮齿目、灵长目、长鼻目、食肉目、奇蹄目及偶蹄目等,几乎全为现生种,缺少典型的化石种,尽管有一种化石的小灵猫,但其基本特征还是与现生小灵猫相似,没有华北成分,主要属于亚洲南部热带——亚热带类型。海南"亡马与虎"的记载被推翻了,在三亚人生活的时代海南有虎、象、豹、貘等大型哺乳动物,不知道什么原因,这些动物后来消失了。发现的鸟类比较少,共 6 目 9 科

---

① 颜家安:《海南岛生态环境变迁史研究——以植物和动物变迁为研究视角》,南京农业大学出版社 2006 年版,第 45—47 页。

14 种,这与现在鸟类目种数量相差很多,据统计现在岛上共有鸟类 344 种(另有 18 个亚种),分属于 20 目,60 科(4 亚科),但发现的鸟类化石中有几种比较特殊的鸟类,现生种仅限于江西、四川和海南一带的大型涉禽类秃鹳、孔雀雉、绿孔雀和原鸡等。还发掘出了大量的无脊椎动物,约 24 种,多为营养丰富的海生软体动物,考古证明这些软体动物是当时落笔洞人重要的食物来源。①

乾隆二年(1737 年)琼州总兵武进升言:"伏查琼州一郡,孤悬海表,溯自向化以迄于今,莫不视为边僻之地。其称险要而难治者,历来如同一辙。……莅事之日,先详形势并察民情,固知圣朝之德教涵濡最深,民俗之淳庞习焉,不察琼郡一隅,实为粤东之乐土。"②武氏所谓"乐土"之说,实是指岛上居民"生养蕃息,各世其居,各安其业,虽无衣冠文物之盛,而其感孚德化者,莫不奉法畏罪",而其生养蕃息、安居乐业的根本原因就是物产丰富。《诸蕃志》专辟"海南"一节,对海南物产叙述颇详,兹录于下:

> 地多荒田,所种秔稌,不足于食,乃以藷(薯)芋杂米作粥糜以取饱。故俗以贸香为业。土产沉香、蓬莱香、鹧鸪斑香、笺香、生香、丁香、槟榔、椰子、吉贝、芘麻、楮皮、赤白藤花、缦黎幞、青桂木、花梨木、海梅脂、琼枝菜、海漆、荜拨、高良姜、鱼鳔、黄蜡、石蟹之属。其货多出于黎峒。省民以盐、铁、鱼、米转博,与商贾贸易。泉舶以酒、米、面粉、纱绢、漆器、瓷器等为货,岁杪或正月发舟,五、六月间回舶;若载鲜槟榔换先,则四月至。③

《琼山县志》这样介绍海南:"南方地气暑热,一岁田三熟,冬种春熟,春种夏熟,秋种冬熟。今惟琼郡则然。"④温湿的热带季风气候使这个海中之洲成为中国独特的四季花果的地方,真正的"火耕而水耨,饭稻羹鱼,地热饶食,无

---

①　郝思德等:《三亚落笔洞遗址》,南方出版社 1998 年版。

②　练铭志、张菽晖编:《〈清实录〉与清档案中的广东少数民族史料汇编》,广东人民出版社 2011 年版,第 34 页。

③　(宋)赵汝适著,杨博文校释:《诸蕃志校释》,中华书局 1996 年版,第 217 页。

④　(清)李文烜等:《咸丰琼山县志》,海南出版社 2004 年版,第 36 页。

饥馑之患,无冻饿之人"的地方。丘濬称"南溟奇甸",虽不无夸张,但也确实合乎实际。

第四节　外接诸番,内盘黎峒

《正德琼台志·形胜》对海南岛的地理形势这样概括:

> 府,南溟奇甸。海中洲居,广袤千里。外接诸番,内盘黎峒。四州环一岛,百峒盘其中。南望连山,若有若无。别开绝岛千里之疆,总收中原百道之脉。天近地大,南极一名邦,一方背阻大海,限以天堑;三面俯临军州,势若建瓴。广藩西南,此为雄郡。①

地方志中"形胜"部分,主要用来说明当地在军事上的重要位置及可资凭借的地理优势。那么,海南的"形胜"如何呢?"外接诸番,内盘黎峒","海中洲居,广袤千里"。

其中,"海中洲居"一句出自《汉书·贾捐之传》,也就是说,早在汉代人们已经认识到了海南地势的险要,言其处于南海之中,且岛上面积广大,足以独立于大陆自我繁衍。而这一点正是海南岛成就其独立生态系统的原因所在。当然,地方志的作者更多地强调的是海南作为"海中之洲"让岛上防守者头疼的地方至少有三点:一是由于海岛海岸线较长且港湾众多,防守不便。海南地处南海之中,四周环海,海岸线总长1823公里,沿岸港口甚多,《正德琼台志》列有港口13处,至《万历琼州府志》则列有港口及可以泊船之海湾38处,仅正式港口即达18处。新中国成立后,海南相继开设的港湾则更多达78个,其中大的港口多达45个(指国家和省、部批准的港口:国务院批准5个,省级政府批准的二级口岸10个,部级政府批准的重点渔港30个)。但是,在古代对于海盗或者番国军船来说,凡能停泊的海湾皆有登陆的可能。二是海岛周边

---

① (明)唐胄:《正德琼台志》,海南出版社2003年版,第73页。

国家众多,难于应付。茫茫大海四面无涯,却四面皆国。海南西边的今越南国土上的占城、真腊和交趾诸国,与中国大陆时敌时友,而这些人的形貌、语言、习俗又近,互相冒充,边防将士很有可能认敌为友,将友当敌。三是罪犯或叛将一旦逃往大海之后,追击困难。

"外接诸番",在其他方志中,更多地被表述为"外环大海",主要强调大海环绕,强调与外界交通不便,这或许正是《正德琼台志》著者唐胄的高明之处。随着社会的发展,航海技术的进步,海上往来也渐渐增多,人们对海上诸国也渐渐认识,也才慢慢认识到"诸番"对海南的正面作用,后来《读史方舆纪要》也继承了这一说法。

首先,"外接诸番"是连接、交接海外诸国之意。《正德琼台志》"番方"条仅记录了黄支国(今印度东南海岸之康契普腊姆)、韩国(今朝鲜半岛)、安南国(今越南和广西等地)和占城国(今越南中、南部)四个番国的方位、航线等情况。《万历琼州府志》则将与琼有联系的番国分为东、西二洋分别记录,其中,有西洋 21 国,分别是:安南都统使司、占城国、真腊国、爪哇国、三佛齐宣慰使司、暹罗国、渤泥国、满剌加国、苏门答腊国、锡兰山国、佛郎机国、柯枝国、溜山洋国、大小葛兰国、木骨都束国、古里国、卜剌哇国、忽鲁谟斯国、剌撒国、阿丹国、天方国(即西域);东洋有 4 国,分别是琉球国、日本国、黄支国、韩国。可惜他所分的东西洋是不准确的。比如黄支国,有学者考证在今印度半岛的东南部,当属于西洋国;佛郎机国即葡萄牙国,也很难说是中国传统意义上的西洋国。作为处于南海中的大岛,海南"外接诸番"的地理位置更为重要,就近处说,是与东盟诸国贸易的前沿,海上可以直接到达的国家有越南、柬埔寨、泰国、马来西亚、新加坡、印度尼西亚、菲律宾等;就远处说,往东可以通过巴士海峡进入太平洋与美洲诸国联系,往西则可以通过马六甲海峡进入印度洋,与印度洋沿岸诸国贸易往来,往北通过台湾海峡与日本、韩国、朝鲜和俄国相通。

其次,"外接诸番"还有迎接、承接之意。古代中国与东南亚各国的关系是较为松散的朝贡体系,"朝"即觐见天子,"贡"是指向天子进献礼品。而作为"天朝"一方的中央政权本着礼尚往来的原则,也要向这些被册封的民族或国家回赠礼物,叫"回赐"。朝贡国派遣贡使前往中国需要遵循一系列严格的程序:"凡外夷属国遣陪臣恭赍表文、方物按期修贡,既达境,所在督抚查明、具题,由部覆准,行该督抚,填给勘合。"①来贡的时间、规模、贡道等都需由礼部批准。在元明两代,海南即是贡道指定的停泊点之一。《万历琼州府志》:"凡番贡,多经琼州,必遣官辅护。"②书中还以琼州对中央政府的重大贡献记载了11次琼州府"抚护使团进京"的活动,分别是:洪武三十年(1397年)、正统十年(1445年)、天顺三年(1459年),暹罗国进贡;占城国在宣德四年(1429年)、正统二年(1437年)、十二年(1447年)、十四年(1449年)、天顺七年(1463年)、成化七年(1471年)、十六年(1480年)、弘治十八年(1505年)等进贡活动。由于海上防务的原因,明朝正德年间中央政府取消了海南作为朝贡团队的停泊点,这无疑弱化了海南"外接诸蕃"的地位。但并非说干脆不再承担抚护使团之职,由于南海夏季常有台风,各国使团朝瑾之时,经常会有风险出现,甚至有些国家为了贸易故意"落难"于海南之事,时有发生。《万历琼州府志》载有多次使团遇风漂至琼州被兵役捞起之事。

不过,史志上强调"外接诸番"的重点则是指其边防地位。《万历琼州府志·海夷志》的最后有一篇《论》,篇首即大发感慨:"甚矣哉,海寇之于琼也!在真正倭夷之出没地,防之有道,御之有方,亦可戢其鲸鲵之势。"③大发感慨的原因正在于此。

"内盘黎峒"。"峒"为黎语音译词,黎语作"Kom",本意为"共同居住的地方",因黎人居住的地方故称"黎峒"。黎峒是溪峒的一种,《宋史》将"黎峒"与西南诸蛮一起置于"西南溪峒诸蛮"传中。黎峒与其他溪峒一样,不仅是一个地理概念,还是一个社会学概念。张庆长《黎岐纪闻》:"黎地多以峒名,峒

---

① 张友渔、高潮主编:《中华律令集成》清卷,吉林人民出版社1991年版,第653页。
② (明)戴熺等:《万历琼州府志》,海南出版社2003年版,第408页。
③ (明)戴熺等:《万历琼州府志》,海南出版社2003年版,第408页。

内散处各村,并附一峒,明所属也。"①黎峒还有一些名称叫"村"或"弓",其形制与峒是一样的。它们都有三个共同特点:一是在地理环境上,处于重山复岭之中,由山或溪等自然现象与其他地方区隔开来;二是在社会环境上,往往处于"王土包围"之中,周边是已经归于"王化"的州县;三是宗法关系上,不管是溪峒还是黎峒,起初都是依据血缘关系而成立的,一个大峒包括若干小峒,小峒又由若干村组成,村则由几个合亩组成。《海南岛志》:"黎人择地而居,自谋生活,——峒之大者十村八村,小者三村五村。"②这就是海南地方史志中常常提到的"内盘黎峒"。

海南黎峒,主要分布在海南岛中部的五指山区,主要是指与外界沟通不便的黎人居住区。唐朝以前黎峒分布很广,据《梁书》载,冼夫人曾收降儋州黎人"千余峒",未言珠崖黎人多少峒,但我们从中可知黎峒数量之巨。随着时代的变化,黎汉交界处黎人逐步汉化,许多黎人与外界汉人一样归化纳粮,他们所居住的地区道路也渐渐开辟,原来作为战争凭依的险要之地,随着人员的交往逐渐抹平,黎峒越来越少。

唐宋时期,黎峒的减少缓慢。明清两代,黎峒数量迅速减少的时期。至清末(以道光《广东通志》为据),海南岛仅存有为数不多的黎峒(见表1-1)。

表1-1　清末海南黎峒表

县属	黎峒	黎都
琼山	沙湾(半)、居碌、居林	琼山县境南为黎界:东南通邑分为七乡,领厢、都图 134 个。西南仁政乡领都图 36 个 原清水峒嘉靖二十一年改为东黎都 南岐、南椰、南虚、琅环、南坤、居采、岭平为西黎都。 至道光时期,沙湾已经向化当差。因此,县志称琼山黎"多列编民"

① 钱以垲、张庆长:《岭海见闻　黎岐纪闻》,广东高等教育出版社 1992 年版,第 116 页。
② 陈铭枢:《海南岛志》,海南出版社 2004 年版,第 138 页。

续表

县属	黎峒	黎都
澄迈		南黎有一都、二都； 西黎有一都、终都
临高	坟营、坡头、那律、番吉、略绕、番溪、松柏、重绕	
定安	定安黎共黎 6 峒：十万峒、喃唠峒、水满峒、加钗峒、红毛峒上下	南间峒（见充里甲） 定安六峒，乾隆年改为归化图。但至宣统年尚有生黎。十万、喃唠、水满为上三峒，加钗与红毛上下为下三峒。南蛇峒划归十万峒。十万、喃唠、加钗三峒为熟黎，水满、红毛上边居者为半生半熟黎，下边居者为生黎
文昌		宣德年，去土官，称土舍，土地丈量入官，附于白延、多寻二都，黎兵五十名，随军征调。文昌境内无黎
乐会	纵横	
儋州	儋州有黎峒 209 个。州城北 190 里，生熟黎峒 4 个，每峒又分内外二峒，外峒熟黎，内峒生黎。冯虚、七坊、龙头三峒又有霞黎和苗黎杂居其中	抱驿、黎附、顺化、来格、来王、修途、打松、番洋、下台、那姇、大落、影打、爽水头（嘉靖九年向化）
昌化		黎散处山谷，不相统摄，与民杂居。旧有土职，以招黎为名
万州	鹧鸪啼峒、龙吟峒	旧有民黎 9 都，熟黎 93 村
陵水黎	宝停司辖生黎 18 弓（即峒）旧有 55 村，熟黎 14 弓旧有 47 村；捕衙辖熟黎 6 弓旧有 23 村	
崖州	中路东黎村峒附城环居，岭前 16 个；附城正北岭后村峒 7 个；城东北岭后迤入二百里，有村 45 个；三亚东黎，岭前村峒 51 个；三亚岭后深入百里有村峒 53 个；滕桥东黎村峒 4 个；西黎峒凡 178 个。注：《旧志》载，东西熟黎村峒凡 99 个，生黎 87 个，至光绪年间生黎尚有 65 峒	州城附近凡五都：东厢、南厢、西厢、北厢、五都 董平五都、董平六都、董平七都（半黎户）
会同	黎有南北二峒，皆熟黎。北峒辖六村，南峒又分上、中、下三峒	

从表 1-1 可知：第一，黎峒的减少与都图的增加是同时出现的，说明化黎

为汉的规模与进展。《明史》记载有设置"都图"的目的："编赋役黄册"，以110户为一里，推丁粮多者为里长，"在城曰坊，近城曰厢，乡都曰里"，每里的户、丁共编成一册，而一册即为一图，凡被定为"图"、"都"、"里"的地方都是要纳皇粮的地方，生活于这些地方的人才有资格被称为"民"，而黎峒中人则没有这一资格。都图的增加即意味着纳粮赋役的地域的扩大，亦即表中所谓"归化图"或"丈量入官"。而这些黎人一旦成为"民"，就意味着他们已经被官方承认，也就意味着他们变成了"汉人"。第二，以史志所记情形看，黎峒主要分布在山区，故各志书"黎情"章常云"山水险恶"、"以某山为险"、"一兵守关，万夫莫至"，此主要指黎峒与外界之关系，而其所辖村落又往往纵横交错，或通过水、或有山口小道相联相通。从官方的角度来说，正是由于"内盘黎峒"，所以黎人很难被压服，而从黎人的角度来说，这些黎峒正是他们对抗官府的凭依。从文化上来看，正是由于有黎峒，"黎族"这个族群的特色才得以保存至今。第三，澄迈、文昌和昌化均无黎峒的记载，三县多为平原丘陵地带，均无"险要"可凭，在官黎的斗争中黎族明显居于弱势，因此，黎峒最早消失。但澄迈、文昌又与昌化不同，澄迈、文昌至明、清时代已经无黎人居住，故无黎峒；昌化无黎峒，除靠近昌化岭一带有黎人聚居外，多散处汉人之间，汉化比较严重，没有形成比较大的势力，设有土司。土司的主要职责是招抚黎人即黎酋，也是海南守将最头疼的，即所谓"黎酋之为虐于琼，甚于海"。

"黎患"一直被认为是难解之题。海瑞的《平黎疏》比较具有代表性。他将海岛四边州县喻为"四肢"，而黎岐之地则喻为"腹心"，认为"心腹之疾不除将必浸淫四溃"，最后影响到四肢，所以，四边州县断无久安之理。但"四肢之患"只是外伤，不可能反过来影响"腹心"，头疼医头，脚疼医脚，则无大碍。其实，这种观念本身是错误的，区别对待、阻塞交流，必然造成族群对立，也必然造成社会的不稳定，只有推进社会公平才可能长治久安，这也是新中国成立后再无所谓"黎患"的原因所在。

第二章　海南民俗的族群结构及渊源

考查一个地区的民俗首先要关注这个地区的族群结构,因为不同的族群有各自的发展经历,结合不同地理环境及其他因素,就会形成自己独具的民俗特色。根据第六次全国人口普查数据,海南总人口867.15万,以族群来看,汉族人口为722.57万,占总人口的83.33%;各少数民族人口144.58万,占总人口的16.67%,其中黎族人口127.74万,占总人口的14.73%,苗族人口7.58万,回族人口0.87万,其他侗、瑶、彝、京、疍等共计26个民族(或族群)人口8.39万。

每个族群都有自己的发展历程,记载这个历程的方式有许多种,而最原始也是最持久的记录方式就是民俗,民俗呈现于这个族群每个成员的日常活动之中,这就是"集体记忆"。作为一个社会心理学概念,"集体记忆"是法国社会学家莫里斯·哈布瓦赫提出的,是指同一个社会中,许多成员的个体记忆的结果、总和以某种方式组合而形成的共同记忆。集体记忆不是一个空洞的形式,任由个体记忆来填充,而是可以用来主导或者重建过去的意象的每个时代的主导思想总是有意或无意地与这个意象相一致。① 由于历史原因和地理环境的不同,每个族群保存自己记忆的内容和方式都不尽相同,但大体相类

---

① 参见[法]莫里斯·哈布瓦赫著:《论集体记忆》,毕然、郭金华译,上海人民出版社2002年版,第70—71页。

的方式却是存在的,比如口头相传的民间故事,世代沿袭的宗教仪式,特殊的穿着服饰,以及住房、交通、生活模式,等等,都承载了或多或少的族群记忆,并通过这些记忆实现族群的自我认同。因此,通过研究这些残存于各民族日常习俗中的族群记忆,可以探寻到各个族群的历史渊源,甚至可以纠正史书记载的错误。当然,族群的集体记忆是分散的、零碎的、模糊的,有的甚至是荒谬的,所以,在对各种习俗探源的时候要进行去伪存真、去粗存精的辨析和考证。

第一节　"土著"黎人的民俗结构

海南岛上最早的民族是黎族,黎人以土著自居,称汉人为"客"。关于黎族的构成有一个古老的传说:洪水过后的海南岛上,没有其他人,仅存下的姐弟两个不得已结婚了。可是,婚后却生了一个怪胎——大肉球。弟弟很生气,于是用刀将肉球剁成了肉泥,然后抓一把撒向了东方,说"你是黎人",于是就有了本地黎。又抓一把撒向了北方,说"你是杞人",于是就有了杞黎。把剩下的撒向了南方,由于这些肉泥都是粘在案板上经过收拾才弄下来的,所以说"你是浮脚黎",于是就有了浮脚黎,也就是侾黎。

这是一个荒诞的传说,但它却告诉我们:黎人也不完全一样,有好多种,每一种有本身所属的"习俗"。外人和他们自己都认为他们是"黎族",这种认同本身就加速了他们各个部族之间习俗的整合,不管是来自他们自身,还是来自其他方面、其他族群的。比如"三月三"原本是美孚黎族独有的节日,20世纪80年代广东省政府认定"黎族苗族三月三节"之后,每个黎族同胞都会骄傲地说"我们黎族的三月三",但事实上,最先过"三月三"节的只有美孚黎族。因此,我们说:一个族群的习俗是由构成这个族群的所有人的习俗经过整合而形成的。

一、海南"土著"的民俗

《雍正广东通志》:"昔伊尹正南方献令,有俚焉,蛮之别落也。后汉谓之为俚人。俗呼山岭为黎,而俚居其间,于是讹俚为黎,而黎之称始此。"[①]似乎是说黎族从一开始就居住于山岭之上,其习俗从一开始就与山岭密切相关,但事实上并非如此。

20世纪50—90年代的考古发现可以确证,早在1万年前就有人类生活在这片土地上,他们是生活在三亚近海一带的"三亚人",这些人有可能是黎族人的重要组成部分。[②]而"三亚人"居住在海边。"三亚人"居住的落笔洞位于三亚市吉阳区印岭东边的峭壁上,西南与海相接的荔枝沟,洞的西南面在20世纪90年代还是常年积水的低洼地带。周围群山环绕,中间形成了一个与世隔绝的小平原,正好适合远古人类生活。即便是后来在海南生活的远古人类也主要生活在海边一带,1957年、1963年,文物工作者考察发现了135处远古人类生活遗址,在文昌、陵水、三亚、东方、昌江、儋州、临高、定安、屯昌等县市的近海或滨河地带(主要是近海,如文昌市的昌田坡、排田坡、西边坡、石仔山坡、白土坡、福土洞坡以及排田坡等地,陵水县的古楼、文罗、光坡、椰林、坡落岭、坡海村、大港村、滨墩村、港尾村等地,三亚市的亚龙湾、荔枝沟等地)。如果这些人是"三亚人"的后裔,说明他们是沿海岸向全岛分布的,如果是后来登陆海南的,则说明他们都是先在海边生活下来的。而这一现象正好印证了海南黎族"船型屋"传说的真实性:他们乘船来到海南,原本居于海边沙滩之畔。

与海边居住密切相关的是,这些海南"土著"早期的生活主要是以"捕捞"为生。从考古发现看,在落笔洞洞穴中发现了大量的螺壳等软体动物,约有七

---

① (清)鲁曾煜:《雍正广东通志》卷57,《旧库全书本》,第16页。

② 笔者注:落笔洞遗址地处三亚田独镇的荔枝沟一带,该区域直到今天仍然主要是黎族人的居住区域,属侾方言黎族。

万个之多,既有淡水生长的也有海水生长的,其中,"螺、蚌、蚶、蛤和鹦鹉螺等,都与海南沿海的现生种类一致,它们主要生活在珊瑚礁、红树林以及温热的海滩、岩石之上"①。还从中发现了许多鱼类骨骼,以及蚌壳制成的切割器具。这是那个时期"三亚人"生活的写照。从海南其他远古遗址的考察中,我们也可以看到远古海南土著的生活也主要是以海生物作为日常食物的,比如,从陵水石贡、大港沙丘文化遗址中发现了39件石网坠,说明那个时期捕捞作业已经达到了较高的水平。从东方市荣村付龙园贝丘文化遗址中发现了大量的螺、贝、蚝蛎和蚌壳等海洋生物,说明那个时期捕捞海洋生物是他们重要的生产活动。

"捕猎"是海南土著一项重要日常生产活动。落笔洞中出土的情况表明,"三亚人"猎取的动物种类比较丰富,主要是大型哺乳动物,有鹿、牛、羚羊等食草动物,还有华南虎、豹、豺、熊等凶猛的食肉动物,并且,还有体型非常大的亚洲象。另外,他们捕食的动物中有许多鸟类,而发掘的工具中有箭镞这种人造工具,说明他们已经掌握了制作和使用弓箭的本领。

从"三亚人"的牙齿釉质表层植物石分析发现,这些人类牙齿硅质体,禾本科、莎草科、木贼科的植物石比较多见,"采集"植物也是他们日常生产重要活动。至于他们是否已经学会种植粮食,则没有可靠资料证明。

那么,为什么各个地方志上似乎都在强调他们"黎"与"山岭"的关系呢?威利姆·范·申德尔给岭南一直到东南亚各地生活在山岭地区的少数民族一个共同的名字:赞米亚人②。而所谓的"赞"即指遥远,隐含了"山地"的意思,"米"是指人民,而东南亚各地的"米赞"或"赞米"都是特指边远的山地人。海南的黎族和苗族就是威利姆氏所称的"赞米亚人",他们由于种种原因由靠水而居迁徙到山地居住,由于山的阻隔,造成了与平原或谷地居住的人们的交流与联系的困难,当然,也阻断了沟通与认识,而他们慢慢地习惯

---

① 郝思德、黄万波编著:《三亚落笔洞遗址》,南方出版社2008年版。
② [美]詹姆斯·斯科特著:《逃避统治的艺术》,王晓毅译,三联书店2016年版,第18页。

了山地的生活、习俗，形成了特别的山地生存策略，于是，由生活在平地的人看来，"他们"似乎是天生适合山岭生活。这一解释有一定道理，但并非事实的全部。"三亚人"生活于落笔洞中，应该还与海南的气候有关，海南多雨，尤其是夏季，台风总是与暴雨结伴而来，而这些风、雨对古代原始人的生存存在着巨大的威胁。山岭，尤其山中的洞穴既是天然的遮风避雨的场所，周边的凹地也可以给他们提供日常生活必需的食源和水源。因此，海南早期的人类活动大体是以三亚为起点，沿着河流逐步向山岭发展的。不过，他们并没有忘记自己来时的"海"，比如海南黎族的"船形屋"。船形屋有三种：高栏船形屋、低栏船形屋和地面式船形屋，船形屋的平面呈长方形，建房时先用木桩、木板和竹竿构成屋柱和楼板，然后在楼板上架设弯曲形状如船底的梁桁，再加盖用竹片纺织的席子，盖上茅草，从外面看屋子的形状即如倒扣的船，故称为船形屋。船形屋的首尾两端开门，高栏屋和低栏屋都在门前设如甲板的阳台，并在旁边设梯方便上下，地面式船形屋没有阳台。船形屋按家中人口的多少分节，有厨房、卧室和储藏室，等等。关于船形屋的来历，黎人的传说是这样的：

　　据说，古时海南岛上没有人烟。大禹坐天下时，南海有一个俚国，国王有个叫丹雅的公主。她嫁了3个丈夫，但3个丈夫先后都死了。相师传言她是扫帚星下凡，在家家破，本国国亡，一时弄得满城风雨，人心惶惶，纷纷请求处死丹雅公主。此时，丹雅公主已身怀六甲，国王不忍下手，便在一个北风呼啸的清晨，备了一只无舵无桨的小船和一些酒食，以及一把山刀和三斤谷种，把丹雅公主放到船上。丹雅公主养的一条小黄狗也跟上了船，小船在风中飘入了茫茫大海。

　　不知过了多长时间，历尽劫难的丹雅公主的船在一个荒岛岸边搁浅了。她看到了远处的高山峻岭，也看到了成群的猴子无忧无虑的穿行于林间，所有的忧郁和恐惧一下子消失了，在饱餐了野兔和鸟蛋之后，丹雅公主在这个荒岛定居下来……

为了躲避风雨,防御野兽的侵袭,丹雅公主在海滩上竖起几根木桩,然后把小船倒扣在木桩上当屋顶,又割来茅草围在四周,她有了属于自己的家。白天,她带着小黄狗上山打野兽,采野果,晚上睡在这船屋里,小黄狗忠实地守在门口。后来,船板烂了,丹雅公主割下茅草盖顶,这就是后来黎族人所居住的船形屋。①

这些传说以及船形屋的构造,实际上是黎族人远古记忆的留存,"记载"了他们从海上漂泊上岛又从海边走入大山的过程。从这个意义上,可以说黎人是保持着"海"的记忆的山岭人。

二、岭南诸越民俗介入

关于黎族为"骆越"之人的认知,学者一般上溯到汉朝。《汉书·贾捐之传》是人们判定海南黎族为骆越民族的重要依据。那么,贾氏所说的骆越之人是不是指的后来的黎人呢?

传的开篇交代了贾氏上书的原因:"其民暴恶,自以阻绝,数犯吏禁,吏亦酷之,率数年一反,杀吏,汉辄发兵击定之。"②此时,岛上应该至少存在三类人:一是岛上的原住民(也可能是更早来到海南的);二是官方派遣的"官"和"吏";三是秦汉时官方迁徙进来的所谓"善人"。官方主导迁徙进来的百姓大多跟官方站在一起,所以"其民暴恶"中的"民"不是指这些"善人"。汉代不同于后世只将交纳赋税之人称"民",而是将所有下辖百姓均称为"民"。如《汉书·西南夷两粤朝鲜传》中王然进攻滇国时称"于是以为益州郡,赐滇王王印,复长其民"③,夜郎国"即以为不毛之地,亡用之民"。也就是说汉人所说的"民"约略相当于"百姓"。"其民暴恶"的"民"理论上包含原住民和善人,但由其"暴恶"一词来看,更多指"原住民"。

---

① 《三亚晨报》2008 年 2 月 16 日。
② (汉)班固:《汉书》,中华书局 1962 年版,第 2380 页。
③ (汉)班固:《汉书》,中华书局 1962 年版,第 3842 页。

这些"暴恶"之民是什么人呢？贾氏的对辞说：

> 《诗》云："蠢尔蛮荆,大邦为仇",言圣人起则后服,中国衰则先畔,动为国家难,自古而患之久矣,何况乃复其南方万里之蛮乎!骆越之人父子同川而浴,相习以鼻饮,与禽兽无异,本不足郡县置也。颛颛独居一海之中,雾露气湿,多毒草虫蛇水土之害,人未见虏,战士自死,又非独珠崖有珠犀玳瑁也,弃之不足惜,不击不损威。其民譬犹鱼鳖,何足贪也!①

首先借《诗经·小雅·采芑》中"蛮荆"来进行类比,为南方之蛮夷,又进一步指出他们是比荆地蛮夷更远的"南方万里之蛮",再确指为"骆越之人",而这些"骆越之人"又"颛颛独居一海之中"。也就是说,贾氏所说的"骆越之人"是指这些"原住民"。

但是,骆越所指何地?顾野王《舆地志》:"交趾,周时为骆越,秦时曰西瓯。"②古人常常以其地称其民,故"骆越"之民即为"骆人",另有"路人"、"雒人"皆源于"骆越国"。作为族称,最早见于《周礼·职方》:"辩其邦国都鄙:四夷、八蛮、七闽、九貉、五戎、六狄之人民。"③其中,"九貉"指当时貉部下属的九个部族或国家,其中即有"貉越之国"。《大越史记全书》亦将骆越、骆将、骆侯写作貉越、貉将、貉侯等,其他古籍中也经常将雒、骆、貉混用。新中国成立之后,认为貉、蛋、狸等作为族名带有侮辱意思,均予以废止。骆越在岭南分布很广。《逸周书·王会解》:"卜人以丹砂,路人大竹。"晋孔晁注:"路人,东南蛮。贡大竹。"④朱右曾《逸周书集训校释》说"路"之音近"骆",故,"路人"即骆人,并进一步指出广郁县为古骆越人所居之地,其位置大体在今之广西贺州东山一带。《后汉书·任诞传》称九真之民为"骆越之民",九真在今越南中

---

① （汉）班固:《汉书》,中华书局1962年版,第2380页。
② （南朝陈）顾野王:《舆地志辑注》,上海古籍出版社2011年版,第683页。
③ 黄公渚选注:《周礼》(注),商务印书馆1936年版,第76页。
④ （清）朱右曾:《逸周书集训校释》,商务印书馆1937年版,第121页。

部地区。《后汉书·马援传》说："（马援）于交趾得骆越铜鼓。"即交趾为骆越人所居之地。《水经注·温水》："《林邑记》曰：浦通铜鼓、外越、安定、黄冈心口，盖（藉）度铜鼓，即骆越也。"①此浦指"寿泠浦"，文中所述在故象郡境内，即今越南北部。而《旧唐书·地理志》还记载今广西邕宁、武鸣、横县也是骆越之地。法国人鄂卢梭在《安南民族之起源》中考证，大约在公元前333年，楚人灭越，将楚国的领域拓展至钱塘江流域，而原本在此地居住的越人被迫南迁至福建、广东、广西一带，最远的到达后来的安南境内，因此，广东西南、广西南部、安南北部均为越种。② 也就是说，这些"原住民"并非是原住民，而是渡海迁徙而至。《史记·南越尉佗列传》："秦已破灭。佗即击并桂林、象郡，自立为南越武王。……佗因此以兵威边，财物赂遗闽越、西瓯、骆役属焉。……南越已平矣，遂为九郡。"③秦置桂林、南海、象郡，除今之广东、广西和越南北部外，还包括现在的海南，所以，汉武帝平定南越之后，才在原有的基础上设有儋耳、珠崖二郡。这些本为秦汉之时迁入的骆越之人，到贾捐之时已经被认为是原住民，海南岛也被认为是骆越民族固有的生活之地。他们与上一节所提到的"三亚人"共同被认为是黎人的渊源。

海南黎人来自南越人还有更直接的证据。《史记·南越列传》："汉武帝元鼎六年（公元前111年），南粤丞相吕嘉谋叛，以路博德为伏波将军往讨之，粤素闻伏波名，皆降于博德，独嘉与其属数百人亡入海，伏波因问所得降者，以知嘉之所之，乃分兵入海洲迫之，得嘉首，遂定粤地。明年改元封，分置儋耳、珠崖、南海、苍梧、郁林、合浦、交趾、九真、日南九郡。"④前文说"入海洲"，海中可称"洲"者，距大陆最近的两个：台湾岛、海南岛。海南本在岭南的范围之内，又琼州海峡比台湾海峡要窄得多，"海洲"为琼岛的可能性本来就比台湾

① （北魏）郦道元：《水经注》，上海古籍出版社1990年版，第682页。
② 蒙文通：《越史丛考》，人民出版社1983年版，第29—40页。
③ （汉）司马迁：《史记》，中华书局1959年版，第2975—2976页。
④ （汉）司马迁：《史记》，中华书局1959年版，第2975—2976页。

岛的可能性大得多。再加上后文又说"定九郡",九郡之二郡即为儋耳、珠崖二郡,可知,此处"海洲"当是指海南岛。又,文中所言"问所得降者,以知嘉之所之","所得降者"即已经降汉之人,这些人之所以可以道出吕嘉"入海洲"之事,说明广州与海南早就常来常往,因此,越人居琼地当是很久之前的事了。由此看来,海南土著为"骆越之人"也算是属实。

除骆越外还有其他越人南迁入海,成为海南黎族的,如僚人、俚人、乌浒人、文郎人等,[①]都有人随着国灭或战争甚至其他灾难南迁入海。虽然,由于时代久远,要想找到更可靠的证据来确证,实在有点勉为其难,现在的一些"证据"只能是捕到的一些"风"或捉到的一些"影",但是,这些"风"和"影"已经难能可贵了。

三、漂洋过海的马来民俗

史图博等人通过对比海南黎人与马来人的语言、习俗以及使用器物上的相似性,得出海南"本地黎"是由东南亚族群向北迁移形成的。这一说法关注到了海南黎人与马来人的同源性:从人种学上看,马来人的马莱安人一支,皮肤为橄榄褐色,男女平均身高在 1.60m 左右,面阔,颧骨横向突出,鼻短而扁,头型指数 80—85,为广头类,眼作斜眼形,内皆有裂襞,妇女骨盆为直卵圆形,前后直径 17—18cm,与海南黎人相类。另一支系为波利尼西亚人,男女平均身高 172cm,头发直,皮肤古铜褐色。头型指数 82.5,为广头类,脸为椭圆形,颧骨高,鼻较前者略高,骨盆与前者相似,亦与黎人女子相似。从文化特征上看,铜鼓的制作、形制及使用都非常一致,马来人的肩斧和海南黎人的雷公斧,居住的船形屋的外形以及内部结构都非常一致,文身及文面习俗,也比较一致,这都说明他们有着相同或相类的文化源头。从语言上,马来人自称"Malay"或"Malayu",海南黎人自称"B'lei"或"B'le"或

---

①　方鹏:《海南岛历史民族与文化》,南方出版社 2003 年版,第 55—78 页。

"B'lay",后来用汉字音译为"赛",我们称之为"赛方言"。对文身的称呼更昭示着他们同源,马来人称着"打都"(Tatoo),海南黎人称着"打登"(Tatan)。①

但是,同源并不意味着海南人是马来人迁徙过来的,更大的可能是由中南大陆向西、向南迁徙,至海南、广西、云南、越南、缅、泰以至马来西亚等地。方鹏认为史图博氏"缺少对中国南方族群的历史渊源的了解"②,鞠菲根据南岛语族中"水稻"一词与侗台语系中的词语严格对应现象,而黎族语言与侗台语系中却没有同样的对应性,认为南岛语族从中国南部迁移至现在所住东南亚群岛的时间要晚于黎族迁入海南的时间。并通过人类居住的连续性等特点,证明"他们不可能在水稻普遍种植之后才由南洋群岛迁入中国大陆。在没有新的证据出现之前,笔者只能认定海南黎族与马来群岛上的南岛系民族都是从中国大陆的古代百越民族主体迁出的"③。除马来人外,跟海南黎人相关的其他一些民族如维达人、孟人、掸泰人大体情形应该跟马来人相同,也是从中国大陆南部再南迁形成的。

詹姆斯《逃避统治的艺术》从理论上解决了这种人类迁移现象,"中原王朝在差不多两千年中对赞米亚的压力就是一个将人口推向山地的单一历史过程,尽管这一压力时有时无,但却总是朝着一个方向"④,这里说的"一个方向"并不是仅指中国,还包括越南、缅甸、泰国等东南亚政权。在人类的发展历史上,国家的形成总是需要足够多的民众被统治,而在其形成统治的过程中,处于边缘地带的民众也总会想尽办法逃避统治,总会逃向远离中央政权的"远方",而这些逃向"远方"的人们又会形成新的国家,这个新形成的"国家"的统治又会让"逃"到这里的人们再次逃向新的"远方",这是各地

① 罗香林:《马来人与古代越族之关系》,广西民族研究所资料组编:《少数民族史论文选集》第3册,广西民族研究所1964年版,第61—65页。
② 方鹏:《海南岛的历史民族与文化》,南方出版社2003年版,第79页。
③ 鞠菲:《海南黎族族源及入琼时间研究》,《海南大学学报》2012年第4期。
④ [美]詹姆斯·斯科特:《逃避统治的艺术》,王晓毅译,三联书店2016年版,第404页。

少数民族形成的基本规律。逃避的方向,詹姆斯认为是"山地",其实,也可以是"海禺",尤其是远离大陆的海岛,因为,山和海都是阻碍统治的天然屏障。海南岛、台湾及南洋群岛的族群,相当一部分是为了逃避战争或统治而形成的,绝大部分来自广袤的中国大陆,他们都可以看作是"逃避者"。但逃避的总的方向是远离"中原地带"(此处是一个相对概念,并非专指的中国的"中原")。

四、汉人的黎化

汉人的黎化也是黎族族群形成原因之一。以屯昌县为例,原有黎人姓氏蒋、王二姓,而当前屯昌黎族村共 29 个,有姓氏 60 个,共有 3174 人,人口最多的为王姓,占全部黎族人口的 1/3,其次是陈姓,约占 1/10,其次是黄姓占 0.8/10,其余分属于李、吴、张、庞、苏、林、郭、朱、刘等众多姓氏。这些多出来的姓氏除了从其他县市黎区迁徙过来的黎人(如林姓)外,相当一部分是明清时期弃汉从黎的。《光绪崖州志》总结了汉人黎化的几种情形:一是"南恩、藤、梧、高、化诸州人"。这些人多为王、符、董、李等大姓,由于地理及对当时气候适应程度等原因,中央政权平定黎乱常常调用距海南较近的两广军士,这些将士来到海南之后,有的就驻扎在黎区,在黎区开荒种地,甚至设置村峒,成为熟黎。二是"闽广亡命,杂处其中"。这些人情况比较复杂,大多来自闽省或粤桂两省,或为生活难以为继,或仇人迫债,逃到海南,不得已进入黎区,有"利其土,乐其俗"者,有逃避纳粮当差来到黎区的,由于跟这些黎人相熟已久,后来弃汉从黎,久而久之即成为黎人。这种现象很多,从乐东、东方等一些黎村保留的家谱中可以得到印证。三是贬官子弟。一些海外贬官或家属在琼日久或担心再遭迫害,弃汉从黎的。《光绪崖州志》载有崖州李姓黎化之事,志中言:李氏祖上为唐宰相李德裕之弟李德禧,当年李德裕被贬海南,其子弟随迁海南,李死归葬,其弟寓留崖州毕兰村,因水冲毕兰,徙抱班,后又徙抱劝,"今其村李姓百家,俱化于黎,德裕遗物尚存",部分随从亲属留驻海南成家生子,渐渐弃汉从黎。① 陵水田仔乡廖次村黎人据说是唐武则天统治时期唐室公主流放海南之后人。隆广镇那德村黄姓黎人,据说是江夏黄氏南迁至此,文罗镇龙马村据传为太原王氏。四是落难商人。范成大的《桂海虞衡志》:"闽商值风水荡去其货,多入黎地耕种不归。"②这些商人就是在《清实录》中屡屡被称作"汉奸"的人。由于海南五指山腹地多有奇珍异木,许多商人深入黎峒与之交换,精通黎语,或为形势所迫,或为生意方便,在黎区结茅为屋,化为黎人。

据《广州通志》载,明隆庆年间,万州汉人黎化现象非常严重,当时汉民的婚丧嫁娶等日常礼仪多依黎俗进行,以致万州官方不得不严格户口编制,详细编写汉民年龄,并对以汉民婚嫁之人进行捐助鼓励。甚至,城里人下乡还有意"撇黎语",以显示自己为本乡之人。③ 中华人民共和国成立初期,由于民族优惠政策的原因,相当一部分汉人转变身份为黎人。据原海南黎族苗族自治州民族事务委员会李美花回忆:"1982年全州有三万余汉人改为黎人,陵水竟占了三万余人。"④又《琼中县志》:"现住思河八村的吴、李、庞、程、宋、许、蓝、胡、阮姓,部分祖居广东韶州、化州,部分祖居广西博白,清朝道光年间过琼经商而迁入,其后人解放后填报为黎族,祖籍实为汉族,至今仍有族谱可查,并讲客家话、白话。"⑤其实,这种现象不仅是琼中,陵水、保亭也有许多原是汉族,

---

① 笔者注:此事流传久远,《崖州旧志》一直保留此记载,郭沫若撰文《李德裕在海南岛上》再次肯定此事。但此事或有可疑。清光绪年间张之洞命崖州知州唐镜沅核实此事,唐交由崖州人吉大文考证,吉《上唐芷庵刺史书》指出:"公弟德禧,初住毕兰村,次徙居抱班,后利抱劝田美,移居焉。今多港良田甲于西峒,与志书符合。"肯定了此事。但此事是否确证,目前还有疑义。韩敏《李德裕后裔化黎辨》(《海南大学学报》1992年第2期)全面否定此事。李德裕之后或可有疑,但是,其他贬官或驻地官员后裔弃汉从黎则不能完全否定。据《陵水陈氏族谱》记载,其一世祖陈集勋公,曾为明代四川华杨县教官,其后人"宦游珠崖,政声早已卓著,后卸任而择居于陵,遂家焉"。另,笔者2014年得到《云南白族马氏族谱》与本家《开濮徐曹马氏族谱》正好接续,相隔很远,两族人彼此完全不知,又没有著名史帛的先祖,且一为汉族,一为白族,冒名和巧合都难以解释。可为旁证。

② (宋)范成大著,齐治平校补:《桂海虞衡志校补》,广西民族出版社1984年版,第59页。

③ (明)戴璟等:《嘉靖广东通志初稿》,海南出版社2006年版,第330页。

④ 陵水黎族自治县政协文史组编:《陵水黎族风土见闻录》(未刊),1989年印,第24页。

⑤ 琼中黎族苗族自治县地方志办公室编:《琼中县志》,海南摄影美术出版社1995年版,第713页。

新中国成立后录籍为黎族的,当地人称其为"假黎"。这些"化汉为黎"的人中,有的确实是所谓"冒牌"的,但更多的是原来"化黎为汉"而今又"化汉为黎"者。

美孚黎一支当与汉人黎化有关。美孚黎源于其自称为"美孚"(moi fau),"美孚"为音译,其意为"住在下路的客人(黎人称汉人为客)",可见,美孚黎并不认为自己是黎人,而以汉人自居。同时,黎人也不认为他们是黎族,称他们为"外面的人",而美孚黎人常自称为"半汉人"。

美孚黎人与汉人的关联,首先表现在"三月三"的传说中。三月三节1984年被广东省人民政府和广东省人大确定为黎、苗两族的传统节日,后又入选国家级非物质文化遗产保护名录。但是,之前并不是所有的黎族人都有"三月三"这个节日,在官方未确定其为黎族节日之前,"三月三"仅限于美孚黎。

黎族"三月三"的传说很多,从众多的传说中可以抽出三个基本元素:一是人。美孚黎传说中男女主人公的名字分别叫"天妃"和"南音",而这两个名字来自汉人。"南音"即"南海观音"的简称,比较明显。"天妃",《康熙定安县志》载:"初三日,真武诞。二十三日,天妃诞。各会首设庆醮,或请神像出游,谓之保境。"[①]相似的记载还出现在《儋州志》、《儋县志》、《琼州府志》、《琼山志》中,并且,各州县均有"天妃庙",天妃诞日在海南人心目中是非常重要的庆典之一。在民间传说中天妃为真武大帝的女儿,又因真武大帝的诞辰在三月初三,因此,天妃诞辰庆典往往从每年的三月初三开始准备。这有可能是"三月三"节日跟"天妃"联系起来的主要原因。但"天妃"却是典型的汉人、闽人。天妃原名林默娘,是宋代都巡检林愿之女。"妈祖"是福建方言,是闽人对她的昵称,相当于其他地区的"娘娘"之类,妈祖庙即娘娘庙。相传她常穿朱衣,云游海上,显灵救护遇到灾难的渔民和客商,由于海南汉人主要来自福建,天妃的信仰也就随着闽南人在岛内的散布,播撒到了各地。二是鸟。在

---

① (清)张文豹纂修,梁廷佐同修:《康熙定安县志》,海南出版社2006年版,第40页。

黎族创世的传说中,总有一只鸟,有说是燕子,有说是百灵,或说是由一只不知名的鸟养育成人的。后世学者常常据此认为黎族以"鸟"为图腾,事实上并不是所有黎族都以鸟为图腾,这种图腾象征仅存在于美孚黎和部分侾黎之中。传说中故事发生的地点是燕窝岭,"燕窝岭"本身指明这只鸟就是燕子,而关进石门或打开石门只不过是"由燕而生"的别种叙述而已。另外,美孚黎族的女人文面图形也是一只鸟儿,有学者称那是"乌鸦嘴形",了解上述情况,即可知道,这图形不是乌鸦,而是一只燕子的抽象。"三月三"节日,在中原地带也有一个比较古老的传说,殷商的祖先契降生是由于其母简狄吞燕卵而生,因此,每年"三月三",中原习俗有一重要项目——放风筝,而风筝即是对燕子的写意。山东菏泽一带还有煮彩蛋和吃三色豆的习俗,"蛋"和"豆"都暗含着燕卵的习俗。由此可知,美孚黎族与苗族的吃三色饭或五色饭,与来自中原一带的"三月三"习俗有着某种联系。三是大水。远古时期,黎族人民遭遇了一次特大洪水,一对兄妹天妃和南音(或说百观音和肋杠法)抱定一个大葫芦(或说藏进了南瓜),躲过了洪水,洪水过后剩下兄妹二人,他们分别去寻找自己的伴侣。此元素对应的是船形屋,而船形屋很可能是美孚黎人迁入海南的集体记忆:他们曾历经风浪来到了海南。这一迁移记忆保存在许多黎人的记忆之中,而这一点也恰恰可以解释美孚黎自称"半汉人"的原因。

人类学考察的结果也显示美孚黎与海南汉人的身体特征最为接近。从1984年到1988年,中、日两国科学家对海南各族进行了人类学野外考察,并得出一系列科学数据。数据显示,海南各族成年男性头面部各种指数:头型指数,美孚黎81.4,海南汉族86,均属于短头型,其他诸黎皆为中头型;头长高指数美孚黎67.9,汉族68,均属于高头型;头宽高指数,美孚黎86.6,属于狭近中型,汉族83.7,阔近中型;额下颌宽指数,美孚黎78,汉族76.4,属于中型;鼻高指数美孚黎73.2,汉族74.2。头面部各种指数其他诸黎虽也有部分与汉族接近,但总体上看,美孚黎接近的数据更多,女性也是如此,例如形态面指数,海南汉族为中面,诸少数民族均为狭面,但汉族指数为82.6,而美孚黎指数为

85.5,除加茂黎外,美孚黎指数与汉族最为接近。体部指数比对方面,上肢与身高比,美孚黎与汉族均为44.4,属中臂,其他属长臂;肩宽与身高22.9,属中近阔,汉族23.0,属阔近中,骨盆与身高比美孚与汉族均为16.4,属狭近中型,骨盆宽与身宽,美孚与汉族均为71.2,属中型。从上述数据中可以看出,其他黎人与汉族差别要大得多,而唯有美孚黎与汉人的差别要小一些。① 这说明美孚黎很有可能是早期汉人南迁入岛黎化而成的。

除美孚黎族外,在陵水县本号镇、文罗镇、光坡镇,琼中县的湾岭镇、营根镇有一些"水流黎"和"半站黎"。这些名字是其他黎人对他们的戏称。如水流黎,他们的上辈大部分说黎族赛方言,但至少在其祖父辈已经不会说黎语而只会讲海南话。半站黎,还被称为"半站杞",或叫"浅杞",主要指的是说黎族杞方言的人,大多夫妻一方为汉人,而子女仍保留了黎族身份,不会说黎话,也不再讲究黎族习俗。还有"上头俘",主要指讲黎族俘方言的人群中的上述现象,俘黎称他们为"上头俘"。由此,我们可以清晰地看到,黎人发展过程中"汉人的黎化"现象的存在。黎族地区的"假黎"很大一部分就是这些"黎人"。

五、熟黎与临高人民俗

顾炎武《天下郡国利病书》:"熟黎,洪武初年归附,报在西路临高等界,则乡音与广西思、梧等处相同;东路琼、澄等界,则与福建漳、泉等处相同。"②顾炎武的判断又可以得到史书印证。《明史》:"熟黎之产,半为潮广福建奸民亡命,及南恩、藤、梧、高、化之征夫,利其土,占居之,各称酋首。"③阮元《广东通志》记载北宋淳化年间曾经调雷、化、高、藤、客、白诸州兵,"使挈军粮汛海给

---

① 曾昭璇等:《海南省黎族人类学调查记》(未版),佛山市机关印刷厂2004年印刷,第二章"人体测量",第5—33页。

② (清)顾炎武撰,黄坤校点:《天下郡国利病书》,上海古籍出版社2012年版,第3417页。

③ (清)张廷玉等:《明史》,中华书局1974年版,第8277页。

琼州",所谓的"辇军粮"即用车运送军粮,人数应该不少。另外,《崖州志》、《琼山乡土志》、《乐会县志》、《儋州志》则认为,"熟黎"中相当一部分是来自于闽、广(广东、广西)三省逃亡至琼者,另一部分则是"本省诸郡"之人。这一判断的主要依据是:他们虽然已经"乐其俗而为黎",但是各自还保有自己的"乡音"。而他们自愿化为黎人的原因,史志中也写得非常清楚:可以纳粮不当差。这种税赋减免原本是政府为了吸引黎人"归化"而出台的,结果被部分汉民当作逃避税赋的一种方式。另外,据明代王佐《进〈珠崖录〉奏》言,明朝初年,为了稳定海南局势设专职抚黎"流官",其位同知府但不管府事,也设知府,但知府不管黎事。专职"流官"最初尚能大量招抚黎人,但后期为了政绩则完全采用弄虚作假,让大批熟黎化为生黎,让大批州民或府民化为熟黎,然后再行招抚,"报作梗化黎人","邀恩惠奸,希望列土,永远抚黎"①。当然,这种钻政策空子的现象很多时候都是不可避免的,但这些化为生黎的熟黎或化为熟黎的汉人,有很多保持了黎人的身份。顾炎武所言"洪武初年归附"事,洪武初年仅有二三十人,后来数量渐多,最多的时候多达4万人。"流官"们诱惑的那些化而为黎的汉民正是在这众多黎人汉化为"熟黎"的掩护之下,才蒙混过关的。

现在学界争论的焦点是:"熟黎"究竟是否为现在民族学上所说的"临高人"。"临高人"不是指的今临高县人,"临高人"自称为"讲村话的人",《临高语研究》一书认为"临高人"的分布:东起琼山县(今海口市琼山区)的南渡江,西迄临高县的新盈港,南到澄迈县北部的白莲镇,儋州的南丰镇,北部一直到琼州海峡。② 这个范围正好与顾氏云"报在西路临高等界"、"东路琼、澄等界"相吻合。但现在的"临高人"自己不承认是黎人、熟黎,自认为是汉族。学者在对"临高人"族属意见上分歧比较大:有黎族说,有汉族(含客家人)说,有壮族说,还有人认为临高人是南方的泰人渡海之后逐渐汉化而成。《临高语

---

① (明)王佐:《鸡肋集》卷四,南海出版社 2004 年版,第 114 页。
② 梁敏、张均如:《临高语研究》,上海远东出版社 1997 年版,第 1 页。

研究》的作者认为："临高人"是早期居住在广西及广东一带的古百越的一支，非黎，也非壮族。宣统《徐闻县志》记载："徐之言语有三，有官语，则中州正音也，士大夫及城市居者能言之；有东语，亦名客语，与漳潮大类，乡落通谈；又有黎语，即琼崖临高之音，惟西乡之言。"①《徐闻县志》所谓"黎语"并非海南黎族之语，而是当地"土音"，古时徐闻"一邑皆然"，没什么区别，只是后来北方汉人南迁，多居于城市，城市语言受之影响，"官语"渐渐成为城市流行语言，"土音"也渐渐消失。史志中这一记载也得到当代语言学者的研究支持②。但是，他们是否为一独立的族群呢？近年来人类学研究的结果表明，"临高人"多项指标均与海南汉人接近：主要指纹、掌纹特征与汉族相似而与壮族、黎族的差异都较大③。还有指长、指甲类型、拇指类型、足趾类型等人类遗传学指标也显示：海南临高人与海南汉族、福建汉族最为接近，是我国南方汉族族群的基本特征。除了指、掌等遗传学指标，上眼睑皱褶、铲型门齿、非凸鼻梁、宽鼻孔出现率、内眦褶、发际有尖、突型下颌等人类遗传学指标也指向"临高人"是南方汉族尤近海南汉人和福建汉人，与四川汉人相距较远。④

　　笔者认为，顾炎武等对"临高人"族属的判断以及"临高人"自己对自己族属的判定基本正确。"临高人"，应是高度汉化的俚人。其来源极有可能是《史记》所载秦始皇征南越时所徙"与越杂处"的50万中原汉族的后裔，或者是《汉书》所载任嚣所将十余万"家于越"的楼船将士，他们与原住民俚、僚人长期通婚，慢慢成为雷州半岛的"村人"，南迁至琼则为临高人。他们与"越人"相处的过程之中渐渐形成了自己独特的语言，尤其是迁入海南之后，因其人数众多而逐渐保留下来，而徐闻一带，由于与后来的汉人接触较多渐渐消

---

① 王辅之：《徐闻县志》，成文出版社1973年版，第220页。

② 辛世彪：《海南闽语比较研究》，商务印书馆2013年版，第225页。

③ 谢业琪：《海南岛黎族指、掌纹研究及临高人与汉族、壮族指、掌纹特征比较》，《人类学学报》1982年第2期。

④ 董文静等：《海南临高人4项人类学特征研究》，《天津师范大学学报》（自然科学版）2015年第4期。

失了。

"临高人"被看作是"熟黎"的过程既有"俚人的汉化",也有"汉人的黎化"。临高人的制陶、农耕技术明显来自汉人,而女子出嫁后的头几年大都不落夫家的习俗显然来自黎族,鸡卜、杀牛治病行为也明显来自黎族。海口、澄迈等地保留自己方言的"临高人"甚至在新中国成立之后仍然被人称为"黎人"或"黎仔",正是其黎化的表征。古代的熟黎基本上是由两大部分构成的:一是黎人的汉化,这是熟黎的主体部分;二是汉人的黎化,而这一部分又以"临高人"为主。

第二节　海南汉人主流民俗的形成

《毛诗序》云:"上以风化下,下以风刺上,主文而谲谏,言之者无罪,闻之者足以戒,故曰风。"自上而看,"风"是指统治者用所崇尚的礼来教化百姓,是通过官方意志推行一些习俗来改变社会,是可以"正得失,厚人伦,成教化"的。自下来看,"风"是社会风情、民间疾苦的反映,是民意的具体体现。所以,在文明社会中,风俗的出现都带有主观的有意性,即统治者总是有意引导有利于其治理的风俗出现,而引导风俗的手段很多,比如,兴办学校、制定教材;再比如通过音乐、艺术进行移风易俗。除了这些外,还有一种更重要的方式:迁民。汉朝建国之初便进行了大规模的移民活动。汉高祖七年(公元前200年)徙丰人入关中,汉高祖九年(公元前198年)徙齐、楚大族入关中,史书上所谓"思欲东归"只不过是个借口,真正的原因是改变关中的文化生态,使统治更加稳固。到汉武帝时期,移民的规模更大,而其移民与汉初情形却大不相同,汉初立足未稳,无暇外顾,故其移民主要在国内,而武帝时期,主要是开边拓土,故其移民主要是边疆地带,"是时,汉东拔濊貊、朝鲜以为郡,而西至酒泉郡以隔绝胡与羌通之路……又北益广田至眩雷为塞",即所谓的三边地区:大规模移民西北以及匈奴人内迁关中,以稳定西北边疆,如元狩二年(公元前 117 年)徙朔方十万口,元狩四年(公元前 119 年)徙关东贫民于陇西、北地、西河、上郡、会稽(会稽为越地)凡七十二万五千口;将东越、闽越之民内迁至江淮之间,同时徙关中、关东之民至越地,元封元年(公元前 110 年),东越人杀王余善请降于汉朝,由于东越地势险阻,易守难攻,汉武帝为绝后患,直接将东越之民内迁于江淮一带,尽虚其地,至元狩四年(公元前 119 年)徙关东之民于会稽;开通西南夷道,鼓励内迁其民。

自汉武帝在海南设置郡县以来,海南汉人一直呈几何倍数增加。据王俞春统计,汉武帝时海南汉人近 2 万人,唐代汉人多达 7 万人,到南宋汉人 10 万人,元代汉人 17 万人①,到明代汉族人口多达 50 万人,至清末民国时期海南汉族人口为 217 万人,据第六次人口普查,汉族人口为 722.5726 万人,占总人口的 83.33%。海南汉族人口远远超过了其他各族人口,成为海南人口最多的族群。

汉族的族群构成也比较复杂。包括两个大的方面:一是从身份看,来琼汉人主要包括:"中州士族"、"戎籍军民"及"充配官吏",王俞春的《海南移民史志》中记载移民海南的人物三千多,当然,难以考证姓名的人会更多,比如所谓"荡资商人"、"亡命"之人等。二是从地域看,最多的是福佬人,因其祖上来自福建,其习俗、语言都带有浓重的闽南特色;村人即临高人,主要集中在儋州、临高、海口一带,现在三亚、东方也有部分村庄讲村话,村人主要是来自广东的雷州半岛;来自中原地带的主要是客家人和迈人,但迈人来海南的时间较早,其客家特点不太明显,多称为广州汉人;还有少量的江浙人。本节主要从两个方面探讨海南汉人的族群结构:一是他们的身份结构,即他们入琼之时的身份,这一因素虽然距离现代已经很远但影响却很大,尤其是世家大族;二是他们的祖籍构成,这一因素是直接成为海南汉人各种习俗的构成要素。

---

① 王俞春:《历代过琼公传》,中国国际广播出版社 1993 年版,第 9 页。

一、入岛汉人的身份与民俗

（一）入琼善人

早在汉人平南越之前，岭南的贸易就已经非常繁荣了。《正德琼台志》："越处近海，多犀象、玳瑁、珠玑、银铜、果布之凑，中国往来之商贾者多取富焉，则秦有至者矣。"①秦时商人的活动中心多为广州，但市场交易的玳瑁、珠玑之类多产自海南，因此，《正德琼台志》推断"秦有至者"是有道理的。另外，《道光琼州府志》还提供了一个佐证：海南一带的度量衡多实行六进制，这一现象"实存秦时旧制"，《史记·秦始皇本纪》："数以六为纪，符、法冠皆六寸，而舆六尺，六尺为步，乘六马。"②而海南人计算稻谷的数量是"六束为一攒，六攒为一对"。这些在汉帝国统治者进入海南之前到来的岛外人，被称为"善人"。王佐《琼台外纪》载："武帝置郡之初，已有（善人）三万之数。"具体来说，"善人"就是"远近商贾兴贩货利有积业者，及土著受井、受廛者"③。实际上，这些"商贾兴贩货利"的"善人"多为南下汉人，如汉代孙豹曾率领善人讨伐围攻珠崖郡的黎人。可知，此处"善人"与当时、当地所谓的"蛮人"完全不同。

关于"善人"具体指哪些人，《琼州府志》没有介绍，据《后汉书》载："珠崖、儋耳二郡在海洲上，虽置郡县，而言语各异，重译乃通，后颇徙中国罪人使杂居其间，乃稍知言语，渐见礼化。"④哪些人算是"中国罪人"呢？据《资治通鉴·秦纪》载，秦朝及其前迁来海南的汉人大体包括五种人："治狱吏不直者"，即那些徇私枉法不能按照法律断案的；"尝逋亡人"，曾经因罪逃跑之人；

---

① （明）唐胄：《正德琼台志》，海南出版社 2006 年版，第 58 页。
② （汉）司马迁：《史记》，中华书局 1959 年版，第 238 页。
③ （明）王佐：《琼台外纪·四论》，曾邦泰：《万历儋州志》，海南出版社 2004 年版，第 14 页。
④ （南朝宋）范晔：《后汉书》，中华书局 1965 年版，第 2836 页。

"赘婿",入赘女家的上门女婿;"贾人",即商人,或者自己甚至自己的父母、祖父母曾经经营过商业的;还有一类人,被称为"闾左",据《史记·索隐》言,秦时,闾里居住分为左右,富强居右,贫弱居左,秦初的政策是打击豪强,所以,每次役成总是尽发闾右。至秦灭南越,闾右已无可发,故"兼取穷弱者而发之",这就是"闾左",《汉书》称"后入闾,取其左"。这是发往岭南之人,由于海南亦属百越之地,因此,渡海居琼的"善人"也应该由这几类人组成。这些"善人",由于受黎人影响,一部分化作黎人,一部分成了汉人。

(二)入琼官员

汉代中央政府在岛上设置郡县,官吏与军队也随之迁入海岛。海南相当一部分汉人是驻岛官、军后裔。邢宥诗云:"故家大半来中土"①,《咸丰文昌志》云"邑之著姓,其先率于宋、元之间来宦于琼,而其后遂籍文焉"②。不仅文昌如此,《万州志》、《琼山县志》、《澄迈县志》均有大体相类的描述。帝制时期,中央政府担心地方势力做大,抑制强宗右豪,自汉朝以来往往采取异地为官的做法,来琼任职官吏多来自内地。以《道光琼州府志》所载为例,自汉至清朝文职官员近七千人(汉有 3 人,三国 2 人,六朝有记载者 1 人,唐有 48人,宋有 187 人,元有 254 人,明有 3832 人,清有 2473 人),武官一千多人(宋有 11 人,元有 36 人,明有 751 人,清有 404 人)。这些官员驻留海南成为海南人的原因很多,如明代武官采用世袭制,驻守海南的大陆将士,连续数代驻守海南,因此,不得不家眷随迁或在当地娶妻生子,成为海南汉人。其他朝代虽然不像明朝那么多,也都存在相类的情形。王俞春《历代过琼公传》载有征成边将一百多人,多数人终老海南,成为海南"著姓"。如南宋赵与珞为宗室,开封人;张应科,福州古田人。二人先后为琼管安抚使,皆终老于海南。元代海南海北道宣慰使朱国宝死后,其子袭其职位,继续镇守海南。云从龙初为海南

① (清)张需等:《咸丰文昌志》,海南出版社 2003 年版,第 50 页,引刑宥海南风景诗二首。

② (清)张需等:《咸丰文昌志》,海南出版社 2003 年版,第 327 页。

海北道宣慰使,后累官中书省参知政事,其子孙后代家于文昌,后海南"云"姓为文昌大姓。海口马村族谱称其祖上是乐会县令,卸任回乡途中在海口受阻,遂家于此。从《琼州府志》的记载可以看出,武职多是两三代人世袭指挥同知、指挥使、指挥佥事、千户、百户等职,由于在一个地方生活两三代,已经完全习惯了当地的生活,这些人大多在海南安家,成为海南汉人。明海南卫指挥佥事王祥,本为湖北黄冈人,其后人王清、王洁、王宏烈、王选相继袭职为指挥佥事。同样,王顺为佥事之后,王宠、王宏、王宋、王义、王莐、王耀祖相继袭职。其他,海南陈氏、周氏、俞氏、黄氏、万氏、李氏等都是连续几代袭其父祖之职。

在入琼的官员中,还有许多人是流贬而来的。自唐代开始,海南一直作为官方重要的流放地,中央政权常常将罪行颇重、且罪不致死者流放于海南。《道光琼州府志·官师志》设有"谪宦"和"流寓"两章,主要为流放于海南的著名或有重要贡献的官员立传。其中,唐代22人,宋代29人,元代4人。虽然明朝初年太祖朱元璋即已宣告不再将海南作为流放官员之地,但事实上仍有官员及子女贬谪至海南,《明史·薛祥传》:"明年坐累杖死,天下哀之。子四人,谪琼州,遂为琼山人。"[1]《道光琼州府志》:铁仲名,"因盛庸事",83岁时与妻子被贬海南安置。"艾璞,字德润,南昌人……讯之不屈,棰杖几死,徙家海南为编氓。"[2]并且,明代流贬于海南的人数还比较多,《道光琼州府志》有传者达22人。清代明确将海南作为流放之地,府志中有传者仅3人。这些被贬海南的一般都是拖家带口,一人被贬,数人迁至海南,并且相当一部分人成为海南"编氓"——海南汉人。

(三)入琼士卒

除前文提到秦朝在岭南的三次移民有可能到达海南外,《道光琼州府志·事纪》记录数十次发生在海南的战争,其中,汉代4次,三国至隋3次,唐

---

①　(清)张廷玉:《明史》,中华书局1974年版,第3974页。

②　(清)明谊等:《道光琼州府志》,海南出版社2006年版,第1445页。

代 3 次,宋代 6 次,元代 10 次,明代 9 次,清代 34 次。为了维持战后社会秩序,常常有大量军队需要驻留海南,这些士卒相当一部分成了后来的海南汉人。

汉武帝元鼎四年(公元前 113 年),伏波将军路博德与楼船将军杨仆平南越丞相吕嘉,元封元年(公元前 110 年),吕嘉、建德及其属下数百人"亡入海",杨仆将兵,"自合浦徐闻南入海,得大洲",置儋耳、珠崖二郡。征和四年(公元前 89 年),珠崖太守孙幸被杀,孙幸的儿子孙豹率兵讨之。汉宣帝甘露二年(公元前 52 年)珠崖郡反,护军都尉张禄将兵击之,同传之中又记载二十年间共发生了六次战争,异常频繁,但规模都不太大。足以说明维持局面的困难,也说明了所需驻军较多。据《汉书·贾捐之传》记载,由于当年海南民众的反抗,在琼官兵"率士及转输"死者万人以上,"士"指的是官兵,"转输"当是后勤补给人员,死者万人,更可以佐证留驻人员之多。

流行于海南岛西部、西南部的一种方言,叫军话,当地人称为官话,即因操此种方言者多为驻琼军人后裔。民国《儋县志》说这种方言是五代前入儋州驻守官兵的话流传至今而形成的,但据黄谷甘考证,"崖城军话在语音上有一个很突出的特点,就是它有一个舌尖元音,资、慈、私等字的韵母读'之'。从语言发展史的角度看,这表明崖城军话的形成不会早于宋代"①。此正与自元代以来海南的军事政策相吻合。《元史·兵志》记载,元代每遇坚城大敌,必以屯田守之,武力统一全国后,内而各卫,外而行省,"皆立屯田,以资军饷",海北海南道宣慰司都元帅府实行民屯,不论军屯还是民屯都有军事性质,招募"民户并发新附士卒",于海南、海北等处置立屯田。也就是说,既有民户,也有新降士卒。元至元三十年(1293 年),因屯田而落籍海南者,有屯户 0.5011万,屯兵 1.3 万人。元成宗元贞元年(1295 年),海南发生大的传染病,"纵屯田军二千人还各翼(军事据点),留二千人与召募民之屯种",《琼州府志》作

---

① 黄谷甘:《三亚市方言博览》,李建璋主编:《崖州史话》,海南出版社 1989 年版,第153 页。

"留半与民屯田"。设屯田万户府辖南宁、吉阳、万安三军。直到大德三年（1299年），才罢弃屯田万户府，撤回军屯，但仍留"民户八千四百二十八户"屯田。元代屯田使海南汉族人数急剧增加，到元末海南总人口迅速增加到166257人，比前代增长了近一倍。

明代延续元朝军屯制度，以屯养军，官兵既参与训练也参与农田的耕种。明初海南卫屯田11处：琼山县有遵化、石山两处；澄迈县有水北、鲁宾、水南、保议、槟榔五处；临高县有定南、田牌、新安三处；定安县有潭揽一处。洪武十六年（1437年）整点大军，令年十六以上军士都要屯田自食。至万历时期，海南卫内外11所共有屯田22处，分别是：左所：南黎、青宁；右所：大寨、顿墟；中所：龙袍、南绵；前所：坡口、徐家；后所：澄迈、安平；清澜所：文嚣、顿兴；万州所：新泽、禁山；南山所：岭脚、鸭塘；儋州所：黄谓、黄村；昌化所：苏屋、大南；崖州所：北山、㳟西；水会所：琼宁、安靖。各所参与屯田的官兵最多的时候达一万多人。明代户籍区分比较细，在海南分为民户（明代指已入省籍之民，也包括流寓入籍者）、军户、疍户、寄庄户、校尉力士户、马站户、灶户、弓兵户、铺兵祇禁户、匠户、窑冶户、摊补人户等，其中军户、校尉力士户、马站户、弓兵户、铺兵祇禁户都明显带有军屯背景。永乐二年（1404年）、宣德元年（1426年）、正统二年（1437年）曾三次出台政策将军队所屯之田划归官民耕种，由于政策鼓励军官、军人家属耕种军屯，在消解明代军屯制度的同时也增加了海南汉族人数。清初继续将屯田作为基本国策，在边疆地区继续推行卫所军屯（包括旗屯），但改军丁为屯丁，改屯粮为充兵食，到雍正三年（1725年）裁海南卫五所归琼山管理，崖州所归崖州管理，儋州所归儋州管理，万州、南山所归万州管理，清澜、昌化所归文昌、会同、乐会、昌化、感恩五县管理，虽仍给兵食，但原屯丁已非军籍，而成了地地道道的海南居民。

这种现象也出现在海南解放之后。1952年1月1日正式组建华南垦殖局海南分局，同年，与中国人民解放军林业工程第一师合编，下辖琼山、文昌、琼东、乐会、定安、屯昌、万宁、陵水、保亭、崖县、澄迈、临高、儋县等垦殖所。组建的垦殖所及后来的农垦总局带有明显的军屯性质,主要用于安置数十万复员、退伍军人、归国华侨、难民。1969 年至 1975 年,海南农垦局归属于广州军区建设兵团(当时广州军区建设兵团共 10 个师,海南农垦即占 7 个师),最为繁盛的时候,海南农垦共有农场 130 个,职工 472258 人,占整个海南省全民所有制职工的 45%,农垦区总人口(即职工与职工家属、子女)多达 96 万人,占海南全省人口的 1/7。建设初期,农场职工的主体是广西宾阳军分区 152 师机关和直属分队以及海南军区的第 26 团、27 团、28 团组建而成的中国人民解放军林业工程部队第一师。后来逐步扩展,至 1988 年,农垦职工中,原来的职工子弟人数最多 14.91 万人,占职工总数的 32.15%;征调外地农民 11.13 万人,占 24.01%;吸收本地农民 8.04 万人,占 17.34%;知青 0.44 万人,占0.97%;归侨 0.38 万人,占 0.81%;越南难民 0.75 万人,占 1.63%;其他来源7.03 万人,占 15.13%。从民族组成来看,整个垦区 96.37 万人,分别来自汉族、黎族、苗族、壮族、蒙古族、满族、藏族、回族、侗族、布依族、瑶族、土家族、傣族等计 25 个民族,其中,汉族 86.19 万人,少数民族 10.18 万人,少数民族中人口最多的是黎族,7.29 万人。① 也就是说,作为海南人口重要组成部分的海南农垦总局,绝大部分是外来人口,而且外来人口中,汉族人口又占绝大部分。

(四)入琼商贾与迈人、客人

商人往来于中原与海南之事,可以上溯到秦代,《正德琼台志》记载了秦代商贾往来海南与祖国大陆贩卖犀、象、玳瑁、珠玑、铜、果、布等类物产之事。《史记》记载了秦始皇三十三年(公元前 214 年)统一岭南的最后一战,"发诸尝逋亡人、赘婿、贾人略取陆梁地"②,征发的诸类人中的"贾人"即指商人。这些被征发流落在海南的商人生存方式究竟如何,史无记载,但一般情况下人都会继续发挥自己的特长,更何况,岭南的管辖要远比中原地带松散,更适合

---

① 王法仁:《海南省志·农垦志》,海南摄影美术出版社 1996 年版,第 80 页。
② (汉)司马迁:《史记》,中华书局 1959 年版,第 253 页。

商人的生存,再加上琼州作为中国与外国商使往来的重要落脚点,可以肯定的是会有一些汉族商人入住海南。因此,宋庄方出任琼州知州,枢密史楼钥代皇帝叮嘱他要"劳抚贾胡",贾即商人,既要处理好胡人之事,还要处理好商人之事。

商人落籍海南还跟海南丰富的特产有关。汉初武帝平定南越,在海南设置郡县,之所以用"珠崖"命名海南一郡,是因为其地多珍珠。《岭外代答》、《诸蕃志》以及海南的地方志都详细罗列了海南著名的土物产如槟榔、椰子、小马、翠羽、黄蜡、苏木、吉贝、土产沉香、蓬莱香、鹧鸪斑香、笺香、生香、丁香、苎麻、楮皮、赤藤、花缦、黎巾莫、青桂木、花梨木、海梅脂、琼枝菜、海漆、荜拔、高良姜、鱼鳔、石蟹等,这些特产大多出于黎峒。尤其是槟榔,享誉闽、广一带,贵重者"不知其几千万也"。而当时的广州番禺已经成为闻名遐迩的大都会,汇集了来自中原及东亚、中亚的商人。玳瑁、珠玑、沉香、槟榔是商贩过海求取的重要商品,以至宋代海南官方征收高额税赋,"岁什据什之五"。只不过,唐前中央政府对海南的统治大多处于"遥领"的状态,前来海南的商人尚属少数。另外,自汉以来黎人渐渐退到了山岭地区,一些商品则必须通过贸易获得。《诸蕃志》说琼州"以贸香为业","土产沉香、缦布、木棉、麻皮等就省地博易"。又载:"省民以盐、钱、鱼、米转博,与商贾贸易。船舶以酒、米、面粉、纱绢、漆器、瓷器等为货,岁杪或正月发舟,五六月间回舶。若载鲜槟榔搀先,则四月到。"①《岭外代答》记载了宋时海南商贸的盛况。黎族"多十百为群",便服进入州县墟市,进行买卖,商贩则常常以牛易香。《舆地纪胜》:"琼人以槟榔为命,岁过闽广者,不知其几千百万。"②《投荒杂录》载有崖州郡守韦公干驱使家奴制文纱、伸角器、金银器物、珍木家具等,"其家如市",虽日夜兼制仍难满足购者的需求。这么多数量的商品从海南输出,没有客商定居海南是不可能的。

---

① (宋)赵汝适著,杨博文校:《诸蕃志校释》,中华书局 2000 年版,第 217 页。
② (宋)王象之:《舆地纪胜》,中华书局 1992 年版,第 3563 页。

　　商人入籍海南还跟海南独特的地理位置有关。从《汉书·地理志》的记载可以知道，早在汉代，内务府采购海外奇货就是从广州经海南到西亚、中东一带，到了唐代随着国力的强盛和国际贸易的日趋频繁，海南成了众多海外贸易的必经之路。日僧元开的《唐大和上东征传》记载了海南万安州冯若芳家的状况："请往其家，三日供养。若芳每年常劫波斯舶二三艘，取物为已货，掠人为奴婢。南北三日行，东西五日行，村村相次，总是若芳奴婢之处。若芳会客常用乳头香为灯烛，一烧一百余斤。其宅后，芳木露积如山，其余财物，亦称此焉。"[①]振州陈武振："家累万金，为海中大豪，犀象、玳瑁仓库数百。"而其家财亦来自对路经海南或遇风遭难商人的掳掠。正是因为有大量满载货物的商船经过海南，才使得生活在海南的海盗积富如山，这从另一方面说明了海南及周边海上贸易异常繁荣。到宋、明时，由于海南特殊的地理位置，官方干脆明确"番贡必经琼州"，真正形成了"外接诸番"的局面。优越的地理位置自然受到商人的垂青。

　　到海南的商人常常被称为"客"。苏轼《书柳子厚〈牛赋〉后》："岭外俗皆恬杀牛，而海南为甚。客自高化载牛渡海，百尾一舟。"[②]由于海南习俗病不求医饮药，以杀牛祈福，富贵之家或杀十数头牛，所以海南对牛的需要量极大，据苏轼统计当时耕牛与屠牛大抵对半，而海南又不产牛，因此，成就了一种专门贩牛的商人"牛客"。《儋县志》亦载："大陆的牛、米也通过商人贩运到本县。"[③]《广东通志·琼州府》："迈人、客人俱在崖州，乃唐宋以来仕宦商寓之裔。迈居附郭二三里，及三亚、田寮、椰根三村，在州治东一百里，其言谓之迈语，声音略与广州相似。客居番坊、新地、保平三村，俱在州治西南三四里。又有多银村、永宁乡，俱在州治东一百里。习尚多与迈人同，惟语言是客语，略与潮州相似。"[④]客人是指侨寓于琼的汉人，即罗香林先生界定的"客家人"。从

①　［日］真人元开著，汪向荣校注：《唐大和上东征传》，中华书局1979年版，第68页。
②　（宋）苏轼：《苏轼全集》，中国文史出版社1999年版，第1374页。
③　海南省儋州市地方志编纂委员会编：《儋县志》，新华出版社1996年版，第362页。
④　王学萍主编：《黎族藏书·方志部》卷1，海南出版社2009年版，第59页。

事沉香生意的称为"香客",从事藤板生意的称为"藤客"。乾隆三十一年（1766年），海南发生了两场影响很大的黎客冲突：一是定安香客李林兴一家二十口被杀；二是崖州藤客李孙劲被杀。《清实录》记载，当时黎人借此焚烧邻村，并企图将客民全部赶杀。最后，清廷不得不订立制度：客民必须搬出黎村，于汉村居住，另编客民保甲；在县城外设墟场一二，令黎、客在墟场进行公平交易。不过，这一制度并没有阻止黎客冲突，时隔近四十年——嘉庆九年（1804年）再次以同样的原因暴发了黎客冲突。

迈人可能是早期的"客人"。据欧阳觉亚考证，迈话与粤语有一定关系，但词汇相同比例仅有28.5%，语音差别也很大，与客家话中的中古语音有许多相似的地方，但迈话与客家话中一些浓厚色彩的方言词如"我"、"是"、"吃"、"禾"（稻子）、"叫"（哭）等词又偏偏不同，迈话保留了客家方言中最古老的特点，因此，欧阳氏认为，迈人离开客家人的时候只带走了客家人最古老的东西，而客家人后来产生的东西，迈话中并没有出现，"（迈话）只是一种没有发展成熟的客家话"。估计当在晋室南渡之时，当时中原丧乱，民离本城，而江南地带又有豪族兼并，普通百姓只能客寓他乡，统治比较薄弱的海南或是他们流寓的一个选项，或经商或务农。

由于中国古代一直重农抑商，在整个社会体系中，商人的地位比较低，因此，一些商人来到海南之后通过租种土地进行了身份的转换。范成大《桂海虞衡志》："闽商值风水荡去其货，多入黎地耕种不归，官吏及省民经由村洞（当为峒），必舍其家，恃以安。"①这些早入黎地的汉人大多成为官吏或汉人与黎人沟通的依赖，他们有些人后来干脆又改回汉人的身份，有些干脆化汉为黎。其实，这些落难的商人也不一定入黎地耕种，由于海南政府的管理比较薄弱，耕种其他汉人土地的也有相当一部分人。再加上中国古代的重农抑商政策，大量商贾赚到钱后就会想办法买些土地，进而改变自己的身份。还有一些

---

① 胡起望等校注：《桂海虞衡志辑佚校注》，四川民族出版社1986年版，第221页。

则继续扩大经营,《万宁县志》:"明代,大陆移民增多,农业、手工业、有所发展,县城东门、南门、逐渐发展成为附近乡村土产物资的集散市场。更有客籍商贾来县城开店营业,大宗的地产经商人转手,从港门、南港水运而北上。"①这些入籍海南的汉人后来大多弃商从农了。

(五)避乱难民

海南史志上虽然不断叙说"海寇之害,黎岐之乱,志不胜书",似乎海南一地常处于"乱局"之中,但是,在历史上海南相对于中原地区,一直比较稳定,海南岛较少发生大的战乱,至于"海寇"、"黎乱"大多是类似于械斗之类的"小乱"。以至于在人口史上,海南人口的增减往往跟内地相悖:大陆人口剧减的时候,往往是岛内人口激增的时候。这是因为大陆人口剧减往往意味着发生了大的变乱,这个时候许多中原以及江淮等地的人拖家带口逃难至岭南,部分人一直跑到海南岛上。

这里有几组数据可以了解内地战乱对海南人口的影响:

第一组数据:

合浦郡,5 县(徐闻、高凉、合浦、有关、朱卢),户 15398,口 78980(《汉书·地理志》)

合浦郡,5 城(合浦、徐闻、高凉、临元、朱崖),户 23121,口 86617(《后汉书·郡国志》)

河南郡,22 县,户 276444,口 1740279(《汉书·地理志》)

河南郡,22 城,户 208486,口 1010827(《后汉书·郡国志》)

河内郡,18 县,户 241246,口 1067097(《汉书·地理志》)

河内郡,18 城,户 159770,口 801558(《后汉书·郡国志》)

东郡,22 县,户 401297,口 1659028(《汉书·地理志》)

---

① 海南省万宁县地方志编纂委员会编:《万宁县志》,南海出版公司 1994 年版,第 301 页。

后汉拆分为河东郡和弘农郡,两郡相加为 22 城,户 140358,口 369916(《后汉书·郡国志》)

汝南郡,37 县,户 461587,口 2596148(《汉书·地理志》)

汝南郡,37 城,户 404448,口 2100788(《汉书·地理志》)

上述是汉代中原郡县与合浦郡人口的比较数据。西汉时代,中原地带相对稳定,社会比较繁荣,人口较秦时有大规模增长,但到了东汉时代,尤其是汉末,各路军阀相互攻伐,中原陷入乱局,中原各郡在所辖地境不变的情况下人口急剧下降。其中,汝南郡变化最少,也减少了近五十万人口。正好应合了曹操"生民百遗一"的描绘。此时的合浦郡,前后数据相较增加了近一万人。作为合浦下辖的朱崖(或朱卢)县没有单独的记载,但基本可以确定合浦郡增加的户口中,应该有来自远离大陆的朱崖县的户口数。

《隋书·地理志》有专门的海南户口统计,我们可拿来与《旧唐书》、《新唐书》中的数据对比:

第二组数据:

珠崖郡,统县 10,户 19500(《隋书·地理志》)

崖州,旧领县 7,户 6646

儋州,旧领县 5,户 3956,(天宝)户 3390

琼州,领县 5,户 649

振州,领县 4,户 819,口 2821

万安州,领县 4,无户口

(《旧唐书·地理志》)

崖州珠崖郡,县 3,户 819

儋州昌化郡,县 5,户 3390

琼州琼山郡,县 5,户 649

振州延德郡,县 5,户 819,口 2821

万安州万安郡,县 4,户 2997

(《新唐书·地理志》)

上述数据分别来自《隋书·地理志》、《旧唐书·地理志》、《新唐书·地理志》,隋时海南沿用梁朝设置,以珠崖郡统海南岛 10 县,故,其户口指的是全岛人口。《旧唐书》和《新唐书》中琼州、振州、万安州所用数据为同时数据。《旧唐书·地理志》"儋州下"云:"旧领县五,户三千九百五十六。天宝,户三千三百九。"[①]而《新唐书·地理志》"儋州昌化郡"下:"户三千三百九。"[②]可知,《新唐书》和《旧唐书》未标明"旧领"下的户数均来自天宝年间。而"振州"条下《旧唐书》虽说"领县四",但其下所列县名却是五个县,其中"落屯县"标有"新置"二字,说明《旧唐书》统计振州户口时包括了新置的落屯县,故,《新唐书》和《旧唐书》虽然所领县不同,但户数和口数均完全一样。这样,崖州、儋州"旧领"的"县七"或"县五"可以不在考虑之中,而直接以《新唐书》所列数字为准。唐代开天年间海南岛总户数《旧唐书》为 12070 户,《新唐书》为 8674 户,而《隋书》仅录珠崖郡为 19500 户,相比起隋时户数,人口明显减少。这与岭南其他地域人口增减的情形基本一致,而与同一时期中原地带的情形则明显不同。如处于中原的河南郡在所辖县域基本没变的情况下,人口户数,隋时 202230 户,唐时 194746 户,基本持平;河内郡隋时辖河内、温县、济源、河阳、安昌、王屋、获嘉、新乡、修武、共城计有 10 县,户数 133606 户,唐时怀州河内郡辖河内、武德(即隋安昌)、获嘉、武陟(原修武县)、另置修武共 5 县(实为原 4 县之面积),合计户数 55349 户,基本减半,可见人口亦基本持平;东郡虽说只减少两县,但划出的濮阳郡即 5.7 万户,合计剩下的 5.5 万户,共 11.2 万户,也大体与隋 12 万户持平。究其原因,从隋末到开元天宝年间,唐代政治比较清明,社会比较稳定,中原地带生产、生活水平高于包括海南在内的岭南地区,因此,这一时间段海南户口不增反降。另外,振州既录有户数,又录有口数,两者的比例是 1∶3.44,依据这个比

---

① (后晋)刘昫:《旧唐书》,中华书局 1975 年版,第 1762 页。

② (宋)欧阳修等:《新唐书》,中华书局 1975 年版,第 1101 页。

例,隋时海南在籍人口当为 6.63 万人,唐代天宝年间约在 4 万人。造成这一现象的原因大概有二:一是流落海南的北方汉人回迁至故土致使海南人口减少;二是海南恶劣的自然环境造成人员减少。

我们再看第三组数据:

表 2-1　宋代海南主客户统计表

属州	主户	客户
琼州(旧崖州为琼州属)	8433	530
新崖州	240	11
万安州	120	97
儋州	745	90

注:资料来自[日]小叶田淳:《海南岛史》,张迅齐译,学海出版社 1979 年版,第 42 页。

宋代户籍分为主户和客户,所谓的客户是指"无产而侨寓者",即指从外省来琼,且在城市里没有房产,在乡村没有田产的人。也就是说,客户实际上是外来人。从《宋史·地理志》记载可以看出,宋代户与口的比例一般为 1:2.09,也就是说,表 2-1 主户总数为 9538 人,相应的丁口为 19935 人,但这个数据显然不符合海南人口的实际。因为宋代统计户口的时候分"老幼丁壮女"来记籍,也就是说,"六十为老",六十以上不记籍,"二十为丁",二十以下不记籍,不记女口,并且,随着社会的进步人们医疗水平及各种防护措施也比唐代发达了。因此,我们计算人口的时候仍然应按户均 5—6 口计算,这样,当时移居海南的"客人"计有 728 户,当在四万人左右。这新增的"客户"人口中,应该主要包括来琼避难者和经商破产者,而吏成落籍的社会上层人士当在少数。

同样的现象也出现在宋元之交。《宋史·地理志》所用数据是神宗元丰年间的数据,琼州府、南宋军、万安军和吉阳军合在一起共计 10417 户,即便是以户均 6 人计,整个海南岛也仅六万多人。但到《元史》所载,乾宁军民安抚司(即故琼州郡)、南宋军、万安军、吉阳军合计,户 92244,口 166257 人。这说明宋末至元初进入了大量人口。元明之交也是内地生灵涂炭的时代,河北"旧有存者,十仅二三",山东兖州府"人行终日,目无烟火",顺天府"户口凋残,十室九空",河南"多是无人之地"。我们看明初,据《正德琼台志》载:到洪武二十四年(1391 年),海南,户 68522,口 298030,人口总数增加了近一倍,永乐十年(1412 年),海南,户 88606,口 337479。当然,这里还有一个原因,永乐十年的统计中增加了入籍黎族人的户口,减去黎族人口 21731 人,实际海南人口也增加到三十一万多。海南人口的迅猛增长时期往往是中原或岭北地带发生战乱(或稍后)的时期,说明海南移民中相当一部分人来自内地逃避战争的难民。民国海南大学的建立本身也说明这一问题。新中国成立前,由于大陆内战,没有学习的安定环境,宋子文牵头在海南建立了海南大学,学生主要是来自重庆、南京、北京等地的富商、官宦家庭的子女。

　　除了来自我国内地的难民,海南还有来自东南亚国家的逃难者。1952 年东南亚地区出现的民族独立风潮,在各国独立的过程中,由于华人在当地社会经济上占据优势,又忽略了自身政治权利的争取,导致东南亚其他族群将华人看作是殖民者,发生了大规模的排华事件,致使许多华人无处栖身,成为难民,不得已返回祖国。1952—1960 年海南农垦安置印尼、马来西亚、泰国华侨约6000 人,其中,1951 年安置 2700 人,来自马来西亚,安置于兴隆南洋农场,1960 年安置 1200 人,来自印尼,安置于琼东农场,其他还有陆续来华的南洋难民。1977 年,越南发生排华事件,1978 年接收的越南难民 1.45 万人,安置于澄迈华侨农场,这些人民族族属多为汉人。①

二、入岛汉人的祖籍与民俗

　　海南是一个以移民为主的社会,如果说黎族可能是原住民的话,海南汉族

---

　　① 王法仁:《海南省志·农垦志》,海南摄影美术出版社 1996 年版,第 74 页;朱华友:《海南华侨农场》,海南出版社、南方出版社 2008 年版,第 1—14 页。

几乎清一色的移民。移民者的祖籍也决定了他们的民俗元素。如果从语言情况来看海南的汉族移民,主要有:一是来自福建的族群,主要讲海南话的闽语系统群;二是说迈话的粤语系统群;三是讲儋州话的粤语系统群;四是客家话客家人;五是讲军话的西南官话系统群;六是混合方言区的复杂来源群。通过其语言现象发现移民的大致祖居地是一个比较便捷的方法,但并不十分准确,因为在一个区域久了会自觉地放弃本族群的方言或者有意学习其他族群的方言,尤其是学习一个地区强势族群的方言。还有另一种确定移民祖籍的方式:家谱(或族谱)。家谱是一个族群有意对自己家族过往历史的文字记载,相对准确一些,但也存在问题,有些家谱在编撰的过程中攀附名人现象确实存在。比家谱更准确的是官方史志的记载。

(一)海南汉族家谱中祖籍来源

家谱是重要的移民史料,它记录了每个家族来源、身份地位、迁徙过程、支系分布,因此,我们可以通过分析海南汉族的家谱来考察海南移民的省籍分布。

表2-2 海南汉族各姓氏祖籍分布表

	福建	广西	广东	江西	江苏	浙江	河南	其他
海口(含琼山)	王、王;韦;方;龙;丘;冯、冯、冯;孙;李、李、李、李、李、李;朱;刘;严;杨、杨;吴、吴、吴、吴;邱;陈、陈、陈、陈、陈;张、张、张、张、张、张、张、张、张、张;范;林、林、林、林、林、林;欧;欧阳;卓、卓;周;竺;柯;钟;洪;莫;凌;黄、黄;符;崔;辜;曾、曾、曾;蔡;廖;颜	詹	孔;海;温;蒙	文;翁	王、王、王;何	朱;张	王、王;叶;伍;陈;黄、黄;符;韩	云(陕);冯(陕);李(甘);裴(晋);梁(鄂);陶(皖);劳(鲁)

	福建	广西	广东	江西	江苏	浙江	河南	其他
文昌市	王、王;方;龙;冯;李、李、李、李;伍;刘;严;杨、杨;吴、吴、吴;陈、陈、陈、陈、陈、陈、陈;张、张、张、张;林、林、林、林、林、欧、欧;欧阳;周;郑;柯;钟、钟;郭;洪;翁;凌;黄、黄;萧;符、符;崔;辜;曾;廖;颜	詹	孔;冯;陈	文;禤		朱	王、王;叶;伍;陈;黄、黄;符;韩;蔡	云(陕)、云(陕);邢(冀)、邢(冀);裴(晋);梁(鄂)
琼海市	王、王、王、王;韦;龙;史;冯、冯、冯;李、李、李;刘;严;杨、杨、杨;吴、吴、吴、吴;陈、陈、陈、陈、陈、陈、陈;张;林、林、林、林、欧、欧、欧;周;钟、钟;姚;洪;莫;翁;黄、黄;符;崔;辜;廖	詹	孔、王;冯;蒙	文;夏;禤	王、王、王、王;韦;何	王;朱	王、王;卢;叶;伍;许;陈;黄、黄;符	王;云(陕);冯(陕);李(甘肃);邢(冀);梁(鄂);张(鲁)
万宁市	王、王;龙;冯;李、李;刘、刘;严;杨、杨、杨、杨;吴、吴、吴;陈、陈、陈、陈、陈、陈;张;林、林、林;欧、欧、欧阳;卓;周;柯;钟;姚;莫;翁;黄、黄;萧;符;崔;廖	詹	孔、王;冯	文;翁	王、王;刘;何	王;朱	卢;伍;许;黄、黄;符;韩;蔡	冯(陕);邢(冀);裴(晋);梁(鄂)
三亚市	龙;孙;吴;陈;卓、卓;周;钟;黄;颜	詹	孔	夏	王、王;何		伍;黄	邢(冀);裴(晋);黄(鄂);梁(鄂)
五指山市	陈;周;夏		孔	夏				邢(冀)
屯昌县	王、王;方;龙;冯;李、李;刘;严;吴;陈;张、张;林、林;周;柯;姚;莫;凌;黄;廖	詹	孔	文;翁	何	朱	王;卢;叶;伍;陈;黄;符	李(甘肃);邢(冀);梁(鄂)

续表

	福建	广西	广东	江西	江苏	浙江	河南	其他
定安县	王、王;韦;方;龙;史;丘、冯、冯;李、李、李、李;刘;严;杨;吴;陈、陈、陈;张、张、张、张;林、林、林、卓;周;柯;钟;姚;洪;莫;黄、黄;符、符;辜;曾;廖	詹		翁;禤	王	朱	卢;叶;伍;陈;黄、黄;符;韩	王;李（甘肃）;梁（鄂）;劳（鲁）
儋州市	王、王、王、王、王;丘;刘;严;杨;吴;陈、陈;张、张;范;欧;卓、卓、卓;周;竺;郑;柯;钟;凌;黄、黄;符、符;温;蔡;廖	詹	叶;温;蒙			张	王;邓;伍;陈;黄、黄;符	邢（冀）;梁（鄂）
东方市	吉;陈;周	詹	蒙			朱	黄;符	邢（冀）;邢（冀）
临高县	王、王、王、王、王;韦;方;龙;冯;李、李;吉;吉;刘;严;杨、杨;吴;邱;陈;张、张、张;林;欧;周;郑;柯;钟、钟;洪;黄;符;辜;颜	詹		翁		朱	伍;陈;黄、黄;符;韩	云（陕）;梁（鄂）;劳（鲁）
澄迈县	王、王、王、王;方;龙;丘;冯;李、李、李;刘;严;杨;吴;陈、陈、陈、陈;张、张、张、张;林、林、林、林;欧;周;郑;钟;郭;洪;莫;黄、黄、黄;符、符;辜;廖;颜	詹	孔;冯、冯（冼夫人支）;蒙		王	王;朱;张	王;卢;叶;伍;陈;黄、黄;符	冯（陕）;梁（鄂）;劳（鲁）
琼中	龙;冯;刘;严;杨;陈、陈;张;林、林;欧阳;卓、卓;周;钟;黄	詹	孔			王;朱	叶;黄;符	梁（鄂）
白沙	陈;周		温			朱	黄	
昌江	王、王;吉、吉;吴;陈;周;钟;莫;廖		孔			朱	伍;陈;符	邢（冀）;裴（晋）;梁（鄂）
保亭	杨;陈;卓、卓;周;竺			文				李（甘肃）

续表

	福建	广西	广东	江西	江苏	浙江	河南	其他
陵水	王;龙;丘;冯、冯、李、李、李;严、陈、陈、陈、陈;林;欧;卓、卓、周;竺;郑;莫;翁;黄、萧;符;曾;廖	詹	孔;叶	文;夏	王;何	王;朱	伍;许;黄	裴（晋）;梁（鄂）
乐东	龙;李;吉;陈;周;洪;黄	詹		襧				邢（冀）;邢（冀）

注:1. 本表来源于陈虹的《海南家谱提要》和周伟民的《海南移民人口史料与研究》。

2. 家谱中不同支系分布于同一地方者多次罗列,同一支系者合并列出。

3. 由于琼山县并归海口,故,凡分布于琼山者皆列为海口栏下。

4. 表中祖籍以族谱所载最后迁入地为准。如河南—浙江—福建—海南,以福建作为其祖籍地。

表 2-2 涵盖了王、林、陈、李、符、邢等海南大姓,虽然不够全面,但基本反映了海南汉族人口的构成状况。通过这一表格我们可以直观地看到:第一,祖籍福建人士最多,其次是河南、广东、江苏。《海南家谱提要》一书所录族谱共 66 姓 724 支,来自福建者共 43 姓 475 支,这是其他任何省份都没法相比的。这也正好与海南话以闽南语系为主相吻合。第二,迁琼诸姓主要集中在北部和东部地区,其中海口、文昌、琼海、万宁、临高、定安等县市移民数量最多,西部的儋州地区也相对较多。而五指山、琼中、东方、昌江、乐东等县市多为黎族聚居区,汉族很少,三亚、陵水最近几年迁入的汉族人口很多,尤其是三亚东北籍人口已经成为第二大族群人口,但由于这些家庭多单独迁入,尚未形成家族性规模,未纳入《海南家谱提要》一书的统计,所以此表反映不出。第三,王、李、陈、林等几个大姓来源最为复杂,支系也比较繁多,同在海口且同为福建移民但祖上完全不同。入琼王氏(独立族谱)共有 7 支:南九王氏一世祖为王委周,据其族谱言其祖在北宋年间逃难入定(安);南京应天府王氏一世祖为王悦,本为北直(宋为保塞军)人士,金兵南下迁应天府,又奉官至琼,王悦暴病,其家流落至都潭(文昌),后遂繁衍,成为王氏大支;王斗乾为元世祖十三年(1276 年)奉命征珠崖,自雷州落户于万安州;其他王宗裕、王则琼、王天祥或

宦或军落户于琼,祖籍地多为福建;值得关注的是《临高王氏族谱》,是一部合谱记载了五十多位来自福建的入琼始祖。第四,距离海南最近的广东、广西二省移民人口偏偏较少。这一反常现象的合理解释是:首先可能牵涉家族分支的时间,如《海南曾氏族谱》其谱一直叙至宋代,谱中记载早在福建即已分支,且谱系尚存,其入琼始祖为49派,这样他们在叙述祖籍的时候会一直上溯到福建。许多从雷州迁至海南者在雷州的分支尚存,记其祖上来自福建,故琼谱记载为祖籍福建;造成这一现象的第二个原因应当是,虽为广东或广西迁至海南,但其语言习俗仍保留福建故土习俗,故在叙说时仍以福建为祖籍;第三个可能的原因当与人们的从众心理有关,当一个族群迁徙到一个地方,而该地方人多为某个特点,这一另类族群往往会在许多方面从众,包括自己的出身,以更好地适应已改变了的生活环境。第五,河南人多于其他省份的原因应该是中国大多汉人姓氏起源于河南,比如陈氏、韩氏、魏氏、郑氏源自陈国、韩国、魏国、郑国等,而这些封国都在后来的河南省境内,而人们追述其祖的时候总爱一直上溯到最早的时候,以说明自己才是该姓的正统,这就造成海南汉人多祖述至今之河南省。

(二)戍卒及武官移民祖籍分布及其习俗

海南社会以移民为主。《琼州府志》:"士族多出中州。郡城县城营居皆戍籍,来往非一方。自宋元,顺化皆汉士余裔,洪武以来,军士自(洪武)初拨,张氏漫散,则多苏浙之人,续拨,征北溃亡陈氏,各处元氏旧军,多河之南北,再调赖正孙之收集则又闽潮之多,以后中原各处官吏充配踵至,会染成习。"[①]郡城、县城及各营地居民大多来自戍卒。由于中国史书更多地关注上层社会的大事变,而对事变中的下层民众很少涉及,完全处于社会底层的军士更少有人关注,很难考证。因此,我们也只能从众多史籍中找到其中一些线索,而很难

---

① (清)明谊:《道光琼州府志》,海南出版社2006年版,第93页。

完整地还原所有的汉族士卒移民。

秦朝移民岭南"与越杂处"之民主要来自中原。据《史记·南越传》载，秦初定岭南时即"谪徙民"与越人杂处，又见于《史记·秦始皇本纪》："发诸尝逋亡人、赘婿、贾人略取陆梁地。"这是秦朝常见的边疆政策，北逐匈奴也是如此，通过移民改变边疆地区的民族结构。"陆梁"是南越地的代称，可见，时间应该在秦取岭南之后，大约在公元前214年。而"逋亡人"当指无故离开自己家乡之人，秦时施行严格的户籍管理制度，百姓不准私自离开自己的家乡，"赘婿"即入赘女家之人。最多的可能是"贾人"，即商人。同传又云："（秦始皇）三十四年（公元前213年），适治狱吏不直者，筑长城及南越地。"但这两次征发的都是男性，效果不是很好，赵佗统治南越数年之后，不仅没有使南越人汉化，相反，中原来的官吏在某种程度上还存在被"越化"的现象，这从《汉书·陆贾传》中陆贾到南越时赵佗的坐姿可以看出①，究其原因，可能是这些征发之人多为单身男性，娶妻生子也会入乡随俗。于是赵佗趁机"求女无夫家者三万人，以为士卒衣补"②，秦始皇答应迁入15000人，这是第三批。虽然人数不多，但对南越社会的影响很大，因为，这批女子实是为前文所言男子做妻子的，部分官兵在南越组建了汉人家庭，相对于迎娶当地女子的家庭，这些家庭更多地保存了中原习俗。但是，上述三批移民均未明确到达海南，只确定他们徙民至越地，与越人杂处，因此，他们只是有可能南迁至琼。

汉武帝元鼎四年（公元前113年），杨仆所将入琼将士主要来自江淮之南。《汉书·武帝纪》载："遣伏波将军路博德出桂阳，下湟水；楼船将军杨仆出豫章，下浈水；归义越侯严为戈船将军出零陵，下离水；甲为下濑将军下苍梧。皆将罪人，江淮以南楼船十万人。越驰义侯遗别将巴蜀罪人，发夜郎后，

---

① 笔者注：据《汉书》载"尉佗魋结箕倨见贾"，"魋结"即"椎结"，也就是将头发结成椎状，"箕倨"即将两腿伸直席地而坐，这些都是越人"旧风"，可见赵佗入越十数年已经习染越地风俗。

② （汉）司马迁：《史记》，中华书局1959年版，第3086页。

下牂柯江,咸会番禺。"①杨仆所将入海追吕嘉时兵丁为 8000 人,到达海南的人数则未可知,留驻海南的人口更未可知。儋州南滩港有焚舰岭,据说为杨仆焚烧舰船以备死战之处。可以知道必定会安排一部分士兵驻守海南,将大部分兵丁退守豫章(即今长沙)。这批人的来历比较清楚。《汉书·武帝纪》已经明确说明"皆将罪人,江淮以南楼船十万人",也就是说当年征讨海南的除归义越侯遗别所将士卒为"巴蜀罪人"、严为戈、甲二将所将士卒为越人外,其他将军所领兵士皆为江淮以南越地以北即今之江浙、两湖和安徽等地人士。调用这些人征讨南越的原因主要是:第一,上述地方多为鱼米之乡,士卒习于水战;第二,在当时统治者心目中可能也认为这些人是"越人",但当他们代表统治者来到海南之后,又会自觉地认为自己是汉人,就像蒙古族后裔,在明清两代均以汉人自居,并且在习俗上也逐渐与汉人相似。

至于《汉书·贾捐之传》中所记载驻守海南的士兵及后勤供应"死者万人"则是半个世纪之后的事,非这批"入海"之人。从贾氏引丞相于定国的话语看,"未能尽降"说明虽然连年作战,但最后还是取得了胜利,而"死者万人"则说明入琼兵丁一定在"万人"以上应该达到数万或十数万人。这批人应当是"齐、楚"人。贾奏文中称:"今天下独有关东,关东大者独有齐、楚,民众久困,连年流离……今陛下不忍悁悁之忿,欲驱士众挤之大海之中。"又言:"《诗》云'蠢尔蛮荆,大邦为仇',言圣人起则后服,中国衰则先畔,动为国家难,自古而患之久矣,何况乃复其南方万里之蛮乎!"②"蛮荆"指楚,汉初与汉为敌的主要是这两个地方的人,调齐、楚之兵南下的初衷可能就是为了打击地方势力。又以此作为说服元帝罢弃珠崖的重点,说明这批人以"齐"(今之山东、苏北、皖北)、楚(今之湖北、河南、安徽)人为主。

三国时期陆凯、聂友带领的人为 3 万吴国将士,而吴国采用部曲制,陆凯

---

① (汉)班固:《汉书》,中华书局 1962 年版,第 133 页。
② (汉)班固:《汉书》,中华书局 1962 年版,第 2380 页。

所将为家兵多为陆康领豫章太守时招募的长沙兵和陆逊平会稽、山越时招募的浙江兵。聂友少贫,本没有自家部曲,但与聂交好的虞翻虞氏部曲数万,诸葛恪诸葛氏家族亦为江东大族,尤其是后者被全家抄斩,其部曲极有可能归聂氏将领。虞氏为江东旧族,部曲多为江东子弟,诸葛氏部曲则多江北南迁旧族。故聂友、陆凯征海南所将之兵籍贯当为山东、安徽、江苏、浙江、湖南一带之人。

上述均为外来兵士入琼作战,据司徒尚纪《海南土地开发研究》一书推测,唐前海南人口 16 万左右,而入琼作战士兵多达 3 万人,数量很多,这么多的军队进入再加上部分将领或兵士留驻海南,肯定会对海南民俗的族群结构带来影响。

"南恩、藤、梧、高、化"或"雷、化、高、藤、客、白"诸州人迁入海南屡屡见诸史志,虽然各种史籍表述不尽相同,地名有多有少,但这批人入琼则是一个确定的事实。这批人就是现在学术上所称的"临高人",因为入琼较闽南汉人更早,所以,被后来的海南汉人看作是"黎人"、"黎仔",而"临高人"则视汉人为"客人",视黎人为"外人"。史志上,常常将临高人称作"熟黎"。美国牧师便香文曾说"海口周边'黎人'衣着似汉人,语言则否;与汉人多方接触,却固守其'黎'语;与汉人有别,又与中部的土著迥异"①,更可证明前文所说临高人可能是"俚人的汉化"与"汉人的黎化"的结果。这一推断正好解决了临高人语言与基因之间的冲突问题。之所以语言为壮傣语系大致因为他们原本是俚僚人的后裔,之所以身体各个方面是南方汉人的特征,是因为他们本就是中原汉人与俚僚人通婚的后代。"临高人"数量很多,约有五六十万人,新中国成立后国家在进行民族认定时定为汉人。这些临高人相当一部分也可以看作是戍卒。

梁陈时期,随冼夫人势力入琼临高人要远多于其他时代迁入海南的人数。

① 辛世彪:《海口临高语长流方言》,《民族语文》2008 年第 2 期。

冼夫人家族在海南势力很大,隋开皇年间临振县有 1500 户为冯氏家族的"汤沐邑",而在梁朝大同年间归附于冼氏的黎峒就千余峒,冼夫人为俚人之首,为冯氏"汤沐邑"的 1500 户应该大部分为俚人,即后来的临高人,如以每户 6 人计,当有 9000 人,而当时纳赋人口总共才 10 万人左右。归附冼夫人黎峒的千余峒,人口也当在两万左右,这部分归附黎人应当就是后来的熟黎。而后来的冯宝又领 8 州总管,故而,从粤、桂诸州迁来海南者肯定不在少数。这些人分布于何处,很难考证。东方、昌江一带有一部分居民与临高县的"临高人"一样自称"村人",称自己讲的话是"村话"①,大约有 10 万人。这部分人可能是较早来到海南的俚人,因为,这部分人的语言里,"无论是父系,还是母系,凡是男性称谓基本上用的是汉语词;相反,凡是女性,其亲属称谓用的基本上又是村话固有词"②,再加上其自称中还有"谟"这一黎族特有的称谓,更印证了这部分人应当是汉人南迁与当地人结合,由于处于"俚人"居住地带,日常交流中使用母系语言,而在亲属称谓中还沿用了父系语言。

唐朝初期对海南实现统治主要依靠的仍然是冯氏家族。武德五年(622年),随着冯盎接受招安,授予上柱国高罗总管,封越国公,领高、罗、白、崖、儋、林、振等州,兵不血刃,唐王朝实现了对岭南的统治,海南再次纳入了中央管辖的范围。也就是说,唐朝初年没有大规模的官方移民。但到贞观元年(627年),唐朝中央政府就开始在崖州设立都督府,由崖州刺史掌管政事及军事。唐朝在海南设有 5 州 22 县,而且海南的州县设置不属于羁縻州,州县官吏均来自中央政府的直接委任,行政体制与全国各州基本一致。海南隶属于岭南道,在琼山设琼州府(初为崖州),都儋、崖、振、万安四州,都督由琼州刺史兼任,都督掌管诸州城隍、兵马、甲仗、粮食以及镇戍等军、政事,贞元五年(789 年)后,又兼五州招讨使。这一军政设置的结果是:正式开始了官方在海南的军事移民。唐代初期沿袭周、隋兵制,采用"府兵制",诸折冲府虽处于

①　笔者注:从语言上考察,学界普遍认为他们所说的语言跟"临高人"的语言确实不同。
②　符昌忠:《海南村话》,华南理工大学出版社 1996 年版,第 7 页。

州、县境内，但其所辖之兵并非州属的地方兵，而是属于中央政府的中央兵。边疆地区的兵包括两大部分：一是府兵，隶属中央。唐代的府兵是兵农合一制。府兵的来源，"多征中原强宗子弟"，或"国之肺腑"也就是鲜卑贵族子弟，出镇边疆，由于边疆地带地广人稀，常常会将土地分封给这些兵将，带有世袭性质，据《资治通鉴》记载，当时府兵，虽然均有地方诸县提供土地免赋役耕种，但由于边疆地区环境恶劣，愿意耕种者"既而愿耕者什五六"，即有将近六成的将士留在驻地，这部分人多中原或关陇一带人。二是镇兵，主要是由将帅招募的地方兵，多来自本辖区，纪律比较混乱，主要是弥补府兵之不足。羁縻州不设府兵，主要地方势力管辖，琼州非羁縻州，应该也包含了府兵和镇兵。关于镇兵的记载，《新唐书·地理志》"崖城条"："舍城，下。以舍城水名。西南有勤连镇兵。"[1]《新唐书·宋庆礼传》载："（宋庆礼）俄迁大理评事，为岭南采访使。时崖、振五州首领更相掠，民苦于兵。"[2]民苦于兵的原因在于，镇兵太多。据《道光琼州府·兵制》载，唐时海南太守曾经"控兵十万"，这些兵应该主要是镇兵。《太平广记》的"韦公干"条记载："崖州东南四十里至琼山郡，太守统兵五百人，兼儋、崖、振、万安五郡招讨使，凡五郡租赋，一供于招讨使，四郡之隶于琼，琼隶于广，海中五州岁赋，廉使不得有一缗，悉以给琼，军用军食仍仰给于海北诸郡。每广州易帅，仍赐钱五十万以犒军。琼守虽海渚，岁得金钱，南边经略使不能及。"[3]韦公干治琼州时，府兵制已废，但其兵制当在某种程度上延续了原来的体制，太守所统 500 人当指隶属于中央的部队。镇兵的主要来源地应该是广州所辖的今广东、广西等地，记载可能不太准确，但从军费的使用上可以看出人数之巨。

宋代将唐代的"军"发展成一级行政机构兼管军事和民事。宋熙宁六年（1073 年），设琼州为琼管安抚司，儋州为昌化军，降崖州为珠崖军，万安州为

---

①　（宋）欧阳修等：《新唐书》，中华书局 1975 年版，第 1100 页。

②　（宋）欧阳修等：《新唐书》，中华书局 1975 年版，第 4493 页。

③　（宋）李昉：《太平广记》，中华书局 1961 年版，第 2113 页。

万安军，又设藤桥镇、临川镇，大观元年（1107年），昌化江龙门置镇州，寻升为都督府，赐靖海军，又设延德军，至此，琼管安抚司共辖昌化、珠崖等五军和一个镇州都督府（镇州的地位略高于军）。宋时海南"诸州皆戍军"，军队的构成有：土军，宋代每逢灾、疫发生，多在边鄙之地大量田土招募丁役，谓之土军，但《道光琼州府志》记载为"罪人充配"，若此，则很难判断其来源地，但大抵来自南岭以北，早期或有中原人士，后期当多闽、浙、两湖一带，从宋代将领中绝大多数为福建人这一点来看，士兵当以福建人为多；黎兵，主要是黎人；疍兵，主要来自今广东、广西，宋至道年间运送粮草后留驻海南。另外，海南驻军将领已经开始了世袭制，莆田人符有辰，宋仁宗天圣三年（1025年）因抚黎有功敕封万户，其子孙符宗系、符宗铭、符宗举、符宗安、符元亨、符元万等皆袭万户或千户，冯文俌淳熙间征黎有功，其子冯朝璋袭荫。这些将领的子孙基本上成了海南汉人。

元代实行军屯制，"因兵屯田，且耕且战，为久居计"，在海南设有屯田万户府主要负责屯田，屯垦官兵约有1.3万人，海南驻军绝大部分成了后来的汉民。可考籍贯者：湖广戍兵1000人，来琼戍守时约定"三年而代"，其时军屯已经开始，但有部分湖广兵留驻海南；"新附土军"，即"顺化新附军"计有5000人，主要是交趾一带人，此陈仲达征交趾后从交趾带回海南，不可能让他们回到交趾；蒙古军200人，随陈仲达平定海南黎人的核心力量，也是海南驻军的领导者；汉军2000人，是指中原诸省籍士兵，含原来金军、北宋军队附元军以及中原一代的地方武装等；[1]白沙水军；南蕃兵，占城降人为兵，后人俱为疍人；黎兵，来自海南黎人以及临高人，黎兵多时曾多达1.5万人，至正七年（1347年）陈仲达调黎兵7000助征交趾，作为维持社会秩序的官方代表，这部分黎兵当有一部分化为汉人[2]；民兵，至正十一年（1351年），以民兵1.4万平

---

① 邢梦璜：《至元癸巳平黎碑记》，《光绪崖州志·艺文志》，海南出版社2006年版，第547页。

② 《道光琼州府志·兵制》："时州人林炯建言，准元末黎兵附有司为民。"

黎,"民兵"的设置起于宋代,《玉海·兵制》载有"四曰民兵,家之健而村者籍之",意思就是不脱离农业生产的群众性武装。元代延续了这种兵制,"部众自十五岁以上,七十岁以下,尽金为兵"①,这些人主要为海南汉人。元代军官,除蒙古人外,多出自海南。元朝灭亡之后,元代戍守海南及四处征战的海南军队基本驻留海南"派拔以立所"②,成为明代军户。

明代洪武二年(1369年),设海南分司隶属于广西省,浙江处州人孙安以部侍郎任广西指挥金事,率千户周旺百户吴成等部、张氏散军朱小八等来琼镇御,开设海南分司,第二年设东西二所,改隶广东省。整个海南卫辖11所,共额设旗军15927名,其军队来源,有记载的包括:元末赖正孙收集陈有定军3000人,陈为福建汀州清流人,元至正间通过农民武装渐渐发达,逐渐统治八闽之地,至正二十八年即洪武元年(1368年),延平为明军所破,"并挚送京师",被杀,其部曲明溪、白头、虎头、黄龙、青龙诸寨尽降,可见,赖正孙所收3000人尽为闽人。张氏散军指张士诚旧部,为浙西与皖南人士,另,领军主帅孙安亦为浙江人,故指入琼1000人以浙西人为主③。明嘉靖二十八年(1549年)黎人那燕、那牵等作乱,知州叶应时,都御史欧阳必进,总兵平江伯陈圭,参将程鉴奏请讨之,"调目兵八万,合汉达官军、土僮敢死士十数万人征之"④,"土僮敢死士"、"目兵"多为后之海南苗人,部分为海南黎人。"汉达官军"实包括汉军和达军,汉军为中原一带原元朝降明部队,而达军则是蒙古籍降明部队,这两部分驻留海南者,都成了海南汉人。洪武十年(1377年)设中、左所,"以获罪官吏调拨",十五年(1382年),"以安置官吏户丁充军",《道光琼州府志·谪宦》记载了以罪充军的官吏,如刘玉,磁州人,今属河北,谪海南卫千户;康鉴,蕲州人,今属湖北,徙全家于海南卫安置;穆惟敬,汴人,今属河南,谪

① 王桐龄:《中国民族史》,吉林人民出版社2013年版,第495页。
② (清)明谊等:《道光琼州府志》,海南出版社2006年版,第733页。
③ (明)焦竑:《国朝献徵录·孙安传》卷107,(台湾)学生书局1964年版,第14页。
④ (清)钟元棣:《光绪崖州志》,海南出版社2006年版,第549页。

戍海南卫;瞿宏,合肥人,调发海南卫千户闲居;铁仲名,邓州人,连同妻儿一起安置于海南卫;艾璞,南昌人,徙家海南卫编氓。正印证了诸所官军的另一个来历,罪官及其子弟安置于海南卫,成为军户,《谪宦》《流寓》志中明确注有其后人世居海南,他们的籍贯分布太广,遍及山东、河南、安徽、浙江、江苏、湖南、湖北、江西等地。更可恶的是,随着海南卫所数量的增加,兵员不足,他们有意"勾捕幼小,堪应役者"以充军。乐安营为广西药弩手,这些人由于设于黎区,守御结束后,就地安置,成为海南苗人。其他,水陆慕兵、乡兵、机兵、黎兵,皆出自本土,不在前述正规军额。明朝实行军屯制,专门给士兵编制户籍称为军户,军户子孙世袭,以开垦边疆荒地,因此,驻守部队基本上亦兵亦农,故海南驻军多数成为海南人,除部分苗兵外,绝大部分士兵(包含蒙古人、蛋民以及交趾人、占城人)最终成为海南汉人。

《道光琼州府志·师官志》中明朝武职官员751人,以省籍分布大体如表2-3所示。

表 2-3　明代海南高层将领(守备以上)籍贯分布表

	参将	守备	指挥同知	指挥使	指挥佥事	千户	百户	镇抚
安徽	1	1	18	13	7	64	97	33
河南	1						6	
广西	3							
福建	9	1				4		
湖广	1				12	38	26	4
浙江	9		7			11		1
广东	5			3	7			
江苏	6			3	19	41	22	
越南	1							
山东		1				11	26	
北京				3		4		
甘肃					8			3

续表

	参将	守备	指挥同知	指挥使	指挥金事	千户	百户	镇抚
江西					7	5	33	
宁夏					6			
山西						6	7	
四川						9		
辽宁						3		
陕西							19	
河北								13

注：1. 本表依据《道光琼州府志·师官志》"武职"部分统计。

2. 751 名武职官员中可以确切知道籍贯者 504 人，其中包括通过族谱、《明实录》等史料考知者。

由表 2-3 可知：第一，驻守海南的参将多为武进士出身，即大部分通过功名进入仕途，也有部分通过军功升任，以福建、浙江、江苏、广东四省最多，其子孙也不一定成为海南人。如参将张国威，《道光琼州府志》载其为"远庆卫人"，据雷州《余东张氏族谱》记载，其先为"怀庆卫人"，其子孙世居雷州。第二，守备以下如海南卫指挥同知、指挥使金事、千户、百户等，多以军功或世袭升任。这一级别的官员安徽人最多，达 168 人，其次，江苏 85 人，湖广 54 人，江西 45 人。一般为世袭，甚至世袭数代，如海南卫指挥同知王艾，其祖父王整为千户，王整之子王益、王珏、王应、王昌、王峤袭为千户，至王艾再袭千户，因功升为指挥同知，其子孙王宗绪、王室臣再袭，王室臣阵亡无子，才让世袭结束，长达五代。明朝二百多年中，海南卫指挥同知由 6 大家族长期世袭，指挥使则共有 3 大家族掌管，指挥金事共有 7 大家族，基层将领的世袭更为严重，洪武六年（1373 年）设立左右所，右所第一任千户谷贵，之后其子、其孙，只有最后一任千户张盛非谷贵后人。水会所初建千户为凤阳人刘纲一直到最后一任千户刘镇藩均为刘纲家族，其他各所情形大体相类。这种世袭，长达数百年，直接促成了他们家族落户海南，除非升迁，很少有人再回原籍。第三，安徽人从同知以下各个级别都很多，江苏、湖广、江西籍指挥佥事都比较多,指挥佥事最多的江苏 19 人,湖广 12 人,江西 7 人,安徽 7 人,这几个省份的下级军官多,很可能与此有关。因为指挥佥事作为都指挥使的属官,分管屯田、训练、司务等事,这些正与基层军官与士兵的提拔密切相关。第四,安徽人最多,很可能与第一任参将程鉴有关,前文已经分析,张士诚旧部本来就多皖南与浙西人士,再加上当时的参将为安徽人,因此,最初安徽人在提拔时占有优势,而后来明代低层军官的世袭制更加剧了这一现象。第五,明代不同于元代,元代大量起用海南本土人为军事将领,而明、清两代很少有海南人作为将领戍守海南者,甚至广东、广西人都很罕见,可见,明王朝对岭南本土势力还是有提防的。

跟其他朝代一样,明朝的灭亡给海南带来了大量移民。顺治元年(1644年)清军入关建立清朝,但直到顺治十二年(1655 年)才任命第一任知府,这期间海南岛一直是南明势力的栖身之地。《道光琼州府志·杂志》记载,顺治四年(1647 年)明千户洪挺栋、镇抚胡永清聚众反,崖州民彭信古纠结罗活、官坊诸峒黎叛,万州叛将曹君辅纠结黎峒贼攻入城,杀知州戴纶,据其城,文昌贼周京等围乐会,顺治五年(1648 年)海寇陈武伪号总兵,扰崖、昌、感各州县,顺治六年(1649 年)定安马蹬根、李花脸大掠琼、澄、定诸县,顺治九年(1652 年)闽贼张士俊等据万州,十一年(1654 年)崖州贼邢圣经、彭信古等据州城,这里所谓的"贼"大多并非是"贼",而是原明朝将领。一方面是由于清朝的"薙发效顺"政策不得人心,激起民愤;另一方面明朝故将士大多隐于民间以避其祸。尤其南明桂王总兵陈武多次入琼,彭信古帅"黄流民"迎之,每次都能一呼百应,从一个侧面说明了隐于民间的南明将士之众。

清朝琼州镇设总兵主管全岛军事,辖琼州府水、陆共 7 营,镇标左、右营均驻扎在郡城附近,儋州陆路营驻扎在儋州、临高等地,儋州水师营设在新英、海头等地,万州营驻扎在万州城,崖州协陆路营、水师营驻于崖州附近,海口水师营又分东西两路,诸营仍然沿海岛周边设,共有军队 5363 人。

表 2-4　清代武官祖籍分布表

	总镇	游击	参将	都司	守备
安徽	1				
河南	2	3	2		8
广西		4			5
福建	15	14	15		11
湖广	1	4			2
浙江	6	11		2	5
广东	3	8	6	3	65
江苏	2	15	2	1	
山东		8	2	1	11
北京	1	10			12
甘肃		1			
江西	1	3			5
宁夏	1	1			1
山西	2	7		2	7
四川	1	2			1
辽宁	2	5			
陕西	3	13	1		13
河北					1
旗籍	7	14	3	0	4
贵州		4		1	2
云南		1			
海南		1			

　　清朝也有军垦制度，《道光琼州府志》："国初既定营制，军丁改为屯丁，屯粮改为兵食。"①可见，清代驻军有相当一部分成为海南人。而其将领的出生地往往影响着士兵留下的情况。从表 2-4 中可知：第一，清代广东、福建籍将领最多，广东多达 85 人，福建 55 人，陕西 30 人。第二，结合前表，正与《琼山

------

　　①　明谊等：《道光琼州府志》，海南出版社 2006 年版，第 608 页。

府志》相吻合："郡城县城,营居多戍籍,自宋元顺化皆汉土遗裔。洪武以来,军士初拨则多苏浙之人,继拨则多河之南北,再调则又闽潮之产,厥后中原各处官吏充配者接踵而至。"①安徽明代属南直隶,清初合为江南省,明代将领如果将安徽与江苏合起来人员达 261 人,正好过半,再合上浙江人接近 3/5,正是"多苏浙之人",而清代将闽、广二省合在一起也将近半数。第三,海南驻军中福建籍将领多上层,仅参将以上就达 44 人,其次广东 17 人,江苏、山东、陕西籍高层将领也不少,距离海南较近的广西人却很少。这与清代回避制度有密切关系,康熙四十二年(1703 年)规定:"选补官员所得之缺,在五百里内,均行回避。"乾隆九年(1744 年)又对这一规定进行了补充,规定:"现任各官,有任所与原籍乡僻小路在五百里以内者,均令呈明该督抚酌量该调回避。如应声说回避而不声说并虚捏者,一经查出,皆照例议处。"之后,愈来愈严,不仅是原籍应回避,任职处五百里有田庄者,本人及祖辈曾在任职五百里以内生活、经商、任职、作幕僚者均需回避,又发展为五服之内五百里有田庄者,后来更扩展到因户部福建司兼管直隶,所以,直隶人必须回避在福建任职。② 下文"文官"籍贯无海南人原因也与此同。第四,清代在各地明显重视旗人,仅海南就有近三十名将领,且为高层将领,守备这样的基层军官总共才 1 人。清朝灭亡之后,由于担心民族矛盾爆发,部分满人改为汉籍。这与元朝灭亡之后相当一部分蒙古人改为汉籍情况相同,全国各地都普遍存在。

清乾隆十八年(1753 年)清廷发布《敕开垦琼州荒地》,受其优惠待遇的影响,广东、广西一带居民相继移民海南,"雷、廉、潮、嘉诸郡州民潜入峒中,借垦其地",海南中部地区大量移居汉人。这些移民数量很大,全岛人口由明亡之后的 40 万人,到嘉庆年间迅速增加到 150 万人,有清一代移民甚至多达

---

① 李文炟等:《咸丰琼山县志》,海南出版社 2004 年版,第 49 页。
② 朱金甫等:《清代典章制度辞典》,中国人民大学出版社 2011 年版,第 235 页。

217万人。① 这些都是在政府政策引导下的民间移民,其籍贯来源多为上述雷、廉、潮、嘉(嘉应州,即今梅县)诸郡,族属多汉族人或客家人,而来自潮州、嘉州的汉族大部分祖籍福建。

民国时期,由于武器性质的变化以及黎汉冲突减少,整个海南驻军才503人,分布于各县,而且兵源相当一部分来自海南本岛,其他以广东居多。因此,以军队的方式移民海南的情况基本可以忽略。到内战时期,国民政府驻守海南的军、民(政府工作人员及眷属)共计12万人,1949年4月23日,撤出5万余人,其中第一路军撤出2.3万人,第四路军撤出2.5万人,包括眷属及政府官员共五万多人。到1950年4月,又陆续撤回军民76237人,其中,海南人1万多人。② 也就是说,海南解放时期,原国民政府军事移民海南的汉人也可以忽略。

大规模军事移民是海南解放后。前文已述,自1952年正式组建华南垦殖局海南分局之后,先后调入中国人民解放军林业工程第一师,安置数十万复员、退伍军人、华侨及难民,到20世纪90年代,农垦人员总数多达96.37万人,仅汉族就达86.19万人。海南农垦职工约有40万人,其来源主要是转业、复员或退役军人,上个世纪移民入琼的军人主要有三批:一是1952年林一师入琼官兵7000人,两年后集体转业留下2006人,这部分官兵是由广西宾阳军分区机关与直属部队,与驻军海南的第26、27、28团组成,其成员主要来自广西、广东两省;二是1958—1960年接受部队转业干部392人,安置退役军人5.13万人,由牡丹江农垦局调来转业干部806人;三是1970年安置退伍军人1.71万人。③ 农垦虽然中军队建制,但农垦职工身份比较复杂:农民具体原籍贯包括:一是从浙江、察哈尔省(今河北、北京和内蒙古各占一部分)调入干部

---

① 司徒尚纪:《海南岛历史上地开发研究》,海南出版社1987年版,第100、103页。

② 张宪文、张玉法主编:《中华民国专题史·国共内战》,南京大学出版社2015年版,第274—275页。

③ 王法仁:《海南省志·农垦志》,海南摄影美术出版社1996年版,第74页。

100 名;二是城镇知青,1964—1975 年接收安置,来自广东省的广州、湛江、佛山、梅县、韶关、汕头,还有相当一部分来自海口,计有 10 万人,1976 年后大部分调回原籍,但也有一部分驻留海南;三是创建初期来自广东、广西农民 4.39万人,但也不是全部,比如儋州蓝洋镇就有来自山东东明县的近 300 人;四是1958—1960 年吸收的退伍及转业军人家属共 4.64 万人,这部分来源比较广,几乎遍及全国各地;五是松涛水库以及当地农民并入农场,其中水库移民 520人,1958—1985 年并入 23.97 万人,多数为海南汉族,部分为黎族、苗族。① 另外,自 1985—1986 年,每半年培训复转军人 796 人,多数为外地驻海南部队以及本岛在外当兵的人员,1987 年,国家裁撤部队 100 万人,其中一部分划归海南省安置,之后,不断有驻岛部队转业海南,每年多则数百人,少则数十人,但这些安置不像以前,主要安置于农垦,而是归由地方安置,大多留在海口各单位,共同构成了海口现在的人口格局。

(三)为官海南文官的祖籍分布

作为一个以移民为主的边疆海岛,入琼为官和从军征戍是两个重要移民来源。《广东通志·裴闻义传》:"(裴璆)本晋公之十四代孙,璆守雷州时,中原乱,不能归绍,为吉阳(今属三亚)守,遂为吉阳人。"②攀丹唐氏始祖唐震,南宋淳佑年间出任琼州刺史,后落籍海南。云从龙至元十六年(1279 年)为海南海北道宣慰使,举家迁琼,落籍海南,其子孙为海南云氏,云氏之祖虽然为蒙古族,但现在都不承认是蒙古族。张有文,《孝友堂张氏族谱》载其入琼"宦居令尹",《道光琼州府志》载其为"知琼山县",其子孙一直居琼。其他如宋朝许珏、王介石,元朝陈衍,明朝蔡浩,等等,在海南为官最后落籍海南的不可胜数。他们最初不一定是汉人,但后来共同成为海南汉人的重要组成部分(当然,也有相当一部分宦于海南者因升迁、调离等多种原因离开

---

① 王法仁:《海南省志·农垦志》,海南摄影美术出版社 1996 年版,第 74 页。
② (清)阮元:《道光广东通志·琼州府》,海南出版社 2006 年版,第 768 页。

海南）。笔者整理了自唐代以后历代文官的祖籍来源,如表 2-5 至表 2-12 所示。

表 2-5　唐代海南诸地文官祖籍分布

	岭南道	崖州	琼州	振州	儋州	万安州
福建						
广东		1				
江浙一带		2	2	1		1
中原诸省	1	4	2	2	4	1
关陇	4	4		1		1
其他						

表 2-6　宋代海南诸州(军)文官祖籍分布

	琼管高层官吏	昌化(南宁军)	万安州	朱崖	琼州
海南	2	5	4	3	
福建	12	2	2	1	4
广东	5	3	1		2
浙江	7				
四川	4				
贵州	1				
江西	4	1			2
江苏	2	1		1	
河南	6	1	1		
山东	1				
河北	1				
山西	1			1	

续表

	琼管高层官吏	昌化（南宁军）	万安州	朱崖	琼州
广西	1	1		3	
湖南	1	1		2	
甘肃	1				

注：1. 本表主要依据《道光琼州府志·职官》，同时参考《广东通志》、《正德琼台志》。

2. 据萧卫文《两宋琼守考订》（《韩山师范学院学报》2010 年第 8 期）载，蒋之奇，福建建阳人，周颐，实为周敦熙，道州（今湖南道县）人。但二人均未任琼守。刘荐非琼守，而是定南寨下级主官。故三人均不录。刘祚，实无其人，《琼州府志》源自《正德琼台志》，而《琼台志》中说："初知琼州定南寨刘荐贷黎人王文满银马香钱而不偿……绍兴三十年刘祚为琼管安抚，击逐之，夺其田以赐有功者。"出自《系年录》原文"刘荐"作"邓酢"，而邓为南雄州始兴人。

3. 黄篪，据《博抚村黄氏族谱》载：黄篪，字促韵，号方塘，生于宋徽宗大观庚寅年（1110 年），福建莆田人。

4. 方略，莆阳，字作谋，大观中由崇德尉，知琼州……官至广东转运副使。事见李俊甫《莆阳比事》卷三（故宫博物院藏，《宛委别藏》，江苏古籍出版社 1988 年版，《莆阳比事》2 卷 3）。

5. 雷志，实无其人，系传抄误将《雷志》作琼守所致。据《两宋琼守考订》。

6. 王趯，字彦恭，祖籍山西太原，出生于开封。见长沙《王趯墓志》、清陆心源撰《宋史翼》。

7. 王光、庄芳，其籍贯无考。

8. 赵善谭，宋嘉定八年（1215 年），齐基被朝廷授予琼州户录，"会吕祖谦门人赵善谭为琼管安抚，赵见蔡文章（《周易述解》九卷）大喜"。赵或与吕氏同乡。

9. 张玑，"省志作邓玑"，《万历琼州府志》作"邓凯"。籍贯无考。

10. 马成旺，马墍之子，《宋代人物辞典》谓其为"岷州宕昌人"，今属甘肃。

表 2-7　宋代县级文官祖籍分布表

	琼山	澄迈	临高	文昌	宁远	陵水	宜伦	万宁	定安
海南	2	1	1	1	1			1	
闽籍	2	2	1						
广东	1	2		1			1		1
河南				1					
四川					1				
山西					1				
广西					1				

1. 吴立知宜伦县，祖籍无考。

2. 诸县户录、教授、学正、学录等职依《道光琼州府志》，不考。

表 2-8　元代海南高层文官祖籍分布

	宣慰司	廉访司	琼州路	南宁军	万安军	吉阳军	南建州
海南	3		11	2	3	3	2
广东			2	3	1	1	
福建	2	1	5				
广西				1	2	2	
江西		1	1	2	2		
四川				1	3		
浙江		2					
河南				1			
山东	1						
湖南	1		1		1		
内蒙古	10	12	3	1		1	
江苏	2	1					
回鹘人	1				3		
新疆					1		
大都			1		1		
山西		1					

1. 表依《道光琼州府志》。
2. 凌中奉、解汝济、王宗、田泽、李格、鲁文博、梁克中、靳元、赵珍、张有、袁永澄、杨承式、李宏统、王伯玉、薛德辉、张珣、任大忠、陈子亨、王谦、王起、李秘，无考，据《府城曾氏族谱》，曾留远，府城人。
3. 余琏，元刻本《文选》前有海南海北道肃政廉访使"吴人余琏"的序，知余为吴人。
4. 疑无"七十"此人。
5. 据《广西通志》卷 22"山阴孙直淳廉访海南海北道"知孙为山阴人。
6. 马合谟为大食人。
7. 奥里天祥，据《王氏族谱》，原为王天祥，福建莆田人，元世祖十六年（1279 年）赐姓奥里。

表 2-9　元朝海南诸县文官

	琼山	澄迈	临高	文昌	会同	乐会	宜伦	昌化	万宁	陵水
海南	3	6	3	3		5	1	1	2	4
广东	1				1	1	1	1	1	2
福建		2	1							
内蒙古		1	1					1		

续表

	琼山	澄迈	临高	文昌	会同	乐会	宜伦	昌化	万宁	陵水
浙江										
江西		1						1		
湖南	1	1								
安徽			1							
山西						2				
河南			1				1			
四川										1

注:本表依据《道光琼州府志》,未标注籍贯者不录。

表 2-10　明代海南高层文官表

	海南	广东	广西	福建	江西	云南	贵州	湖广	浙江	江南	四川	山东	河南	直隶	陕西	辽宁	山西	内蒙古
分守			4	11	7			4	9	9	1		1	1				
分巡			4	25	23			2	20	14	3	3		2				
琼州	7	65	75	95	77	7	4	27	35	43	5	3	2	5	3	1		
儋州	7	59	41	53	26		1	6	17	21	3	2	1	9			1	1
万州	13	51	51	53	26	2	1	14	13	17	2	1					3	
崖州	0	23	16	16	9	3		10	6	6				1	1			

1. 杨仪、江山丽、戴文卫、商尚贤、江心永、熊梦吉、朝贵卿、黎壮、朱继芳、张文焕无考。
2. 据《明英宗实录》(卷22)谢瓛,为福建闽清县人。据《香山县志》,周颐,耒阳人。
3. 据何光岳《中华姓氏源流史(2卷)》考证,"明崇祯琼州府训导迮子奇,清迮子昂,保宁人,顺治元年举人"。知迮子奇为保宁人。
4. 据《闽台萧氏缙绅录》,萧贵路,江西泰和人,萧贵路江西泰和人,举人出身。成化年间,任泉州府通判,转琼州通判。
5. 《光绪嘉兴府志》卷五十九,"黄守正嘉兴人,一作海盐人。明万历三十四年(1606年)举人。官琼州府推官"。
6. 《濂溪周氏广东宗谱》载:周鼎新,化州人,琼州府推官。
7. 今越南一人,不录。

表 2-11　明代诸县文官祖籍分布

	琼山	澄迈	定安	文昌	会同	乐会	临高	宜伦	昌化	万宁	陵水	宁远	感恩
海南	6	8	6	2	5	3	4		5		5	0	4

续表

	琼山	澄迈	定安	文昌	会同	乐会	临高	宜伦	昌化	万宁	陵水	宁远	感恩
福建	41	77	42	44	37	46	75	5	41	1	25	2	28
广东	45	40	49	54	37	35	45		27		29	0	19
广西	69	66	44	65	35	49	45	1	32		26	5	21
江西	31	40	28	45	30	11	29	3	25	1	18	6	18
湖广	8	19	14	15	11	15	17		10		3	0	2
浙江	16	34	7	25	8	12	26	1	16		13	3	4
江南	9	13	5	13	7	13	18		7	2	5	1	4
贵州	3		3	3	1	2			1		3		
四川	2	2	1	2	1	4	4		2		2		
云南	2			3	2	1	1		2		2		
山东	2	1		1			1		1				1
河北	3	7		3		1	2		2				
其他	3	2	4	1	0	1	4	0	1	1	1	0	0

1. "其他"指河南、山西、黑龙江、内蒙古、甘肃、宁夏、辽宁等省人数极少,不再单列一栏。
2. "北直"、"京城"统一放在现在省名"河北"一栏。

表 2-12　清代文官祖籍分布表

	按察司	琼州府	琼山县	澄迈县	定安县	文昌县	会同县	乐会县	临高县	儋州	昌化县	万州	陵水县	崖州	感恩县
广东		52	62	47	41	58	49	52	57	61	40	56	53	62	43
广西	1	5	2		2	2	2	1	2	2	4	2	1	4	5
福建	3	3	5	8	8	4	8	8	4	2	6	6	6	12	7
江南	4	8	9	5	8	12	4	3	9	6	4	1	8	16	4
江西	2	6	6	12	2	13	5	3	10	5	8	3	5	5	4
浙江	5	20	24	10	19	37	16	22	21	22	15	10	29	18	18
江苏	6	4	4	4	6	3	2	3	2	4	5	8	3	11	3
安徽	1	3	2	3	3	2	2	2	3	4	3	1	5	1	2
湖广	1	2	2	2	3	1	2	1	3		3	1	1	1	1
湖南		2	4	1	2		2	3	2	4	1	3	7	6	5

续表

	按察司	琼州府	琼山县	澄迈县	定安县	文昌县	会同县	乐会县	临高县	儋州	昌化县	万州	陵水县	崖州	感恩县
湖北	2	2	4	4	3	1	1	1	2	2			2	3	5
四川	3	4	6	6		3	4		2	2	3		5	2	2
贵州		3	3		3		2	4	1	1	7	2	4	2	4
云南			3	1		2	2	1	2		6	1	2	2	4
内蒙古		1													
河南	2	2	5	7	3	3	2	6	4	5	3		6	9	6
山东	5	12	4	6		4	7	2	1	3		4	4	2	4
山西	4	9	4	4	7	4	3	4	3	5	3	1	5	2	1
陕西	3	6	6	8	7	9	2	2	5	7	4	1	5		5
旗人	12	14	3	1	5	5	1	1	1	6	1	5	3	3	0
直隶	4	9	19	10	19	20	13	7	12	19	9	12	37	18	10
甘肃	1	2		1	1	2									
顺天	6	9	12	12	5	6	3	1	3	13	7		4	7	8
奉天	3	2	2	1				2			1		2	1	6
辽东			2	1					2	4		2	1		1

1. 整个海南从上到下没有海南籍官员,故不设海南一栏。

2. 另有来自今属越南的 2 人和韩国 1 人。

　　从历代方志可以大体了解入琼为宦的官员籍贯。真正对海南进行文官治理始于唐代,由于唐代皇室为关陇贵族,全国各地更多地重视使用关陇一带官员,与海南相关,岭南道方志中载有 5 人,除宋庆礼为洛州(今洛阳)人外,其余 4 人①出自关陇。不过,唐代为宦海南者少有落籍于此者。倒是贬谪(或流寓)海南者更多落籍海南,成为海南汉人。如隋唐之交杨纶"携妻子窜儋耳"。韦执谊,京兆人(今陕西)"因家琼山",李德裕子孙化黎之说虽有争议,但其家

---

　　① 笔者注:姜孟京的《琼州府志·职官志》未著其籍贯。据张玉霞唐代姜姓名人考略(卫绍生:《中华姜姓源流与太公文化研究》,大象出版社 2015 年版,第 97 页)认为,唐德宗贞元五年(789 年)与崖州刺史张少逸并力收复琼州的判官"姜孟京"出自天水。

人随从因环境所迫留住海南则是完全可能的,如《道光琼州府志》"谪宦":"薛元龟,会昌中,李德裕当国,用为京兆小尹。宣宗立,罢德裕,而元龟坐贬崖州司户参军。"①

从宋代开始,入琼官员落籍海南者渐多,其祖籍分布也有渐有特点:第一,福建籍官员占多数。比如,宋代琼管高层官员,福建籍官员多达12人,而邻近的广东仅5人,广西才1人。明代海南高层官员也以福建籍最多,达到253人,广东、广西分别为198人、191人。诸县官吏情况,宋代诸县官吏往往籍贯不明,明代福建人464人,广西458人,广东380人,江西285人,仍然是福建人数最多。元、清两代都是少数民族入主中原,因此,在使用边疆高层官员的时候更多地使用本民族的官员,元代蒙古人最多,达27人,并且,仅仅宣慰司、廉访司的高官竟有22人,其次是福建、广东、广西,仍然是福建人数占优势。清朝是诸朝中比较例外的一个时代,与元朝一样,清朝更重用少数民族,按察司及琼州府中旗人高官达28人,但清朝琼州高官中福建人的数量有所下降,只有6人,但也是各省中较多者。高层福建官员较多或许揭示了海南闽籍人占优势的一个重要原因:一是有更多地方官员及子孙落籍海南;二是福建籍官员在琼,客观上促进福建人到海南经商和务农。当然,这二者应该是互为因果的。

第二,所谓"中原士族多家于此"在来琼官员中并没有得到体现。明大学士丘濬:"魏晋以后,中原多故,衣冠之族,或宦或商,或迁或戍,纷纷日来,聚庐托户。熏染过化,岁异而月不同,世变风移,久假而客反为主。"②唐代来自中原地带的官员相对较多,但自宋代开始,中原诸省的官吏渐渐减少,明、清两代,来自山东、河南、山西等省的官员尚不及四川,更不要说福建、浙江、江西等江南诸省。这正好与家谱中的情况相应合,宋代(含宋代)以前入琼之家,有许多写明中原人士,明、清入琼者多谓祖籍福建、广东。

---

① (清)明谊等:《道光琼州府志》,海南出版社2006年版,第1426页。
② (明)丘濬:《琼台诗文会稿校注本》,内蒙古人民出版社2020年版,第1185页。

第三,元、清两个朝代都是少数民族主政的朝代,体现在海南文官使用的情况是:元朝多用蒙古人及色目人,而清代则多用旗人。元朝可统计的蒙古族官员多达30人,而同一时期,人数较多的广东官员14人、福建官员11人,清朝旗籍官员主要体现在高层,整个清代海南按察司旗人文官则为12人,广东0人,福建3人,除旗人外,最多的是江苏籍共6人。广东官吏主要集中在教育方面,琼州府52名广东官员全部为教授、学正、训导等职。

第四,清代是"异地为官"执行很严格的朝代。唐代没有海南籍官员原因应该不在于"异地为官"政策的执行,更多的可能是海南文化教育的落后。宋代琼管高层,也有海南2人,说明宋代不完全排斥本土人士治理本土。元代则大量使用土官,宣慰司、琼州路及各军均有海南籍官员。明代分巡、分守无一海南人,而琼州、儋州、万州海南籍官员均为教职,至清代更为严格,诸县官吏中海南人还是比较多的,而到了清代连教职官吏也不见海南本土人士。

第五,众多官员中,落籍海南的高层官吏很少,主要是基层官员。以清代为例,按察副使林嗣环广东按察副使,分巡琼州府兼提学,后落籍杭州,后因贫藏于杭州;张彦珩,最后官至布政使,致仕洛阳老家;韩廷芑,落籍儋州,其后为儋州韩氏;马逢皋,后为陆安知府,落籍陆安钟祥县,修文昌书院。上述按察司副使4人中仅1人落籍海南。佥事共2人,谢宸1人落籍海南。

第三节 海南苗族的来源与民俗的形成

何谓苗?何谓瑶?魏源在《湖南苗防录叙》中说:"惟蛮峒各一酋,懔然冠履臂指之分。苗则绝无统属,有贫富,无贵贱;有强弱,无贵贱;有众寡,无贵贱。曩蛮酋强盛之日,承于则足控制群苗为内地捍蔽。……专苗称者,惟黔五开苗、楚九溪苗,实则滇之猡、之猓,蜀之獉,粤东、西之僮、之瑶、之黎,皆苗类。"[1]类似的

---

① （清）魏源:《魏源集》,中华书局1976年版,第495页。

说法还见于魏源的《清代武功记卷七·雍正西南夷改流记》、明郭子章的《黔记》、《清史稿·土司传》等著作中。从前人的描述可以知道，古代"苗"不是一个民族的专称，而是南方多个少数民族的共称，如壮族、黎族、瑶族、僮族等都被称为"苗"。考其来历，有"三苗"之说。《战国策·魏策》："昔者三苗之居，左彭蠡之波，而右洞庭之水。"[1]《韩诗外传》："有苗不服，以其不服者，衡山在南，岐山在北，左洞庭之波，右彭蠡之水。"[2]《名义考》："（三苗国）建国在长沙，而所治则江南荆扬也。"[3]"三"指多数，"三苗"即众多苗类，也就是前述黎、僮、瑶、僰诸族皆为"苗"，而他们生活的地方主要集中在鄱阳湖和洞庭湖一带，后来由于中原势力的南下，"三苗"逐渐分化：一支留在原地演化为后来的荆楚，一支西迁进入云、贵、川一带，甚至远到印度支那半岛，另一支南迁至广东、广西一带，甚至远到越南等地。这些少数民族势力一直在退缩，由原来的平原地带逐渐退缩到大山深处。由于迁入山区早晚不同，语言、习俗及生活方式都有所不同，这就形成了相近但又不太相同的南方各族。"苗"有广义和狭义两个概念，广义"苗"是指包括"瑶"、"僮"、"黎"等族在内的南方少数民族的总称，狭义的苗族则是指进行民族识别后定名为"苗"族的这一群体的专称。具体到海南苗族的成分比较复杂。

一、海南苗族的《漂洋过海》歌与《论皇歌》

苗族什么时候来到海南？当地苗人中广泛流传着一首歌——《漂洋过海》歌：

> 当初祖先同过海，逃荒过海度春秋；
>
> 海上起风难过渡，祈求盘皇来保佑；
>
> 七天七夜舟到岸，鸟哥引路立家园；

---

[1]　（清）程篯初注：《战国策集注》，上海古籍出版社2013年版，第226页。
[2]　屈守元：《韩诗外传笺疏》，巴蜀书社1996年版，第295页。
[3]　（明）周祁：《名义考》，文渊阁《四库全书》本，子部第856册，第352页。

正月十五待盘皇,拆散金炉齐行游;

宗祖香炉分散了,双亲拆散各行休;

五路分散阴州府,五音五君散了游。

一份行游落沙府,二份广西省上游;

三份游到云南地,四份行游到贵州。

五份北洲方向去,各伏金炉宗恩祖。①

与这首民歌相关的还有一则漂洋过海的故事,故事大意是:

苗家先民本来住在一个吃不愁穿不愁的山上,但有那么一天,天下大旱,加上天崩地裂,草木枯死,没办法只得走出山林,来到平地。可是,走出山林之后才发现所面临的是一片汪洋大海,于是先民伐木造舟,漂洋过海,远走他乡。偏偏在大海上又遇见狂风恶浪,几乎要吞没了他们的小船,在万分危机的情况下,他们祈求他们的始祖盘皇保佑,并许下诺言:将来会用"五旗兵马"救护众生。很快天气晴朗,风平浪静。可是,在茫茫大海之中,究竟朝哪里去呢?眼看船上粮尽水绝,一筹莫展。忽然有一只八哥从远处飞来,绕船三周,长鸣三声,向西南飞去,先民认为这是盘皇再次显灵,于是奋力朝鸟儿飞去的方向划船,终于在八哥的带领下,在海上漂泊了七天七夜,到达了一个地方,这个地方叫佛祖岭。他们分成了五支在佛祖岭下各奔前程,这就是苗家的五姓:盘、邓、蒋、赵、李,这就是"五皇过海"②。

这里的问题是:五皇过海后的去向都不在海南,但海南苗人认为这首民歌写的正是海南盘、邓诸家远来海南之事。海南苗族另有一首《论皇歌》,也是写的"五皇过海"的故事:

当初几皇同过海?何处岭头分散枝?

---

① 政协琼中黎族苗族自治县委员会编:《琼中苗族民歌》(未刊本),第2页。

② 笔者注:海南苗族传说中的五皇不一致,另有:盘皇、平皇、明皇、李皇、宗皇之说(见《论皇歌》)。过海到达的地方另有传说叫"沙市"。

当初五皇同过海,佛祖岭着分散枝。

何处岭头分散枝? 五皇分路在何方?

佛祖岭头分散枝,五皇分路在阳州。①（有传说是阴州,但不管是阴州还是阳州都不存在）

这首歌写到这里,接下去也写"五皇",但却没写"五皇"分散之后的去处,而是写的"五皇"的历史功绩:"何皇满了何皇管? 何皇管了五百年? 李皇满了盘皇管,盘皇管了五百年。"这是明显不合乎逻辑的,估计应该是"盘皇满了李皇管,李皇管了五百年",只是不知道为什么《论皇歌》并没有这样唱。平皇建造宫殿以及建立市场及造枰,明皇入山造林,还说了宗皇的贪心之事。这首《论皇歌》不见于其他苗族。应该说,民歌叙述错讹也是可以理解的,毕竟口头文学在传唱中经过了多人的加工,窜入了许多人的经历,自然如此。

需要说明的是,海南苗族的《漂洋过海》、《论皇歌》均不见于广西、贵州苗族的民间歌谣之中,却同时出现于广西、云南、越南等地的瑶族民歌中。以盘古为先祖歌颂盘古是海南苗族与云、贵苗族的共同的地方,但歌谣的名称和内容都不相同。如海南苗族有《盘皇歌》、《请盘皇歌》、《送盘皇歌》等几首,与其说是颂盘皇,不如说是颂五皇,而云、贵苗族关于盘古的歌谣有《盘古开天辟地》、《运金运银》、《打柱撑天》、《铸日造月》等歌,主要是讲的盘古的降生,开天辟地以及日月万物的形成等事。也就是说,海南苗族说的是人事,而云、贵苗族则说的是神事。海南苗族的《水淹歌》讲的大水之后后代繁衍的故事,云贵苗族有《洪水滔天歌》,但《水淹歌》里的主人公仍然是前面提到的五皇另加上廷皇张公,而《洪水滔天歌》里的主人公则是姜央,主要叙述他与雷公的斗争,以及兄妹结婚的故事。

---

① 中国民间文学集成全国编辑委员会编:《中国歌谣集成》海南卷,中国 ISBN 中心 1997 年版,第 26 页。

二、瑶人进入海南

瑶人进入海南于文献可徵。广西金秀瑶山三角乡甲江村兰冲庞家藏有《世代流传祖居来历书》："一念（即一支）下南海，一念下校枝（即交趾），一念下广东陈州府落昌县安居（即乐昌县，今乐昌市属广东）。"①"南海"即两广南部沿海包括海南、雷州半岛及北部湾一带，往南海之支"至今后分居广东省雷、化、高州"，大约在明洪武年间（应该在元明之际，原文如此），北方战乱波及"广东道南海岸八万山乡里头"，正赶上"天旱大灾，官仓无粮米，深塘无鱼，焦木出火烟，瑶人吃尽万物，无得投靠"，第二年正月，飘湖（洋）过海，"过了三月，船行不到，水路不通，子孙思无奈何，又怕着风落大海龙门。思着圣王，前来杀死，后来救生，在落船中，求献五旗兵马，宗祖家先。许下歌堂良愿，宝书良愿，三朝一夕，船行到岸"②。这段记叙与海南苗族的民间传说大同小异，可见，虽然地域不同，但二者当出自同一版本。也就是说，海南苗民传说与广东、广西瑶人的记载基本上可以吻合。

官方的记载可进一步证明瑶人到过海南。《宫中朱批奏折·民族事务类案卷》"乾隆四十六年农历三月十九日"，"有廉州府钦州如昔司居怀村盘、李、赵、邓四姓瑶人男女一百零八口，渡海入澄迈县垦荒"，并指出，他们携带有祖传"牒式"二份及"旧书六十四本"，其"牒式"，"破烂不全，语多诞妄，全文无理，内有大随、绍定、景定及宣德、嘉靖等年依本抄字样"。旧书不知何书，"牒式"当为瑶人共有的"评王卷牒"或"过山榜"，从目前收集到的"卷牒"和"榜文"看，均属于那种"破烂不全"、"语多诞妄，全无文理"的记载。这更可证实，瑶人确实有人渡海入琼。③

①　刘明原：《金秀瑶族自治县志》，中央民族学院出版社1992年版，第103页。
②　黄钰：《评皇券牒集编》，广西人民出版社1990年版，第510页。
③　练铭志、张菽晖编：《〈清实录〉与清档案中的广东少数民族史料汇编》，广东人民出版社2011年版，第106页。

瑶人进入海南还有一个非常重要的证据,就是流传于海南苗族和广西、云南瑶族中的一首民歌《海南信歌》。目前这首歌的抄本发现有三件:海南苗族的《海南信歌》;广西山子瑶的《山子瑶寻亲歌信》和《信寄海南查亲》。李增贵、邓文通将广西山子瑶歌进行了整理,定名为《海南信》,并整理了云南河口县瑶族的《久前海南信》。这些歌谣虽然名称各异,字句常常错乱,但基本内容差别不大。兹录李增贵整理的广西山子瑶族《久前海南信》于下:

> 彩条歌歌语恩纸里,放上田州兄弟知。此歌不话何般事,话说海南有好山。海南有山千万岭,青山渺渺路头长。何有本钱何便去,去到海南不是忧。广东大廉人去住,海南是无虎狼行。百姓太平贼不有,千般万事转齐全。小今转到海南去,思若共枝兄弟亲,彩歌放信报亲小,依望小今转上回。思念田州亲兄众,沉若无山耐了心。海南有山小便去,格州格县不逢亲。海南便是琼州管,定人县管好青山。万州丹山排安上,青山渺渺半天边。蚂蟛鸹猿树上叫,朝朝夜夜叹春音。老人转到吠命短,少年转到得青天。一心意上田州去,得见众亲放信回。信中不话何般事,没庇小今齐上来。得见信回侵其闷,坐凳不安睡不迷。知是嫂今难得过,知是无山依上来。小今心中不吟笑,撑伞游游到海南。转到南海中心意,不怕路长赐本行。海南短裙有花树,短裙侵侵中了心。短裙侵侵不多贵,一个花枝八两银,听闻田州花树贵,一个花枝四十银。一半成飘判伶俐,也是四方风水生。贵花也有贵人答,贱花也有贱恩情。盘皇子孙无田地,各人分散不相逢。后生住在广东省,一心算定转来寻。上到太平身难病,意寻好亲寸步难。也是小今无福分,注落广东府里城。愁鱼上水想得见,鱼落深潭不见身。泗城条水长流转,流到南宁结缘唐。流落横州寻州府,流落阳春县里游。阳春流落雷州府,流落海安南海游。海安渡船过一日,茫茫渺渺放廉悲。早路便打大廉过,行过雷州府里飞。雷州行过如民县,海安正是过船行。渡船到岸海口县,过了琼州府里行。此

信放上报众亲，何个意来寻信来。何个不来不打紧，提在本村地里生。海南便是琼州管。一府三十县门安。五指山头种万树，州府县门微过山。意吃槟榔周山有，槟榔山脚暗青青。眼看山中不过岸，狖猿山里结成岣。红雀也啼猿也啼，蚂蟥山熊树上番。猩猩山猹地有，山佬山里睡成遗。老人得见哀哀吠。少年得见放心良，盘皇置山又置地，留庇子孙后世贪。也为众亲各分散，能齐共村一路飞。得见此山住两世。样样上里不休贪。海南斤盐不多贵，一斗白盐三十钱。种禾打肉共台吃，接面风流对面食。器锡阶墟万事有，船步小墟白米齐。一斤石灰两个钱。海南往来无雪水，蓝根看看万岁青。蓝靛算来不多贵，一斤买来十五钱。暗腹墟中发白米，朝里出街夜里回。算定此山吃三世，子孙后世守南京。转向南京东南地，依望退回后地愁，自叹众亲离祖远，一个注（即住）东个注西，判（即半）亲注（住）在交趾国，判住云南省里藏，盘邓赵姓造天地，李蒋五姓是亲根。村里也有亲姓住，不是盘皇三祖人。混他世今田地少，客童（即僮）变成齐共乡，也为世今天地番，不记当初盘古言。盘古开天先对破，童人依发做姻嫁，阎浮世今人不论，嫁取童人用做夫。拔得心良多宽乐，发若浊心世上愁。老人胜来厅前读，少妹房中心万思。此歌话来发亲众，何读不知能若人。报你众亲是依在，小寻盘皇书里排。没故世今无山住，伊赁僮人齐同村。路上自知马边（即鞭）棍，童同久乡心自知。点火傅（赋或敷）行路边章（"文章"意）。知了众亲两路行。此歌略提有本里，报少知多有内中。

　　歌尾歌头话不尽，何个通明便传来。字安不若万能读，笔点不齐且众添。此歌放上田州去，放过一乡到二乡。放上泗城西林去，放上云南省里飞。退落交趾罗山里，放入高平府里游。也俵落大明广州，陆民墟少江落墟。石免墟尽管□墟。路有墟□□（了到）海安，海安□□（渡海）海口县，琼州府□（或为"过"或"里"字）定安县，五竹墟

□（过）壹精街。□般墟尽且路完，此何也寻少年明。（我走路途说完了，那个要来按路行。）①

信歌也叫歌信，又称寄歌、放歌或传歌，歌谣本身相当于汉人的书信，但它的传递不是靠邮差，而是通过传唱完成，是古代瑶族传递信息的一种方式。瑶族是一种游耕民族，每到一山，游耕而食，食尽再迁，信歌可把自己的行踪信息告诉给远方的亲朋好友，以便于寻亲查族、救援诉苦等。这篇信歌透露的信息非常丰富：第一，从信歌开篇"彩条歌歌语恩纸里，放上田州兄弟知"来看，且信中多次提到田州，作者的故乡为广西田州。据《广西通志》载：土田州，古越裳氏地，秦为百粤，汉属交趾，宋置田宁土府，到元朝取消，明朝再次改为田州府。嘉靖七年（1528 年）改名为田宁府，但其下仍有田州县，嘉靖八年（1529年），革田宁府，清属庆远府，置百色厅，不再置县。② 也就是说，作者及众多同族迁往海南的时间至迟也在明朝末年。第二，他们由田州经广西泗城，到南宁，又到横州、寻州，再到雷州，自海安渡海来到海南，先是定居于琼州府定安县境内，后又进入五指山区，在五指山区与来琼的僮人相遇，由于共为广西"苗人"，二族渐渐融合。第三，初来海南的五姓为盘、邓、赵、李、蒋姓，随着僮人的加入，姓氏渐多。海南苗族的姓氏与华南大部分地区苗族姓氏多姓董、杨、张、赵、欧、秧、伍、田、刘等姓不同，却与广西过山瑶的姓氏基本相同，胡耐安调查广东北部盘瑶是说："过山瑶的姓有盘、赵、邓、黄、李、周、祝、莫、唐、房、冯、陈、张、成、戴、邵、五、邝十八种，其中盘、赵、邓三姓似乎移住最早。"③除蒋姓外，几乎包括了当前海南苗族的所有姓氏。第四，他们来到海南的原因不是从军，而是逃难至此。因为，海南的短裙、花树、食盐等吃、穿、用、居样样都比故土便宜，而且，更重要的原因是在海南不会受霜雪之苦，不用担心虎狼

---

① 李增贵、邓文通：《〈海南信歌〉试释》，张有隽：《瑶学研究》第 4 辑，广西民族出版社 1997年版，第 424—432 页。

② 徐凤鸣、廖必强等：《康熙广西通志》卷之三，近卫本，第 34 页。

③ 胡耐安：《中国民族志》，（台北）商务印书馆 1974 年版，第 580 页。

的威胁。而这一叙述正好与海南情形相合,尤其是无虎狼之说正印合了海南的自然环境,说明这些确实是海南"瑶人"传给广西、云南兄弟的寻亲信。第五,这封歌信的目的是希望更多的亲朋好友到海南去,并告诉他们可以到哪里找到他们,其出发点是让更多的兄弟亲戚来到海南,过上幸福的生活。上述这些均证明了海南苗族与广东、广西、云南瑶族之间千丝万缕的联系。

三、苗兵、狼兵与药弩手

根据苗人的传说,苗人进入海南当在很早以前。但遗憾的是,目前所能找到的文献最早是在明代,当时黎人"叛乱",苗兵被征调平黎。民国《感恩县志》:"又有一种苗黎,凡数百家。常徙移于东西黎境,姑偷郎,抱杠之间……盖前明时,剿平罗活、抱由二峒,建乐安营,调广西苗兵防守,号为药弩手。后营泛废,子孙散居山谷,仍以苗名,至今犹善用药弩,辫发衣履,与民人同,惟妇女黎装。"①此事亦见载于《琼州府志》、《崖州志》,所记大体相同。诸方志认为,海南苗族为明朝征调用来平黎的广西苗兵的后裔。明代兵屯制度发展到后来确实难以为继,《孝宗实录》卷 12 载:两广作为边徼重地,军政废弛,行伍缺乏,主要原因是士兵纷纷变名易姓逃跑,为了充实边疆,又重新实行了募兵制,如隆庆三年(1569 年)六月,为了充实军务两广军务右都御史曾募浙江义乌兵五千人,分布于边疆,之后,万历四年(1576 年)、十九年(1591 年)、三十八年(1610 年)都曾大规模募兵,说明征调苗兵是有可能性的。并且,明代苗兵确实曾在战场上大显身手,明神宗朝进士江东之曾作《钦恤军田颂并叙》云:"朝议调宣、辽、陕、浙并苗兵四万坐困之"、"且发帑金二万优恤苗兵之阵亡者。"②道光《琼州府志·经政志·屯田》"乐安营屯田"下记载:"万历四十二年,征平罗活峒黎贼,清丈黎田一百一十九顷四十二亩,以三十顷给予广西

① 周文涛:《民国感恩县志》,海南出版社 2004 年版,第 275 页。
② 贵州省文史研究馆古籍整理委员会编:《贵州通志》,贵州大学出版社 2010 年版,第 512 页。

药弩手后三百名为屯田。"①也就是说,有广西籍药弩手在乐安屯田居住是确凿的。又据《明史·韩雍传》记载,苗人多置滚木、礧石、镖枪、药弩拒官军,可见,苗人善用药弩也是实情。

但是,征调苗兵之事似乎只见于海南方志之中,其他史志、笔记中很少见到。离事件发生时间最近的是《神宗实录》卷529载有礼部给事中姚永济指责两广总督张鸣冈:"既而征剿,发客兵、土兵共一万二千四百人,一月之内三战三北,杀伤无算。"②提到征调的有客兵和土兵。据胡宗宪《筹海图编》卷11云:

> 客兵有二,有调而至者,有募而至者,调而至者,统领有官,籍贯有的,用则扎之,至有不用则刭之,归即无事矣。募而至者乌合无统领之素,萍聚无籍贯之真。况多游手好闲,无籍恶少,安知不恃其武习,反卫为仇,啸聚山谷,党附海岛,皆不难矣。③

平黎客兵发自何处?是募兵还是调兵?是否为苗兵?都不清楚。《崖州志》保存的一则明代钟芳的《平黎碑记》,碑云:"奏调目兵八万,合汉达官军、土僮敢死士十数万人征之。"④碑文中记载的征调之军为"目兵"、"汉达官军"、"土僮敢死士"。明朝的"汉达官军"是元朝灭亡之后留在内陆的蒙古军民以及战争中俘虏的蒙古兵,加入汉人组成的军队,由汉人统领称为"汉达官军",由于是从北方征调而来,故称为"客兵",因此,《神宗实录》中所记载的"客兵"即指这些"汉达官军"。"目兵"即"俍兵",或"狼兵",也被称为"土兵"。顾炎武《天下郡国利病书·广西部目兵》中说:"以其出自土司,故曰土兵;以其有头司管,故曰目兵,又以其多俍人,亦曰俍兵。"⑤狼兵是广西土司的

① (清)明谊等:《道光琼州府志》,海南出版社2006年版,第608页。
② 刘耀荃编,练铭志校补:《〈明实录〉广东少数民族资料摘编》,广东人民出版社1988年版,第432页。
③ (明)胡宗宪:《筹海图编》,文渊阁《四库全书》584册,第319页。
④ (清)钟元棣:《光绪崖州志》,海南出版社2006年版,第549页。
⑤ (清)顾炎武撰,黄坤校点:《天下郡国利病书》,上海古籍出版社2012年版,第3467页。

地方武装,因其主要由俍人构成,故被称为"俍兵",因为古代对少数民族称谓上即行歧视,称俍人为"狼人"。后来,由于"俍兵"作战凶猛,虽然还有其他称谓,但人们仍习惯称之为"狼兵"。《明史·潘蕃传》:"黎寇符南蛇乱海南,聚众数万。蕃令副使胡富调狼土兵讨斩之,平贼巢千二百余所。"①另,《万历广州通志·琼州府志·名宦》:"方良永,字寿卿,莆田人。弘治十四年以进士历广东兵备佥事。……时调广东狼兵征儋州贼符南蛇等,狼兵所过旧多骚扰,良永处置得宜,道路戢然。"②《粤西丛载》云:"诸土司兵曰狼兵,皆骁勇善战,而内甲尤劲,非土官亲率之,则内甲不出。往岁征倭、平大藤峡诸贼及平林崖黎皆用之。"③明参将何斌臣《征黎善后条议》:"一调狼兵以冲险阻。"④至于"土僮敢死士"实即僮人组成的土司兵。也就是说,《神宗实录》中提到的"土兵"实际上包括了俍兵和土僮敢死士。由此可见,当年平黎时,征调的士兵比较复杂,包括了汉人、蒙古人、俍人和僮人,但这些士兵的性质不同,汉达官军被编入明军,属明朝正规军,目兵和土僮敢死士则属地方武装。

那么,为何后世方志均记为"苗兵"、"苗人"呢? 莫毅卿、雷广正有《俍人俍兵俍兵研究》一文对俍族的生存与发展进行了考证。原来广西地区主要是俍人,《世宗嘉靖实录》卷三一二:"广西岭徼荒服,大率一省俍人半之,俍、僮三之,居民二之,以区区二分之民介蛮夷之中,事难猝举。"⑤《粤西丛载》:"广西一省俍人居其半,其三俍人,其二居民。"⑥可是,到了清代中叶仅剩不足2/10,到清末,仍被称着俍人的寥寥无几。原因是人们已经逐步认识到"俍僮同类"从而逐渐把俍人、俍民并称为僮人,即僮族,后改称壮族。而且,在明代俍、僮、俍人杂居现象就很常见:"都结土州俍俍杂处"、"思州土州有

① (清)张廷玉等:《明史》,中华书局1974年版,第4938页。
② (明)郭棐纂修:《琼州府志》,海南出版社2006年版,第14页。
③ (清)汪森编:《粤西丛载校注》,广西民族出版社2007年版,第1047页。
④ (清)萧应植修,陈景埙纂:《乾隆琼州府志》,海南出版社2006年版,第855页。
⑤ 中央研究院历史语言研究所编:《明实录》第84册,1965年版,第5844页。
⑥ (清)汪森编:《粤西丛载校注》,广西民族出版社2007年版,第1114页。

徭、俍、侬三种"、"平南县乌路里民、徭、俍杂处,归正里民俍杂处"、"崇善三厢十屯六十三村土俍杂处。"①而且,在明清人眼中伶人、侗人、蜑人、徭人、僮人、俍人、獠人、山子人、伢人、依人、俚人、苗人等少数民族均被认为是"苗人",因此,清人写作海南地方志的时候不再使用"狼兵"一词,而记为"苗兵"、"苗人"。

综上所述,基本上可以断定海南苗族不是一次性形成的。最先来到海南的极有可能是来自广西田州(今百色地区)的瑶族,瑶族同胞历经高州、廉州到达雷州,又经海安到达琼州,最初在定安落户,后来分散到海南各地山区。第二批到达海南的苗族是方志上记载的苗兵,实为狼兵,其组成人员大部分是俍人,应该有部分僮族人(俍、僮同类),大约在嘉靖年间被派往海南平定黎乱,为药弩手,驻防乐安营,后来留下屯田。在屯田期间与先前到达的瑶族通婚,合为一族。由于中国古代民族识别不太严格,瑶人、僮人、狼人都被人们称为"苗",在海南,由于少数民族以黎族居多,故称为"苗黎"。史志上多将其放在"黎情"一部记载,称"又有苗黎",即是强调与其他诸黎的区别。慢慢的人们也就习惯了以"苗"称呼这一部分人,于是新中国成立后民族识别时将其划为苗族。

第四节　"番人"及其民族习俗的演化

"番人"是中国古代对外国人和周边少数民族的一个共同称呼,来到海南的主要有大食等西亚诸国人、占城人以及南洋诸国人,还有部分来自东洋的日本、朝鲜等国人。古代海南人称来自外国的人为"番人",而将其聚居的村庄称为"番村"或"番庄",如果是港口则称为"番浦"。

---

① （清）谢启昆:《广西通志·诸蛮传》卷278、279,广西人民出版社1988年版。

一、“番人”、“番村”的来源

在海南岛,除一些黎语音译为“番”的村庄外,沿海一带以“番”命名的村庄相当一部分是来自国外之人居住的村庄。如海口的番疍村(今改为攀丹村),三亚的番坊港、番浦、番塘、番园村、番人塘,儋州的番浦村(攀步村),万宁的番村,等等,都曾经是“番人”的居住地。他们的身份来源大体有三:一是逃至海南的难民;二是入琼的番商;三是番使与番兵。

(一)逃难至琼的“难民”

10 世纪占城国已走出鼎盛时期,与周边国家一直战争不断,尤其与真腊、越南(交州)的战争严重消耗了国力,“占城颇受痛,人民多避于外”,这一段时期大量“难民”逃亡至中国,其中一部分来到海南,有明确记载逃至海南的“难民”有:

宋太宗雍熙三年(986 年),占城国为交州(交阯)所迫,许多“难民”逃往中国,其中有占城人蒲罗遏带领的一个大家族约有百口人来到儋州,此事见载于《宋史》“占城传”、“交州传”:

> 儋州上言:占城人蒲罗遏为交州所逼,率其族百口来附。①

《宋会要·番夷四》载:

> 端拱元年(988 年)……十一月,广州又言:占城夷人忽宣等族三百一人来附。②

又,《明宪宗实录》(卷 284)载有成化二十二年(1468 年)11 月广东监察御史徐同爱等奏:

> 占城国王子古来攻杀交阯所置伪王提婆苔。古来惧,率王妃、王

---

① (元)脱脱:《宋史》,中华书局 1977 年版,第 14080 页。
② 刘琳等校点:《宋会要辑稿》第 16 册,上海古籍出版社 2014 年版,第 9808 页。

孙及部落千余人,载方物至广东崖州,欲赴诉于朝。①

上述三则材料记载时间跨度很长。早的在宋太宗皇帝雍熙三年(986年),晚的到明宪宗成化二十二年(1486年),长达近五百年的时间。如何理解这么长的时间仅仅有三则记载呢?原因有三:首先,海南与占城仅仅隔海相望,紧靠万里长沙,是古代中国来往印度洋的必经之地,渔民或商人常常有遇风漂至对方。所以,从地理位置上看,逃至中国非常方便。其次,占城国一直作为宋、元、明朝的属国,与中国保持着良好的国家关系,尤其是与越南、真腊等国发生矛盾的时候常常由中国政府出面调停,因此,从官方到民间,两国都保持了良好的关系,逃至中国也相对安全。最后,古代中国政府的"怀柔远方"的政策,对周边各国保持了很强的吸引力,也会促使占城国遇乱时有能力逃亡者逃至海南。另据《道光琼州府志·建置》"感恩县":"石坟三十六座,在县东北四十里,地名十所,相传昔有石坟三十六座,与飞来庙同日飞来,散处于十所荒郊。碑题俱书符八公姓氏,盖飞来庙符八公之墓化而为三十六座,以示神异,今坟墓、石碑俱在。"②《民国感恩县志》称之为"仙人坟",引用传说"公在番时曾拜大总管,其部下授巡检诸职者"之后,又对这些传说进行了考辨,认为不可能是海南的符八公及部将没后飞归故土,一定是番人遇难,同伴"封筑其墓"③。笔者认为,这36座坟茔很可能是逃难至海南的海上遇难者的坟墓。至于不见载于国史,还跟中国的记史传统有关,古代史籍主要记载高层往来,对于一些民间情况很少关注。

(二)入琼的番商

第一章中我们已经介绍过海南独特的地理环境:"内盘黎峒,外接诸番。"海南岛从古及今都是中外海上交通的要道。南与南洋诸国沟通,西到印度洋

---

① 唐启翠辑录点校:《明清〈实录〉中的海南》,海南出版社2006年版,第42页。
② (清)明谊修,张岳崧纂:《道光琼州府志》第2册,海南出版社2006年版,第541页。
③ 周文海重修:《民国感恩县志》,海南出版社2004年版,第137—138页。

沿岸诸国甚至远至非洲、欧洲等地。正是由于独特的地理位置，早在唐前即有外国客商停泊或经过海南，这些停泊或经过海南的客商也遇到了各种各样的风险，比如遭遇台风或遭遇抢劫等，不得已落籍海南者大有人在。《唐大和上东征记》记载了唐天宝年间鉴真遇风漂泊到海南的经历，"州大首领冯若芳请住其家，三日供养。若芳每年常劫取波斯舶二三艘，取物为己货，掠人为奴婢。其奴婢居处，南北三日行，东西五日行，村村相次，总是若芳奴婢之处也"①。《太平广记》卷286载："唐振州民陈武振者，家累万金，为海中大豪。犀象、玳瑁仓库数百。先是西域商贾舶漂溺至者，因而有焉。海中人善咒术，俗谓得牟法，凡贾舶经海路与海中五郡绝远，不幸风漂失路，入振州境内。振民即登山被发以咒诅，起风扬波，舶不能去，必漂于所咒之地而止。武振由是而富。"②这两位"劫匪"，一个"村村相次"，一个"仓库数百"，可见，他们劫掠南洋、波斯、西域商贾船舶数量之多，也可见来海南的番商之多。这些被劫掠的商人，或者已经死于非命，或者忍辱偷生活了下来，冯若芳家"南北三日行，东西五日行"的奴婢即是那些存活下来的"番商"及家属。

宋代的海外贸易比唐代更为繁荣，洪适在《盘洲文集》（卷31）中说："以南广为一都会，大贾自占城、真腊、三佛齐、阇波，涉海而至，岁数十柁，凡西南群夷之珍、犀、象、珠、香、流离之属，禹不能名，卨不能计。"③据《宋史》记载，宋太祖开宝四年（971年），就与大食、古逻、阇波、占城、勃泥、麻逸、三佛齐等几十个国家"并通贸易"。尤其是大食国，"占城、大食之民，岁航海而来，贾于中国者多矣"，而这些"番商"或从中国的广州出发，大体经屯门山、九洲石、象石、不劳山等商船航线，其中，九洲石是今文昌市的七洲列岛，象石是万宁县的独州山。宋苏过撰《论海南黎事书》中即意识到了海南海上贸易的重要性，指出海南之所以能够设置郡县者，在于养兵，而所以能养兵则在于可以聚财，而

---

① [日]真人元开：《唐大和上东征传》，中华书局1979年版，第68页。
② （宋）李昉：《太平广记》，中华书局1961年版，第2282页。
③ （宋）洪适：《盘洲文集》卷31，四部丛刊本。

聚财所凭借的就是商人，而此处的"商人"即是指远涉重洋的跨国商人，即所谓"涉不测万里之险"的商人。① 所以，宁宗皇帝告诫即将知琼州的庄方："琼管以四州之壤屹立海中，实与番禺相为引重"，"贾胡遥集，实为舶政之源"②，必须"劳抚贾胡"才能胜任其职。"贾胡"即是指外国客商，由于当时阿拉伯人在商业世界的地位，陈裕菁考察："阿剌伯人与中国之海上交通。……海上贸易疑在波斯人掌握。"③陈氏给出的理由是：七世纪末年以前，中国僧徒航南海者多乘波斯船只。由此看来，往来于海南的商人中，相当一部分是来自西亚地区的波斯人。

　　明朝以"海外诸夷多诈"为由断绝与海外的联系，而且海禁非常严格，滨海人民不得擅自出海与他国贸易，渔民不得私自出海捕鱼，但是海禁执行起来非常困难，尤其是像海南岛这样的地区，环岛皆海，海禁根本无法执行。海禁的结果造成了中国一些海外货物的奇缺，也造成海外国家中国货物的奇缺，于是海禁越严利润越大，犯禁之人也就越来越多。滨海民众本就以海为生，每到捕捞黄鱼的时候，往往数千船只下海，法不责众，其中，难免有专门与外商勾结私自贩货的，也有许多外国商船混入渔民中偷偷进行贸易的，④还有的是直接走私，先将船停泊在附近的小岛港湾，伺机入为市易。"舶商去来不定，多在海南州县走泄细货。"⑤有的冒充贡使，进行贸易。洪武七年（1374 年）暹罗国商人沙里拔携带苏木、降香等物抵达海南，自称是国王令其来贡，但却没有"勘合"，于是皇帝就会"怪其无表状"，"疑必番商也"。还有一种独具特色的落难贸易。顾岕《海槎余录》："（明嘉靖年间），文昌海面当五月有失风飘至船

---

①　蒋宗许、舒大刚等注：《苏过诗文编年笺注》，中华书局 2012 年版，第 660 页。

②　（宋）楼钥：《攻媿集》，中华书局 1985 年版，第 496 页。

③　[日]桑原骘藏：《蒲寿庚考》，中华书局 2009 年版，第 1 页。

④　笔者注：胡宗宪《筹海图编》卷四云："法固严矣，然滨海之民以海为生，有不得禁者，则易以混焉。每遇捕黄鱼之月，巨舰数千，俱属犯禁，而势有难行，情亦不忍，即限船式，有船虽小，亦分载出海，合之以通番者。"《文渊阁四库全书》史部地理类 584 册，上海古籍出版社 2003 年版，第 110 页。

⑤　《中国海关通志》第 6 册，方志出版社 2012 年版，第 3791 页。

不知何国人,内载有金丝鹦鹉、墨、女、金条等件,地方分金坑女,只将鹦鹉送县,申呈镇巡衙门,公文驳行,镇守府仍差人督责,原地方畏避,相率欲飘海,主其事者莫之为谋。"①顾岕给我们介绍的是海南地方劫掠遇难商船的事,"分金坑女"确实是一种可恨的处理办法,即便是顾氏的小聪明也不过是掩盖罪恶而已,但"善良之心人皆有之",现实中将他们留下来的应该也不在少数。《明孝宗实录》卷一〇四:"暹罗国夷人挨瓦等六人,舟被风漂至琼州府境,广东按察司以闻,命给之口粮,俟有进贡夷使还,令携归本国。"②这形形色色的贸易人员,相当一部分人因无法回国,落籍海南。到明代中叶之后,海南出现了非常奇特的现象,"官市不开,私市不止",岛内官宦、官兵、富商巨贾无不参与到走私活动中,《万州志》记载了一个有趣之事:一些"闽广奸民"包上头巾,戴上耳环,穿上阿拉伯人的衣服,冒充阿拉伯人专门引导外国商人躲避官方的检查,进行走私贸易。之所以冒充阿拉伯人,是因为在海南生活了众多阿拉伯商人。

(三)番使与番兵

明洪武七年(1374年),暹罗斛国使臣沙里拔来朝贡物,遭风坏舟,漂至海南。弘治八年(1495年),暹罗国夷被风漂至琼州府境,广东按察司命给口粮,等该国进贡使还,令携归本国。但暹罗国非伊斯兰国,其使也未必信奉伊斯兰教。但这些记载说明一个问题,遇风至海南的现象是经常出现的,更何况海南地处中国连接东南亚、南亚、西亚的交通要道之上。但特意记载伊斯兰国贡使不是太多。《明实录》:"天顺四年七月丁丑,占城国副使究村则等奏:'蒙本国王差委,同王孙进贡。至崖州,与象奴来。今王孙及正使人等在广东未至,闻三司官留与方物同行,诚恐迟误。'上命礼部遣人乘传,谕广东三司,先以金叶

---

① (明)顾岕:《海槎余录》,学生书局1985年版,第401页。
② 中央研究院历史语言研究所编:《明实录明·孝宗实录》,1964年版,第1901页。

表文同王孙起送至京。"①清雍正三年(1726年)苏禄苏丹国欲遣使访华,特意寻求两名福建晋江商人以及一名"系在海南生理"的船户。这些商人作为该国的正使、副使、随行和船户,他们是否必须信奉伊斯兰教也不得而知。

番兵初来海南可能最早在宋代,真德秀《真文忠公文集》、《司农卿湖广总领詹公行状》:"占城、真腊相攻,余兵亦入琼管。公调兵且招而海道宁。"②一些士兵被编入了琼管。大规模的番兵则是宋之后的元代。元朝平定海南之后设在海南的三类军队之一:南番军。据《元史·世祖纪》记载,至元十六年(1279年)12月,中书省与唆都议"招收海外诸蕃"事。所谓的"招收",实际则是掳掠,强掳邻国青壮年以为兵源。《元史·占城传》记载了至元年间马成旺、陈仲达、宋平、刘金、栗全等率兵攻灭占城国之事,至元二十年(1283年),元军将投降的占城军人连同他们的妻儿一并安置于琼州城外,设"南蕃营",是为南番军。③ 此事亦见于《正德琼台志·番俗》:"本占城人在琼山者。元初,驸马唆都右丞征占城,纳番人降,并其属发海口浦安置,立营籍为南番兵。无老稚,皆月给口粮,三年以优之。立番民所,以番酋麻林为总管,世袭,降给四品印信。"④又《琼州府志》:"籍占城降人为兵,立其首领麻林为总管,降四品,使其世袭,后俱为蜑人。"⑤即今海口攀丹村。

回族官吏也是海南早期回族的一个来源。主要有两个来源,一是元蒙的三次西征,带回了大量的穆斯林,青壮年多被编入军队,工匠、妇孺则被强行带到中国,安置于各地。不过,由于回民在蒙古南征北战的过程中作出了重要贡献,所以,回民的地位仅次于蒙古人。元朝官方多赖回民分治各地。当时海南岛属海北海南道,其宣慰司宣慰使、廉访使或副使或达鲁花赤也常

①　俞旭等:《明实录类纂》广东海南卷,武汉出版社1993年版,第659页。
②　(宋)真德秀:《西山先生真文忠公文集》卷47,《宋集珍本丛刊本》第76册,第536—539页。
③　宋濂:《元史》,中华书局1976年版,第4660—4664页。
④　(明)唐胄纂:《正德琼台志》,海南出版社2006年版,第149页。
⑤　(清)萧应植修,陈景埙纂:《乾隆琼州府志》,海南出版社2006年版,第396页。

常由回族或维吾尔族人担任。如马合谟、大都、忽鲁都沙、勃兰溪、闾闾等都是穆斯林，他们有些后人落籍海南，成为海南汉人或回人。二是前文所说征占城纳降之"番酋"。前者是海南的高层官吏，后者则是"南番营"的基层官吏。

二、"番人"的去向

（一）演化为海南回人

海南回族最初的分布地比较广泛，海口、儋州、三亚、东方、万宁、陵水等地皆有，后来汇集到海南三亚天涯区的回辉村和回新村。

海南回族早期大多生活在沿海港湾附近，从海南地方志上记载一些番村、番浦等番民习俗。如《万历琼州府志》：

> 番民，本占城回教人，宋元间，因乱，挈家而来，散泊海岸，谓之番村、番浦。今编户入所三亚，皆其种类也。①

《光绪崖州志·海防志》载：

> （那乐港）港口浅窄，潮满水深八尺。港神，俗忌猪肉，勿以奉之。②

除了所列这些还有很多，前文提到的那些地方均有史料可提供，此处不一一列举。从这些描绘中，我们可以确定曾经居住在海南海口、儋州、乐东等地的这些民众信奉伊斯兰教，他们的分布非常之广。这些记载说明，当年番人信奉回教者甚多，并且遍布海南许多州县。

近些年出土的墓葬也能看出当年回族的分布特点。1975 年，当时的广东省博物馆、海南文化局和崖县、陵水县文化馆共同参与发掘了藤桥乡番岭坡伊斯兰古墓群，随后又在干教坡、土福湾发现了伊斯兰古墓藏。1983 年 12 月 20

---

① （明）戴熺等纂修：《万历琼州府志》，海南出版社 2003 年版，第 120 页。
② （清）钟元棣：《光绪崖州志》，海南出版社 2006 年版，第 306 页。

日,广东省政协会同中山大学人类学系、广东省伊斯兰教协会、广东省博物馆再次发现伊斯兰古墓群——梅山八人轿坡古墓群,墓群位于三亚市的西南角的梅山与角头鼻之间的海滩上,墓群西南临海,北临梅东村(古番坊园、酸梅铺)。1987 年在水南村番坊番人坟古墓残存,墓群已毁,仅存伊斯兰古墓碑两块。所三亚里古墓群,位于羊栏镇回新村西约 100 米处,距三亚湾 700 米,共古墓 32 座,东西长 30 米,南北宽 18 米,与藤桥番人坡古墓形制相仿。这些古墓群说明:第一,除水南村番坊番人坟墓碑外,墓碑形制为“圭”形碑,顶部突起五峰,碑面雕刻有 Z 字形饰带,环绕于阿拉伯碑文四周,材质为珊瑚石石材,均采取前后双墓碑的立碑方式。其形制“类似于阿拉伯地区 9 世纪时一些墓碑的制作方法”[①],这说明许多墓碑竖立于中国唐宋时代。第二,从残存的几方碑主人的名字看,他们来到中国不久,保留着阿拉伯人的名字。如 4 号碑:“这是……阿特瓦……的坟墓……斋月日。”5 号碑:“这是……哈通……的坟墓。”15 号碑:“丁·萨马·本·亦思马仪……的坟墓。……于十二月。”元代水南村回族墓碑未收进《中国回族金石录》,形制上虽然保留有阿拉伯墓葬的基本特点,与前述墓碑相差无几,但从碑文上看,碑主人为“肇庆府高要县掌教刘先生之墓”,则是典型的汉化墓碑。这也可以佐证前面第一条的结论。第三,碑面上独特的浮雕。从发掘的伊斯兰古墓碑看,碑面上的植物虽然形态不一,但基本都属于生命之树的不同形态,这种浮雕形象来源于古亚述、古波斯萨珊王朝。发现于陵水土福湾的 4 号墓碑更为特殊,“碑的上部一棵树的图案,仿佛被一艘船衬托着,下部横刻 Z 形图案长条”。这种现象在《中国回族金石录》所载的墓碑中并不多见,它们承载了这个族群的族群记忆,他们是来自海外的“番人”。

　　考察海南海上的神庙,也知道当时信奉伊斯兰教的番商之众。据《光绪崖州志·海防志》载:“(那乐港)港口浅窄,潮满水深八尺。港神,俗忌猪肉,

---

　　① 　余振贵、雷晓静主编:《中国回族金石录》,宁夏人民出版社 2001 年版,第 693 页。下引碑文的汉译均出自该书,不注。

勿以奉之。"①又《古今图书集成·职方典》及《万州志》上都记有昭应庙,在万州东北三十五里莲塘港门港,或叫莲花港,山上有一石船,三个石神像,据说石像均为阿拉伯人形象和装束,最初阿拉伯商人每经过这里都会祈祷,神主的名字也比较特别,叫"舶主",也就是船主的意思,祭奠的时候忌猪肉。据说该神特别灵验,明洪武三年(1370 年),同知乌萧以能御灾捍患,特意请敕封为新泽海港之神,嘉靖三年(1524 年)石神不知所终。《诸蕃志》上则记载了万安军东南的一座神庙叫都纲庙,"人敬信,祷立应,舶舟往来,祭而后行"②,不知是否为同一神庙。祭祀番神能够成为一种风俗,本身即说明这里曾经聚集了很多的伊斯兰教信徒。《道光琼州府志·建置》"感恩县"的"飞来庙"③从庙上的日月饰物可知飞来庙也可能是一座清真寺。由于时间久远,附近已无"番人"居住,当地人不再知道其中的缘由,认为是"金轮"。

回辉村古寺里右墙存有一方《正堂禁碑》,这是一篇记录三亚回族捕鱼生活的文献。乾隆十八年(1753 年)回族与疍家互争海面,通过官方处置,利用"禁碑"的形式确定了回辉村所控海面,规定"异籍蛋户不得私行越界采捕","如敢抗违,许该埠长指名扭禀,按事究治",这实际上是对回民权益的确定,给回民了极大的安全感。④ 这或许是后来各地回族汇集三亚的原因所在。

(二)落籍为海南汉人

儋州蒲氏,一支来自占城蒲罗遏家族。蒲罗遏支,前已引《宋史》等史料说明其来琼的原因。又据《万历琼州府志》、《正德琼台志》"其外州者,乃宋元间,因乱挈家驾舟而来,散泊海岸,谓之番坊番浦"⑤,蒲罗遏落脚之处当在今

① (清)钟元棣:《光绪崖州志》,海南出版社 2006 年版,第 306 页。
② 杨博文校释:《诸蕃志校释》,中华书局 2000 年版,第 219 页。
③ (清)明谊修,张岳崧纂:《道光琼州府志》第 2 册,海南出版社 2006 年版,第 541 页。
④ 姜樾、董小俊主编:《海南伊斯兰文化》,中山大学出版社 1992 年版,第 146—177 页。
⑤ (明)戴熺等:《万历琼州府志》,海南出版社 2003 年版,第 120 页。

儋州新州镇的"番浦村",20世纪60年代改为"攀步村",村中全为汉人。据《占婆史》载：占婆国的主要宗教是印度教、婆罗门教、佛教,"回教输入约在何年耶？据俞伯君之说,《宋史》（卷四百八十九）《占城传》有'阿罗和及拔'一语,盖为阿剌伯语之对音,则回教输入占婆似在宋时。然,占婆之传说亦有阿罗蒲于公元1000年至1036年君临占婆之都城之事。第考1470年之前无一碑文说明其事。尤可注意者,今居安南之占人,三分有二尚信奉婆罗门教,徙柬埔寨之占人,乃全奉回教。又安知非柬埔寨之回教徒为马来人所化因以传布回教于安南欤？"①这段文字说明蒲罗遏家族来海南之前不可能信奉伊斯兰教。由于居之久远,很自然地汉化为海南儋州人了。另一支来自闽南商人的蒲氏家族,《南海甘蕉蒲氏家谱》记载了莪蔓蒲氏的汉化过程。该谱修于光绪三十三年（1907年）,谱中叙述了其姓氏的源流：蒲氏入粤之后分为五支：蒲庐、莪蔓、丹灶、蒲村、珠江、潮州诸房,入琼蒲氏为莪蔓房,"属琼府儋州那细司登龙图五甲民籍",其三世伯祖蒲俊公来海南贸易,在儋州莪蔓乡定居,随称"莪蔓房",谱中记载光绪年已经1500—1600人。②再如海口海氏家族。据《海氏族谱》记载,海氏家谱的始祖海俅是南宋的指挥,始居福建,从军至广州,至五世祖海答儿又从军至海南,于是著籍于琼,为入琼始迁祖,居于海口滨涯村,其后迁于儋州、文昌、白沙、三亚等地,除三亚海姓外,皆为汉族。

《康熙万州志》记载,万州城西番邨,安置的是元初遭乱的占城人,他们漂洋过海逃难至万州,这些占城人多姓蒲,"不食猪肉"、"宰牲必见血方食"、"不供祖先"、"识番书者为番长"（即阿訇）,"设庙祀番神"（真主）,以及斋月、礼拜、男女着装等,都是伊斯兰教的特点,但是随着时间的推移,到康熙年间,"及今风化日久,凡衣冠、典礼,与中州一辙焉"③。考察今之万城镇番村,有三

① ［法］乔治·司马培罗著：《占婆史》,冯承钧译,商务印书馆1933年版,第7页。
② 丁曼勇：《南海甘蕉蒲氏家谱》,天津古籍出版社1987年版。
③ （清）李琰等纂修：《康熙万州志》,海南出版社2004年版,第30页。

百多户人家,已经不见伊斯兰教的礼拜寺,代之以基督教堂,已入乡随俗,与汉人通婚了。

(三)化为海南疍家或黎人

来到海南的回族,除了从占城逃难过来的,还有许多携家带口,那些被遇风的渔民、落难的番商,大多为单身男子,最初留下来也都没有长久居住的打算,大多抱有适当时候回国的想法,但随着娶妻生子,慢慢成了海南居民。由于历代民族歧视的原因,他们在社会上的地位是不可能与海南汉人相同的。由于他们大多从事海上活动,政府安置时多与疍人安置在一起。人们对海南回族的疍化很早就关注了。《正德琼台志》记载有海口浦(即今之海口海甸岛)南番兵的去向,"今子孙犹有存者,俱为蛋人"①。在琼州郡城东一里,被称为县之首厢第一村。此村初建则是番人和疍人的居住地。吴文恪《寄喜唐颐庵子亮进宫僚》:"朱崖拇琼山,名村琼首间,海沧疍逐番,田桑桥荫梓。……昔番疍坳洲,今蕃诞申甫……番疍久辽辽,蕃诞今称始。"②此诗采用今昔对比的手法,当年曾是蕃、疍杂居,逐波沧海之地,而今成礼乐之乡,琼山名村。而海南疍家在新中国成立后民族认定的时候最终被确定为汉族,而且他们风俗习惯也与汉族无异。《万历琼州府志·民俗》记载了"番人"变身为汉人的过程。"番俗"条云:

> 本占城人。在琼山者,元初驸马唆者右丞征占城,纳番人降拜,其属发海口浦安置,立营籍,为南番。……立番民所,以番酋麻林为总管,世袭,降给四品印信。元末兵乱,今在无几。其在外州者,乃宋元间因乱挈家驾舟而来,散泊海岸,谓之番村、番浦。其人多蒲、方二姓,不食猪肉,家不供祖先,共设佛堂,念经礼拜……今从民俗,附版

---

① (明)唐胄:《正德琼台志》,海南出版社 2006 年版,第 577 页。
② (明)唐胄:《正德琼台志》,海南出版社 2006 年版,第 86 页。

图,采鱼办课。①

"今从民俗"意指麻林家族放弃原来的信仰,化身为汉人,而"采鱼办课"则说明他们以打鱼为生,这也是海南攀丹村名字的来历。原为"番疍村"海南古代将"番人"与"疍家"一例管辖,他们也与疍家一样以渔为生,久而久之,化为疍人,后来民族认定将其认定为汉人。攀丹村今无回族。正德《琼台志》载:"今子孙尤有者,俱为蛋人。"②据姜永兴考证,海南陵水英州镇加卜村,原有蒲姓 31 户,其中 17 户改为符姓,为黎族大姓。三亚青田乡,由落笔洞迁入蒲姓 80 户均为黎族。③

---

① （明）戴熺等纂修:《万历琼州府志》,（明）蔡光前等纂修:《万历琼州府志》,海南出版社 2003 年版,第 120 页。
② （明）唐胄:《正德琼台志》,海南出版社 2006 年版,第 577 页。
③ 姜永兴:《海南岛回民考》,《民族论坛》1988 年第 3 期。

第三章　海南民俗的接受与认同

阎广林在《海南岛的文化根性研究》一书中把"海岛文化"与大陆文化的关系称为"张力结构",他认为海岛上的土著文化(比如黎族文化)与大陆文化(比如汉文化)之间有一种张力,表现为"推力",即指"原居住地不利于生存、发展的排斥力,如战争、动乱、天灾或生态环境的恶化的影响",同时表现为"拉力",即指"移入地所具有的吸引力或谋生机会",它们的排斥与吸引、对抗与合作共同建构了海南南下的文化体系。在这个文化体系中,黎、汉、苗、回等族群的民俗文化通过对抗、合作、吸引、排斥,通过传播、接受、认同、整合,最终形成各个族群之间看似相同又有点不同,看似不同又有着强烈的相似性的文化。

第一节　跨群落的信仰

原始崇拜是先民们对自然力和自然现象产生恐惧的反映,是企图化解恐惧、保佑自己的一种手段,主要包括:图腾崇拜,往往将和自己族群关系密切的事物神化,用以解释自己族群的来源;祖先崇拜,对象往往是自己族群的保护神,用以保佑自己在生活中走向幸福,在生产中平安顺利;生殖崇拜,主要出于多子多福的考虑,表达对自己族群兴旺发达的向往。原始崇拜主要表现为信鬼和祭祀。

我国东南一带"好巫尚鬼"的风气一直比较浓厚。《史记·封禅书》中说："是时（西汉武帝时），既灭两越，越人勇之乃言：'越人俗鬼，而其祠皆见鬼，数有效。'"①又言，东瓯王敬鬼，所以活了160岁，而其后人对鬼神怠慢，则"哀耗"，即家族破灭，没有子遗。这就是敬鬼与不敬鬼的差异。《汉书》也载有越人"信鬼神，好淫祠"之事。海南居民来源非常复杂，他们原来生活在不同地区，生活的地理环境不同，所有的过往经历不同，他们各自的原始崇拜也不尽相同。入琼之后，不同民族的图腾与崇拜在同一地域流传，相互纠缠、扭曲、变形，于是，一种古老而又全新的民俗就诞生了，慢慢成了不同族群间的共同信仰。这种现象，我们称之为民俗的"共生"现象。民俗"共生"的过程，一般是以一个族群的民俗信仰为主，慢慢被其他族群接受，或整体，或其中的核心元素，与自己的信仰糅合在一起，我们称这些族群共享了某种民俗或民俗的某元素。比如，关公原是三国时蜀汉的一员大将，后来成为荆州祭祀的地方神，再后来成为道教之神。在海南，关公本是汉族的神灵信仰，后来扩展到苗、黎族共有之神。"关公"这个元素就成了各个族群民俗中"共享"的元素。由此可知，民俗的"共生"和"共享"是民俗整合的重要途径。本节主要从图腾崇拜、祖先崇拜和自然崇拜等角度探讨海南民间信仰民俗通过共生、共享的方式，进而探讨海南民俗形成的轨迹和规律。

一、不同群落中的相似表现

色诺芬尼在比较了非洲埃塞俄比亚和希腊北部色雷斯两地诸神的形象后说："假如牛、马和狮有手，并且能够像人一样用手作画和塑像的话，它们就会各自照着自己的模样，马画出马的神像，狮子画出狮子的神像。"②这是一个很有意思的现象。社会中所有的神灵其实都是人类自己创造出来的，而人们在

---

① （汉）司马迁：《史记》，中华书局1959年版，第1399页。
② 陈长勇编：《哲学·种源》，金城出版社2006年版，第10页。

创造神灵的时候总会依据自己的形象,结合自己的需要来创造。人们在对自然尤其是一些灾难到来时总是感到恐惧,感到无能为力,这就促使有思维的人开动自己的大脑,进行幻想,塑造出能够帮助自己战胜灾难的超能力的神。而这些超能力的神往往就是人们周围的事物,比如树木会成为树神,大山会有山神,大河有河神,甚至各种动物都有可能进入到人们塑造的"神类"之中。在"万物有灵"的观念之中,人与周围的事物取消了主体与客体的区别,人们在观照周围的山山水水花草树木的同时,这些事物也在观照着人类。因此,人们在与自然社会打交道的过程中就有许多禁忌。可以说,万物有灵理念正是海南各民族禁忌多的原因之一。过去学者一直关注海南黎、苗人的"万物有灵"理念,事实上,"万物有灵"不仅在黎苗族族群中,也表现在海南其他族群之中。

首先,海南汉族信仰的神灵相当一部分来自官方。中国古代,政府非常重视通过鬼神对百姓的日常行为进行约束,以利于统治。《万历琼州府志·坛庙》:"邦国之有祀事,重矣!故郡邑首列常祀。"①同时,对民间祭祀也持默许甚至是鼓励的态度,认为上上下下的神祇,就应该有许多私祀,因为,这些直接关系民风,并非淫祀。在官方鼓励或默许下,如果加上各村之神,海南各种坛庙恐怕难以计数,仅存留于《道光琼州府志》的比较大型的坛庙就有 291 座,《琼山志·建置志》:"郡城、海口,每坊中莫不有所祠之神,各村各乡亦莫不有所建之庙。"②这些大部分是海南汉族信仰的神灵,多到"祀典不及,祝史难详"。

官方的祭祀有:社稷坛祭天地,风云雷雨山川坛祭祀风云雷雨山川等神,城隍庙祭土地神,旗纛庙专祭牺牲的将士,郡厉坛主要祭祀郡中死无所依的厉鬼,飓风祠祭风,其级别虽低,但是,由于海南多台风,所以在海南民众心目中还是比较重要的。上述皆为官方公祭,有一定的礼制,有一定的祭祀日期,并

---

① （明）蔡光前等纂修:《万历琼州府志》,海南出版社 2003 年版,第 163 页。
② （清）李文烜修,郑文彩纂:《咸丰琼山县志》,海南出版社 2004 年版,第 245 页。

且还有专门经费预算。从《琼州府志》看，各县所设庙坛与州府大体相同①，唯名称略异，如"风云雷雨山川坛"各县志中或全称，或仅称"山川坛"；"郡厉坛"，到各县则为"邑厉坛"。而这些祭祀，除了天、地是确指，其他都是泛指，但"确指"的天、地并没有真正的确指，因为，在每个族群里都有自己的"天"与"地"，人们大体是按照自己族群的理解来刻画天、地之神，敬仰天、地。官方祭祀除上述常祀之神，还有一些有地方官员捐助祭祀的。真武庙祀真武大帝，北方之神，主风雨；东岳庙，祀东岳大帝，东方之神，主生；火雷庙，祀祝融，主火；玄坛庙，祀赵元帅，主风水保平安。人生于天地山川之间，不管何种民族，总是要跟这些神灵打交道的。

其次，一些黎、苗祭祀也被官方重视。黎、苗人中部分鬼神信仰来自汉人。《蜡辞》云："土反其灾，水归其壑，昆虫毋作，草木归其泽。"②这里所展现的是远古中原地区人们通过咒语驱逐有害于人类的土、水、昆虫、草木等，这个咒语实施的前提即是假想这些事物俱有"灵"。另外，炎黄、蚩尤间互相战争中调遣、驱使的龙、虎、豹等野兽，也是早期汉人"万物有灵"理念的展现。海南苗族认为大山里的一切都是"灵"的，它们与人类一样，都是受天地间的鬼（神）主宰的，事物的毁弃或死亡只不过是形体的消亡，而他们的"灵"则是永久存在的。所以，人死了就会变成鬼，物死了也会变成鬼，包括山河日月。这些鬼既会给人们带来平安、幸福，也会给人们带来灾难、疾病，前者就是善鬼，后者就是恶鬼。但善鬼和恶鬼又往往难以分清，比如山鬼，如果你认真祭祀它就会帮助你实现狩猎顺利。黎人砍山烧荒之前也总是先要祭祀山神，因为，只有在山神的许可的情况下，一年的劳作才能顺顺利利。黎人信仰中水鬼的种类很多，有水浮鬼、落水鬼、水串鬼、水谷鬼等，这些都是所谓的"恶鬼"，往往是意外落水者变化而来的，这些水鬼除了给人带来灾难之外，还主宰着水旱灾害。

---

① 笔者注：专祭牺牲将士的旗纛庙仅见于文昌，其他诸县均无。
② （清）孙希旦：《礼记集解》，中华书局1989年版，第696页。

因此,祭鬼可以保佑平安,可以保佑风调雨顺。这跟汉人的观念是相同、相通的。考察中原地区,几乎在每个汉人居住的村子里都有类似的传闻,一个池塘、一条小河的某个地方,一旦有人意外落水,人们即认为此人化着了水鬼,需要拉下一个人才有重新投胎的机会。黎族地区信仰的鬼(神)主要有:土地公,常常设置于村头,与汉族的土地相同(当属天地信仰之列);祖先鬼,也称父母鬼,黎族人对祖先鬼的感情比较复杂(属于祖先信仰之列);山鬼,居于深山之巅,经常会发出火光,人受其迷惑会迷路。与汉人不同的是,黎、苗族对鬼神的信仰更为强烈,而汉族也信鬼神,但往往是抱着或信其有或信其无的态度。

黎、苗族人也会将具体的山与具体的神(鬼)对应起来,这和汉人观念中的东岳大帝、黄河河神、湘江之水神的做法实际上是一样的。临高毗耶山,《广东通志》引《寰宇记》:"山顶有兽,状似天蛇,俚人呼为毗耶,故名。山上有吞人石,其神显灵,县岁祀之。"①滩神峒,"江中耸起一石,昔人于石上砌坛祈祷。久旱滩响必雨,久雨滩响必晴"②。而黎毗山本为黎、毗二姓黎人居住,后为外人所占,故殁后化为妖,后来此居住者乃于山顶砌石岩祀之。黎晓山,"顶有巨石若岩,乡人以事黎母神"③。峨娘九峰山,黎人传说是黎母生九子,皆为酋长,主九峒。黎母山,古称黎婆岭,当地黎人称之为阿婆岭,其山有水,谓之"黎母水",每适三月十五前后,前来拜谒的黎人多达10万人。这些是地方志上所记黎人认为的"山鬼",如儋州有乳泉,苏轼《乳泉赋》:"吾三咽而遄返,惧守神之呵讥。"④另外,黎人居住区还有许多以"龙"命名的泉、潭、水等,如龙潭、龙滚河和南龙江等,可能是受汉人或苗人的影响,改鬼为龙。

已故历史名人被迎进神庙的现象,同时出现在汉、黎、苗等民族的观念之

---

① (明)郭棐纂修:《万历广东通志·琼州府》,海南出版社2006年版,第26页。
② (明)郭棐纂修:《万历广东通志·琼州府》,海南出版社2006年版,第26页。
③ 王学萍:《黎族藏书·方志部卷1·通志府部分》,海南出版社2009年版,第252页。
④ 孔凡礼点校:《苏轼文集》第一册,中华书局1986年版,第15页。

中,由于官方的推动以及海南汉人处于强势地位,所以,祭祀汉人的祀庙要远多于黎、苗族。关王庙是海南各族中传播较广的庙宇之一。海口关王庙初建于明初,专祀关公,后来人们请进了观音神,到万历年间又进行了修建,庙中所祭之神又增加了黎山圣母于后堂,这样关王庙就成了汉代历史名人、佛教、道教人物共同汇聚的地方。而琼海市会山镇的屯埠庙里却同时祭有关公、状元公(苗人杨再思)、王二娘(宋代黎族首领),还有观音菩萨。于是,关王庙就成了汉、黎、苗各族的共神,所以,关公的庙宇在汉区、黎区、苗寨往往都有出现。这种现象也反映在"天妃"(即妈祖)的祭祀上。据传天妃姓林,本莆田都巡检林愿之女,溺海而死,宋宣和间给事中路允迪出使高丽,途中遇到风暴,因此神相救幸免于难,于是朝廷敕令立祀。南宋封为"灵惠夫人",后又晋封为"灵惠妃",元代加封为"护国明著天妃",明永乐年间加封为"护国庇民妙灵昭应弘仁普济天妃",清代仍旧。由于天妃的祭祀既有官方祭祀又有民间祭祀,所以,定安、儋州等地都建有天妃庙,每逢三月二十三日天妃诞,香火很盛,以至"渡海来往者,官必告庙行礼,四民必祭卜方行"。天妃同时还是黎族民间传说中黎人之祖①。黎族的一些峒主或境主也可能流传到汉区,如峻灵王庙、灵山庙,祀昌化岭大公,为昌化岭山神,苏轼为庙碑作铭:"琼崖千里块海中,民夷错居古相蒙。方壶蓬莱此别宫,峻灵独立秀且雄。"②唐玲玲将其列为"峒主庙"是完全合乎事实的。"三江庙"、"三山庙"更多元素来自黎族"万物有灵"中的山河崇拜。这与汉人供奉自己的祖先时间长了便被当作地方神灵一样。澄迈县"三圣庙"本为明代南楚

---

① 笔者注:关于海南黎族的"三月三"传说很多,其中陵水一带有这样一个传说流传甚广:远古时期,黎族人民遭遇了一次特大洪水,一对兄妹天妃和南音抱定一个大葫芦(或说藏进了南瓜),躲过了洪水,洪水过后剩下兄妹二人,他们分别去寻找自己的伴侣。但是,找遍了天涯海角,始终找不到第二个人。为了民族繁衍,妹妹在昌化江对着江水在自己的脸上刺了花纹,去见自己的哥哥。兄妹相会,哥哥没有认出妹妹,两人结为夫妻,生儿育女,黎族因此得以繁衍。后来天妃和南音死在一个山洞里,化成了观音石,黎族人就把这个洞称为娘母洞。传说中的"娘母"即为"天妃",其得名很有可能受南方广为传说的"天妃"、"妈祖"信仰的影响。

② 唐玲玲、周伟民:《凡俗与神圣——海南黎峒习俗考略》,上海大学出版社2014年版,第141页。

都吴善根吴氏入琼始祖的吴氏祖祠,经历年修缮,远近闻名,也就成了一方神灵。这种现象很多,海口海甸岛的许多庙宇即是如此,笔者带学生考察,主管者竟然不知道祭祀的神灵叫什么也不知道有什么事迹。

黎、苗人生病不延请医。黎族一旦家里有人生病就会请"三伯公"来捉鬼,或请娘母来跳舞驱鬼,并且杀牛、猪、狗、鸡等来祭鬼。苗人敬奉的鬼神之中有山鬼和帝母鬼,他们既可保佑人,也可作祟于人,所以,每逢家里患病、女人生育等,必须祭告山鬼和帝母鬼,更可怕的是恶鬼,即那些意外事故死亡者、儿童夭折者、难产妇女等的亡魂。人们一旦得病,常常被认为是恶鬼作祟,要请道公用猪、鸡、牛等相祭方可免灾。这种风气也漫延到汉区。《光绪崖州志》:"惟疾病,愚者不事医药,偏信巫觋诞妄,迎神祭鬼。幸而得愈,即归功于巫。间有饵药者,辄曰有神阻隔,药亦勿瘳。故有一病,请神禳鬼,耗资不赀。贫民因是益窘。"[1]李东阳《徐鉴祠记》:"民渐黎俗,病不服药,唯杀牛祭鬼,至鬻子女为禳祷。"[2]这种现象在海南不是一地,各县情形相差无几。临高人"竞喜事神,不信医药";陵水人"有疾不求医,专尚巫祝";文昌人"治丧不用浮屠,鸡骨占休咎,土历卜水旱"[3]。海南汉人这一系列的做法显然是融合了黎、苗人驱病之法而形成的。

在这个刚刚3万平方公里的封闭的小岛上,各个族群信仰的相互渗透与融合是不可避免的。当然,信仰的融合并不意味着信仰同化,而是各个族群在接纳外来信仰的同时都或多或少地保持了自己独有的信仰理念,这就是族群的集体记忆,这种记忆是根深蒂固的,即使经过上百年甚至上千年的时间也很难淡化,甚至永远不能磨灭。

二、纠缠在一起的"天"和"地"

天、地跟人们的关系比较特殊,人们生存于天地之间,衣食住行,时时刻刻

---

① (清)钟元棣等:《光绪崖州志》,海南出版社2006年版,第50页。
② (明)郭棐撰:《粤大记》,广东人民出版社2014年版,第337页。
③ (清)阮元等:《道光广东通志·琼州府》,海南出版社2006年版,第296页。

都离不开天地,可以说关系非常密切,但天地包容了太多东西,人只不过是沧海之一粟,对于没有现代科学知识的先民们有太多太多的难解之谜。也正因为如此,世界各个民族的信仰中都有关于天、地的信仰,虽然名称各不相同,本质却是一样的。

海南黎、苗族的理念里,天地与祖先是密切相关的。苗族传唱的《盘皇歌》(一):

> 千方言故难语尽,俩齐且唱故盘皇。
>
> 造天立地何人造? 造成天地几支柱?
>
> 造天立地盘皇造,造成天地万支柱。
>
> 从地到天九万丈,九万到天十万横。
>
> ……①

接下去叙述盘皇出世、成长、婚嫁以及盘皇嫁女,其内容主要讲述盘、邓、蒋、赵、李五姓的来历,在"盘皇"的故事里,海南苗族的天地信仰与祖先信仰融合在了一起,而"盘古开天地"作为一个流传非常久远的传说在苗族的话语体系中具体化了,具体到自己以及身边人的祖先,具体到每个身边人的姓氏。在另一首《盘皇歌》里,天、地、江、河都有具体的姓氏:

> 天是姓何来何地? 地是姓何在世人?
>
> 天是姓兴来合地,地是姓梁在世人。
>
> 天上天星姓何样? 迷河条水姓何方?
>
> 天上天星姓寻月,迷河条水姓寻江。
>
> 迷河连秋姓何样? 今番引丁姓何方?
>
> 迷河连秋姓杨书,今番引丁姓肖人。
>
> 何人寿阳八百岁? 何人万岁寿阳春?
>
> 彭祖寿阳八百岁,琵琶万岁寿阳春。

---

① 政协琼中黎族苗族自治县委员会编:《琼中苗族民歌》未刊本,第2页。

> 盘皇书中何人造？造来世上合何方？
>
> 盘皇书中官人造，造来世上合婚姻。
>
> ……①

从社会学的角度看，海南苗族的这个传说所起的作用至少有两点比较重要：一是对族群的群体性进行了合理的解释，盘、邓、蒋、赵、李、兴（存疑）、梁、月（存疑）、江、杨、肖、彭等姓氏，都是盘皇的后人，都是亲近的一个群体；二是给群体的所有作为找到了"合法性"——《盘皇书》并非是后人臆想的，而是由官方特意为我们制作的。当一个群体形成之后，只有这个群体成员都以这身份而骄傲的时候，这个群体才可能继续存在下去，否则，就失去了存在的可能性。海南苗族将自己的比较亲近的祖先与天地联系起来正是延续的这种身份的认同。但海南苗族与广西瑶族对天地的认识是不同的，在海南苗族的认识中天地是小于海的。《宗皇歌》叙述的是十二地支的来历，在其开篇唱道：

> 问你何年造天地？造成何样海中藏？
>
> 天地注来是何样？安得世金何样良？
>
> 日上子年造天地，造成金宝海中藏。
>
> 天地注来是金宝，安得世金个个良。②

天地可以藏于海中，很明显，这是海南苗族来海南之后对天地的认识——作为地处大海之中的孤岛，海是无边无际的，而天地则好像包围在海中。

黎族的天地信仰与苗族有点类似，也认为天地是由一个远古的英雄开辟的，只不过，他们的传说中这个英雄没有一个固定的名字，只是笼统地说叫"大力神"，许多民间故事集里都保存了海南黎族"大力神拱天射日月"的故事。故事梗概大体为"盘古开地"和"后羿射日"故事的合并，只是主人公变成了黎族的始祖"大力神"。大力神创造了万物之后，筋疲力尽，但仍然举起了自己的手臂，这就是海南的五指山。在《五指山黎族创世诗》中这样写道："初

---

① 政协琼中黎族苗族自治县委员会编：《琼中苗族民歌》未刊本，第4页。
② 政协琼中黎族苗族自治县委员会编：《琼中苗族民歌》未刊本，第22页。

古的时代,天地不分开,日月昏朦朦,山岭阴霾霾。苍天连大海,白云伴尘埃,世间本无物,全从天上来。"①不过,在五指山地区黎人的传说中,分开天地的不是大力神,而是"天狗",天帝之女婺女生病,天帝本来答应天狗,如果医好了婺女之病,将把婺女嫁于天狗,但"天帝多诈狡,成事不成交","天狗含冤走,心头似火燎",之后跟天帝闹翻,"骂声天帝佬,原来也是妖。你有出门日,追咬无处逃",于是天帝命天人将天云升起,把天狗留在地上,"天皇也怕狗,驾云逃夭夭。从此天地隔,地穷天富豪"。在某种意义上,此处开天辟地的是天狗。但是细细追绎,"天狗"仍然跟苗族的传说有着关联。海南苗族与"山子瑶"有着千丝万缕的联系,保亭南圣乡什散村盘育清所藏的《盘皇牒》中称呼海南苗人为"山子","初,平皇出帖执付良普(善?)山子任其往深山之处鸟宿之方","山子各有界","盘皇子孙良善山子",又称"居三年封猛官"或"猺民盘家之居",可见,海南苗族为"百苗"之广义的苗族。《盘皇牒》又称"盘王券牒"或"评皇券牒",或称为"过山榜",相传为皇帝颁发给瑶族人的安抚文书,也是瑶人在深山耕种狩猎合法性的依据。《评皇券牒集编》一书收录了101篇券牒,模式大体与海南盘育清所藏相近,从盘古(皇)开天叙起,但绝大部分叙述了这样一个情节:瑶人系龙犬出身,而龙犬则"姓盘名护(或瓠,或古)"。这也是瑶族以犬为图腾的原因所在,海南苗族的传说亦是如此,而这一传说又与海南黎族天狗开天地合在了一起。

对天地、日月星辰的拜祭是古代中国国家祭祀的重要内容,律法规定:国家有大祀、中祀和小祀之分,对天,主要指昊天上帝、五方上帝,对地,主要是皇地祇、神州大地,这些被视为大祀;对社稷、日月星辰、先代帝王、四岳大帝,以及孔子、齐太公等人的祭祀为中祀;对风雨、山林、川泽及四海龙王之神的祭祀为小祀。其中大祀只有帝王才有资格,故各州府县只设有社稷坛、风云雷雨山川坛及厉坛,不设天坛、地坛。但不设坛不意味着不对天地有崇拜信仰,只是

---

① 　孙有康、李和弟:《五指山传》,暨南大学出版社1990年版,第2页。

不举行大型的国家祭祀而已。狄仁杰称"吴楚之俗多淫祀",所谓"淫祀",就是"不当所立之处","不在典籍"之祀,而僭越祭祀,所以,在唐代狄仁杰曾清理吴楚一带"淫祀"一千七百多所①。其实,岭南地区较之吴楚,有过之而无不及。《铁围山丛谈》卷四:"古者祀天必养牲,必在涤三月,他牲惟具而已。又凡祭祀之礼,降神迎尸矣,而后始呈牲。牲入,于是国君帅执事亲射焉。至汉魏而下有国有家者,此礼浸日阙,独五岭以南俚俗犹存也。"②也就是说,直到宋代岭南民间还保持了拜祭天地的古俗。《琼州府志》:"儋俗事神,有上帝会、天妃会、邓天君会、羊元帅会,鉴舆五彩,迎神十百,大飨于村中。"③其中,"上帝会"显然是对上帝的祭祀。被当作天的还有雷神。自雷州至琼州,人们多重雷神,他们称雷神为"天神","今南人喜祀雷神者,谓之天神。礼天神必养犬豕,目曰神牲。人见神牲,则莫敢犯伤。养之率百日外,始祀之。独天牲如此,他牲则但取具而已。又,遇恶气,禳疾病,必磔犬,与古同。殊有可喜者。谓传'礼失求诸野',信然。"④虽然在国家祭祀中,日月星辰、山林川泽列为中祀或小祀,但这些祭祀本身也是包括于天地崇拜义项之中的。因为,天本身是一个很虚的概念,它是由日、月、星辰、风、雷、雨、雪等具体事项作为外在表现的。地虽然看似很实,如果没有山、川、林、泽等具体的事物也很难成其为地。地方官员和普通百姓,不能行祭拜天地之大礼(东方美孚黎族一直保存着祭天求福的习俗),但可以祭拜其他星君。如文昌帝君则是海南诸多县域经常祭拜之神,《孝经援神契》:"文者,精所聚,昌者,扬天纪。"⑤又《史记索隐》:"文昌宫为天府。"⑥在祭拜文昌帝君的时候也潜在地表达了对天的崇敬。"天妃",《通雅》:"太虚之中,唯天为大,地次之,故天称皇,地称后,海次于地,

① 刘昫:《旧唐书》,中华书局 1975 年版,第 2887 页。
② (宋)蔡絛:《铁围山丛谈》,《四库全书》本,第 54 页。
③ (清)明谊修,张岳崧纂:《琼州府志》,海南出版社 2006 年版,第 97 页。
④ (宋)蔡絛:《铁围山丛谈》,《四库全书》本,第 54 页。
⑤ (清)黄奭:《孝经纬》,上海古籍出版社 1993 年版,第 13 页。
⑥ (汉)司马迁:《史记》,中华书局 1959 年版,第 1259 页。

故称妃。"①这实际上就是一种变通的方式。

从上述的分析中我们可以看到,海南汉、黎、苗各族的信仰中,天地的开创者、民族的祖先及族中的创世英雄相互纠缠在一起。第一,盘古作为开天辟地的传说人物,曾经见载于《汉魏丛书》、《绎史》、《述异记》等古代典籍之中,后世不少汉人认为他是汉人的祖先,而在海南苗族的《盘皇歌》、《盘皇券牒》中也被苗族人认为是他们的祖先,而"盘皇"的"龙犬"等属性又与黎族创世之祖"天狗"有着某种密切联系。第二,福建汉人信奉的天妃、真武等神也同时出现在海南黎族、苗的民间传说之中,并且许多天妃、真武庙中还配祭有黎母的神位。第三,雷神是海南各族人民共同信奉的天神,只是雷神在各族的传说中形象差别很大。

三、对待自己嫡系祖的态度

对祖先的信仰是一种普遍现象,而祖先又可以分为远祖与近祖,在各民族的传说中总会有一个开天辟地之人,这个人在本民族的信仰中地位会越升越高,最后成为与天地等量的祖先,这就是远祖。近祖则是自己一支一系的嫡系祖先,相对于远祖来说,距离现在时间不远,有的还有一些文字记载如家谱等,因此,也更真实,其与当前民俗的关系也更为密切。

汉族人历来有修谱的传统,有所谓"尊祖敬宗,故敬宗,故收族"说法,在汉人传统认识中,修谱是为了促进宗族的团结,即"收族"。而现实中也确实如此,直到当下,国人仍然非常重视同宗关系。一般情况下,修谱多从自己创姓之祖记起,如周姓往往上叙及姜源生后稷之事,赵姓则叙自赵国始封。但随着人们认识的发展,后世修谱多从本地始迁祖修起,对于海南来说,就是入岛始祖。海瑞《王氏族谱序》:"夫谱者,纪吾宗之始祖也,由始祖以至于所自出;又有人焉,由所自出以至于今,源远而流长,本深而末茂。"又曰:"吾先世祖居山东青州府

---

① （明）方以智:《通雅》,中国书店 1990 年版,第 269 页。

益都县其谱帙失传,莫稽其始。"①其意均在于说明为什么以"王义"为始祖,冠冕堂皇的理由是:"谱帙失传",但实际操作中,即使寻访到前谱也是以"入岛始祖"作为本族之端,因为,"他"是本支系的开创者,毕竟其他支系与自己血缘关系相去更远。六柱堂方氏以入岛始祖"方进"为祖,文昌云氏以云从龙(蒙古族,后改为汉族)为始祖,欧阳氏以欧阳品升为始祖,等等,皆是如此。

一般情况下,汉族谱牒保存得比较完整,叙述也比较详细,虽然也会发生一些讹误,但相对较为准确。对于少数民族来说,修谱也有非常重要的意义。詹姆斯·斯科特在论述到越南人的生活状态时说:"越南人不管如何大范围地流动去寻找工作和土地,但都认为自己有一个祖居之地,他们会回到那里。那些没有祖居地的人被污蔑为'世界角落之人'。"②这里说的是越南人,实际上,在古代每一个活动在平原与谷地掌握地区政权的族群都是这样看待边地的少数民族的,包括汉族。少数民族地区修谱一方面是向人们展示自己实际上与"你们"是一样的;另一方面则有主动向掌权民族靠拢、让自己的叙事也进入统治族群的话语体系的意义。

苗族入琼时曾携带有自己的谱牒。《清实录》"高宗实录"载有两广总督罗巴延的奏章,上奏澄迈县典史夏鼎的禀报:原钦州瑶人盘仁才应海南苗人赵有清邀请,携男妇108口来琼州垦荒被拿之事,奏章中称其携带之牒式"破烂不全,语多诞妄,全无文理,内有'大随、绍定、景定及宣德、嘉靖等年本相抄'字样,据盘仁才等供称,伊等瑶人十二姓向来相传是盘瓠之后,此纸系积祖传留收藏,不知起自何时。至旧书四十六本,抄四姓各家旧存"③。当年这些"旧书四十六本"以及抄本谱牒全被当时官府上缴,送给皇帝了,不知现在流落何处。1955年中南大学对海南苗族进行考察时发现,保亭县南圣乡什散村盘育

① 朱为潮主修:《民国琼山县志》,海南出版社2004年版,第1148页。
② [美]詹姆斯·斯科特:《逃避统治的艺术》,王晓毅译,三联书店2016年版,第102页。
③ 练铭志、张菽晖:《〈清实录〉与清档案中的广东少数民族史料汇编》,广东人民出版社2011年版,第106页。

清藏有两份"盘皇牒",牒中叙述了海南苗族的起源及流传,牒谱认为他们的远祖为盘古,开天辟地之后,又在天角(天涯)娶伏羲帝之三女,生盘大。另外,海南苗族也存有本家族的族谱,比如邓氏、盘氏、马氏、赵氏、蒋氏等均在各族所传谱牒中析分支系谱。

　　美孚黎和侾黎较早有自己的家谱,其家谱的编写相对简略,以一个图谱的形式保存,称为宗支图。东方市西方村符志攀保存的黎族家谱,存续了将近两百年,记录了符氏由吉姓侾黎迁至此地,改为美孚黎的过程。黎族家谱也有自己的堂号,他们称"派"或"裉",也像汉人一样,给自己的支派取一个名字,如西方村的"俄朋"派、"俄汉"派、"崩亚"派、"浦得"派、"崩涅"派等。黎族的支派与汉人族谱的堂号有"同"也有"不同"。汉人堂号有以地名命名的,如马氏扶风堂、王氏太原堂、劳氏茂源堂等都是以地名为堂号,但所取堂号往往是本族兴旺发达之处,或以本宗族的名人的居所命名。黎族的"支派"名号仅仅是一个标志,如"浦得"本为脏水的意思,因符姓初来此地居住于此,故称"浦得"派。也有以植物命名的,这与汉人堂号一样,汉族王氏有"三槐堂"王氏,是取宋晋国公王王祐手植三棵槐树,因苏轼为王祐作《三槐堂铭》而名声大振,再比如有"锦树堂"钱氏等。不过,汉族堂号的选择多为有纪念意义的植物。黎族支派中植物的选择有的是有纪念意义的,如黎族有"俄朋"王氏,"俄朋"的意思是黑墨树,"俄朋"王氏因初迁来时住在黑墨树下躲避了灾难,故称。但也不尽然,如"俄汉"符姓,"俄汉"的意思是"红籽树",其选择则是其宗派的先人偷牛被人打死的地方。也有以建房的房址为支派的,如"包拗"符氏是因为建房时旁边长一棵榕树故称。

　　黎族的宗支图主要见于美孚黎和侾黎,这与明代的土司制度有关。明政府在南部、西南部少数民族地区设土官制度,目的是"因其俗,使之附辑诸蛮,谨守疆土,修职贡,供征调"①,土官的授受信符与承袭必须交验宗支图,山下

---

① （清）张廷玉：《明史》，中华书局1974年版，第1876页。

居住的美孚黎和侾黎与汉区人的联系较为密切,他们中的许多人最后成为"熟黎"。尤其是明清曾经多次在黎区兴办学校,让一些黎人尤其是"熟黎"读书、识字,于是,许多黎族支系也开始编写自己的族谱(有些族谱编写很牵强,如琼中黎族林氏,也将自己的族谱上溯到必干)。

海南回族是笃信伊斯兰教的民族,在其教规中除了真主外再无其他信仰,"不供先祖,不祀诸神"。但后来他们也和中国其他地方回族一样,编有自己族谱。史图博《海南岛民族志》:"我留在三亚市的时间很短暂,遗憾得很,可以说未能搜集到其他有关伊斯兰教徒的传说。据闻,因为近年来此地遭受到劫掠,大抵所有的家谱都散失了。"①史图博未见三亚回族家谱,但听说原有家谱。小叶田淳《海南岛史》:"试调查回辉村民的系谱,就知道一般是九代至十代的世传,即大约是在这个世代以前迁移来的,据居民所传的也是这样。"②小叶田淳所说的"系谱"是指的回辉村蒲氏家谱,也就是王献军考定的《通屯宗谱全书》(全名《三亚港通村蒲氏简谱》,其谱中记载了来琼九至十代人的传承情况)。近年来,学界还考证了《南海甘蕉蒲氏家谱》(又名《蒲氏本立堂家谱》):"考我族得姓之初,籍栈闽,环居湖上,瑞呈仙草,厥名曰蒲。取姓于斯,族因蕃衍,中间世数,弗能尽诉。"又云:"旧谱俱载西域回纥人。"③儋州莪蔓蒲氏即来自此支。儋州蒲氏,包括峨蔓、干冲、海头、长坡、新英、那大六个乡镇,约有2000人口,目前学界公认为"宋元时期闽粤地区极负盛名的蒲寿庚家族",即原为回族。

黎人清明祭祖主要发生在清明之后,随着黎汉杂居、通婚以及民族关系融合,当代黎族村庄里,在清明时节,除了祭祀黎族共祖袍隆扣之外,上坟祭祖已经成了常事④。烟原村全部是苗族居住地,全村信仰基督教,但在信基督的同

① [德]史图博:《海南岛民族志》(内部刊本),中国科学院广东民族研究所1964年编印,第300页。

② [日]小叶田淳:《海南岛史》,张迅齐译,学海出版社1979年版,第310—311页。

③ 马建钊:《中国南方回族谱牒选编》,广西民族出版社1998年版,第31页。

④ 据琼中县政协王川芳(黎族)口述。

时并不完全排斥汉人对自己嫡亲的敬仰。黎族中有许多是汉改黎的。东方来田头邢氏黎族,是来自福建的汉人逃入黎区化汉为黎的,老村符姓黎族也来自汉族商人,还有前文提到的美孚黎族大多与汉人有着千丝万缕的联系,汉人的一些习俗逐渐进入了黎人之家。如《广东海南黎苗回族情况调查》指出:"每逢节日(侾黎规定每年四次)和家中有人生病时,便用酒、米、米糕来拜祭祖先。"①黎族本没有清明祭祖的习俗,但现在清明回家祭祖已经成了黎、苗族人的常见之事。

汉民族的传统思想都特别强调"孝",修谱被认为是敬宗穆祖也就是"孝"的表现。汉人修谱主要从入岛始祖开始修起,作为立祖之人。海瑞《王氏族谱序》引王绩的话说:"吾先世祖居山东青州府,益都县其家也,谱牒失传,莫稽其始。……今谱以义公为始祖,盖推其本始所从来也,以曾公为始祖之所自出,盖从其德而绵绵世泽也。……"②王氏修谱的主要原因是害怕将来找不到自己的祖上,进一步说是为了"昭穆以明,尊卑以序,新疏以定",即找到当前王氏每一支系之间的亲疏远近。再如,马里冯氏,云茂琦为之作序称:"吾邑马里冯氏,衣冠族也,始自文俌公由闽宦琼,因家琼山。"③也是以入琼之人为始祖。查看陈虹《海南家谱提要》所录族谱,几乎都符合这一特点。

黎族人所祭祀的远祖其实也是入岛始祖。刘谊《平黎记》:"故老相传,雷摄一蛇卵在此山中,生一女,号为黎母,食山果为粮,巢林木为居,岁久,因至交趾之蛮,过海采香,因与之结婚,子孙众多,方开山种粮。"④《五指山传》是保亭、五指山一带赛方言黎族关于黎族先祖的传说,篇幅很长,其大意是天狗是天上巡守上天的将军,与天帝之女婺女相爱,但地位相差甚远,终于机会来了,

---

① 广东省人民政府民族事务委员会:《广东海南黎苗回族情况调查》(内部印刷),1951年10月,第90页。
② 朱为潮等:《民国琼山县志》,海南出版社2004年版,第1149页。
③ (清)云茂琦:《阐道堂遗稿》,海南出版社2004年版,第22页。
④ (清)罗天尺、李调元、林子雄:《清代广东笔记五种》,广东人民出版社2015年版,第419页。

婺女忽发重病,天狗凭着自己的医术救治了婺女,由于天帝反对将女儿嫁于天狗,故将其贬下界来,而婺女为了报恩,冲破重重阻碍,下界与天狗成婚,生儿育女,这就是黎人。此故事亦见载于《黎岐纪闻》:"有女航海而来,入山中与狗为配,生长子孙,后曰狗尾王,遂为黎祖。"①美孚黎《三月三的传说》则是说的伏羲和南音(或观音)经过大洪水之后,幸存下来,后来不得已兄妹成婚,繁衍后代。前两个故事明确说明黎族祖上渡海入琼,后一个故事虽没有渡海的描述,而这些滔天的洪水其实可能就是族群关于渡海过程的集体记忆。从回族今存族谱也可以知道,漂洋过海来到海南的那一幕也一直保存在他们的集体记忆之中。苗族对"令公"的祭拜,则是因为当年苗人先祖渡海时曾经被"令公"搭救。

对待祖宗的态度,各族都呈现了汉化的倾向,但海南汉族却走了一个逆向发展的路子。海南《万州志》里有一个非常奇怪的记载:"重鬼神而轻祖祢。岁时伏腊,先祀鬼焉,俗称锲薄。"②笔者觉得"锲薄"可能不是什么俗称,而是外人对这一带习俗的看法,"锲薄"的意思就是刻薄,也就是对自己祖先非常刻薄,但对鬼神却可以倾其所有,即"祈禳"则"罄家赀为之无悔"。这种现象很可能是受黎、苗的影响。海南黎族对自己先人的感情非常特殊,是一种典型的既敬又畏混杂在一起的情感。他称自己已经去世的先人为"祖先鬼",在黎族的村落之中每个家族都有自己的"祖先鬼",不允许别人随便指点自己谱系的"祖先鬼"的名字。这里面含有"敬"的成分,但更多地是"畏"。在他们看来"祖先鬼"是不能够得罪的,他是所有"鬼"中法力最大的,一旦得罪他家里就不得安宁,他会给人们带来疾病、风雨以及其他的灾难,可奇怪的是他还会在灾难来临时给人们一些征兆,比如鸡飞狗跳、树枝折断等怪异现象。每逢家里人生病或者出现了不祥之事,人们就会祭祀自己家族的"祖先鬼"来禳祸除邪。"祖先鬼"又分为:"大祖先鬼"、"中祖先鬼"、"小祖先鬼","大祖先鬼"需

---

① (清)张庆长:《黎岐纪闻》,广东高等教育出版社1992年版,第116页。

② (清)李琰纂修:《康熙万州志》,海南出版社2004年版,第140页。

要以牛相祭，"中祖先鬼"需要以猪相祭，"小祖先鬼"需要以狗或鸡相祭。在他们的理念中，死者生前用过的用具、穿过的衣服等都会引来"祖先鬼"，所以，在送葬的时候会把这些东西一并陪葬。"祖先鬼"是不能够来家的，一旦认为"祖先鬼"来家了，就要敲锣打鼓将其驱走。同样，苗族将自己的亲人送走之后，基本上不会再去墓地，因为害怕将"祖先鬼"带回家中，会给家里带来灾难。与黎大体相同的是海南苗族，他们也把所有死去的人都认为是鬼，在以前，自己家人一旦送葬完毕，就不再有扫墓祭祖之事，并且，还怕祖先回到家中，因为，在苗族人看来，这些"鬼"一旦回来就会给家人带来灾难或疾病。黎、苗的这些观念对汉人的影响还是比较大的。李东阳《重修琼州府二贤祠记》："民渐黎俗，病不服药，唯杀牛祭鬼，至鬻子女为禳祷。公婉而导之，民寖化，皆感悦。"①汉黎杂错，人们风俗相互影响应该是一种正常现象。作为远在海外的海南岛，其突出的特点即是所谓的"民夷错居"，汉人与各种少数民族居住在一起，"民渐黎俗"也就成了一种正常社会现象，生于其间不受其影响才是不可思议的。正是由于受黎、苗人的影响，才形成了"重鬼神"而"轻祖祢"的社会现象。

　　汉族作为一个强势民族并携官方支持，对黎、苗等族的影响可能更深，更强，也更快，但即便如此，自身也不可能不受到别的民族的影响。

第二节　婚姻与民俗互渗

　　美国学者本尼迪克这样解释风俗在个体社会化过程中的作用："个体生活历史首先是适应由他的社区代代相传下来的生活模式和标准。从他出生之时起，他生于其中的风俗就在塑造着他的经验与行为。到他能说话时，他就成了自己文化的小小的创造物，而当他长大成人并能参与这种文化活动时，其文

---

① （清）明谊修，张岳崧纂：《道光琼州府志》，海南出版社 2006 年版，第 95 页。

化的习惯就是他的习惯,其文化的信仰就是他的信仰,其文化的不可能性就是他的不可能性。"①我们习惯于在伦理的基础上来看待不同族群的文化,而这样审视的结果不可避免的带有傲慢与偏见,因为,在我们以自己的族群伦理来讨论别的族群的相处方式的时候,无疑会忽略他们的生存条件,包括自然的、现实的和历史的。

一、海南汉与黎、苗婚俗的互渗

除了五指山腹地,海南大部分地区黎汉杂居。

海南汉族婚俗保存了许多"古礼"。与内地不同,海南几个民族结婚都是在晚上,这是汉族古代婚礼的延续。上古没有"婚"字,"婚"写作"昏",《正字通·女部》:"婚,古作昏。"《左传》"成公十三年":"申之以盟誓。重之以昏姻。"又"隐公七年":"郑公子忽在王所。故陈侯请妻之。郑伯许之,乃成昏。"正是因为结婚都是在黄昏时刻,故以"昏"代"婚"。但现在大陆各地为了方便,早已将结婚的时间改为上午,并且衍生出"晚上娶寡妇"的说法,新中国成立后即便是娶寡妇也是在上午进行。

抢婚也是古婚俗之一。《周易·屯卦》"六二"爻辞:"屯如邅如,乘马班如,匪寇,婚媾,女子贞不字,十年乃字。"学者认为这是古代的一起抢婚习俗,这种习俗也保存在曾经被认为是"熟黎"的临高汉人的婚姻习俗之中。《海南岛志》:"临高俗……且有强娶人家女或劫有夫之妇以为妻者,此犹不脱古代掠夺婚姻之恶习。"②不过,黎族地区结婚仪式上还保留了"抢"这一形式。海南东方市伝隆人、临高县汉人、昌江、五指山、琼中、乐东黎族都保留有"哭嫁"习俗,新娘子在出嫁的时候要向女家诸长辈依次哭诉,主要是感念旧恩,依依惜别,以及恋家之情,他们管泪珠叫"金豆",如果哭不流泪,则家难富贵。有

---

① [美]露丝·本尼迪克著:《文化模式》,何锡章、黄欢译,京华出版社2000年版,第20页。

② 丁世良、赵放主编:《中国地方志民俗资料汇编》,国家图书馆出版社2014年版,第1104页。

老人告诉笔者,由于出嫁并不是悲伤的事,好多人哭不出来,站在旁边的姑婆或母亲常常会使劲拧上一把,然后才能哭出来。昌江"哭嫁"还要唱歌,歌词摘录如下:

> 哭姊妹:一边两行,姊妹双双;
>
> 今日妹嫁,嫁去远方;
>
> 难舍姊妹,难舍爹娘;
>
> 送妹出门,妹去人乡。
>
> 哭父母:饥寒苦命的爷跟姐喂,
>
> 我人痴命不乖,今日去人乡,
>
> 实在心不甘,爷姐多保重。
>
> 姊妹送嫁:红绒绑头根,妹嫁去人村,
>
> 妹嫁去人村有福靠唷,
>
> 丢下姊单身。①

既有新娘子的哭唱,也有亲人的哭唱,主要数落以往生活中的细节,内容可以随意增减,不是固定不变的。但大部分地方歌词以骂为主,骂父母狠心,骂姊妹兄嫂无情,骂媒人可恨,等等,但骂中更多的是诉说对父母兄妹的不舍之情。再录屯昌《哭嫁歌》中骂父母的句子如下:

> 骂父母:母喂父喂,
>
> 母到今日这夜,
>
> 推女子回边,撵到角,
>
> 牵这女子做零头不算数,
>
> 牵女子来除,牵来害。
>
> 心肝这黑计这妙,
>
> 母推女子下猪窝,下狗棚,

---

① 孙如强:《昌江民谣》,昌江黎族自治县文化馆 2008 年内部印刷,第 208 页。

猪窝又湿,狗棚又臭,

女子怎么蹲,怎么坐?①

笔者注:喂,语气词。猪窝、狗棚均指要嫁的人家。

宋周去非《岭外代答》:"岭南嫁女之夕,新人盛饰庙坐,女伴亦盛饰夹辅之,迭相歌如,含清凄惋,各致殷勤,名曰送老,言将别年少之伴,送之偕老也。"②多数学者认为这是抢婚习俗的遗迹,但是母女、父女临别饮泣,乃至失声痛哭,本就是发乎性情的举动,《礼记·曾子问》:"嫁女之家,三夜不熄烛,思相离也。"③可见,"哭嫁"习俗也是古风的延续。不过,这种风俗并非岭南独有,而是广泛分布于大江南北的多个地方,尤其是中原地带,极有可能是"礼失求诸野"的现实版。

过去,海口、昌江、定安、万宁、澄迈等地,男人娶妻的时候一定要再取一个正式的名字,将新取的名字用红纸写好,张贴于正堂的中间,如果男子是读书人,就由先生命名,称作"号",如果不是读书人,则由父母命名,称作"名"。因为,娶妇意味着成年,而成年之人即开始了独立的社会活动,成年加冠在中国有悠久的传统。《礼记·昏义》:"夫礼,始于冠,本于昏,重于丧、祭,尊于朝聘,和于乡、射。此礼之大体也。"④"加冠"是礼的开始,加冠的同时也就有了正式对外的名字,《礼记·曲礼》谓"二十冠而字"。海南的这一婚俗是将婚姻与加冠一起举行,故陈植谓"古冠礼遗风"。

受黎、苗青年的影响,海南社会思想相对解放,社会上普遍认同自由婚姻。《海南岛志》:"女子出阁,三朝即返母家,逢年节庆吊一至,俟生育后始落家。此琼山俗也,定安、感恩、儋县各地女子多不重贞操,男女之间颇为自由,婚姻离合毫无束缚,亦自成一种风气。"⑤这和黎、苗两族的婚姻方式有关。黎族男

---

① 中国歌谣集成编委会编:《中国歌谣集成》海南卷,中国 ISBN 中心 1997 年版,第 188 页。
② (宋)周去非:《岭外代答》,中华书局 1999 年版,第 158 页。
③ 崔高维校点:《礼记》,辽宁教育出版社 2000 年版,第 64 页。
④ 崔高维校点:《礼记》,辽宁教育出版社 2000 年版,第 227 页。
⑤ 陈铭枢:《海南岛志》,海南出版社 2004 年版,第 131 页。

女青年一般在十五岁之后就可以谈恋爱了,父母往往会给他们盖一间房子,让他们单独居住,以便于与男子交往,这种房子叫"寮房",这一习俗叫"放寮"。但黎族对"放寮"也有规定:禁止有血缘关系的男女放寮。海南苗族恋爱关系是在对歌过程中确立的。小伙子往往夜里来到姑娘家外唱歌,通过歌声表达爱情,如果女孩接受了对方,则会用歌声回应。或者是成群的小伙子与邻村的一群姑娘对歌,从中选取自己中意的男孩进行交往。这些习俗先传到黎汉、苗汉交接的地方,后来又传到了汉族居住区。据《海南岛志》:"闹房亦有和歌之俗,新夫妇与宾客杂沓唱和,无男女老少亲疏,共相戏笑,歌声靡曼。所歌为男女相悦情致缠绵之作,本土人士谓辞之美者可编入《香奁集》中,亦婚俗中一韵事也。"①可见,闹房"和歌"习俗是从黎苗青年恋爱对歌演变过来的。思想比较保守的是海南客家人,他们曾经盛行过一种奇特的婚俗——"细细放命",就是在孩子七八岁的时候,经算命先生撮合,由男孩家择吉日来给女孩家过礼,这个礼叫"小礼",过礼之后,小女孩就算是许配给男家。这个习俗叫"放命",客家话"小"作"细",故称着"细细放命"。过去"放命"是郑重其事的,并且也要办理相关手续,具有法律效力。这种习俗也见于汉区,海南解放前,海南东部的琼山、文昌、定安一带,男女小孩也是早在八九岁的时候就经媒人撮合,再由算命先生看看二人八字是否相合,相合,男方就可以送槟榔订婚,在东部叫"合命"。这是古代门当户对结亲的发展,海南解放之后,作为包办婚姻的封建旧产物,已经基本不见了。但东方市、白沙县黎族区直到现在还保留着,并且还像成人一样举办"结婚"之礼,遍请亲朋好友吃饭,只是并没有太大的法律约束力,孩子长大之后合适便结合,不合适就各自寻找自己的伴侣。

　　黎、苗婚俗有许多独特的地方,比如黎族放粉枪、钻火门以及鸡卜、舂米等习俗。苗族居住得比较分散,但婚俗大体相同,比较独特的是苗族人一生有三对父母,除了本人父母及配偶父母之外,还有就是媒人两口,也要当父母对待,

---

　　①　陈铭枢:《海南岛志》,海南出版社2004年版,第131页。

同样，媒人一旦做成了媒，也会把这对年轻人当成儿子女儿来看待。不过，各族婚俗中有一个独特的共同之处——送槟榔，不管汉、黎、回、苗，都重视槟榔，这是中国其他地方没有的。《光绪崖州志》："俗重槟榔……婚礼纳采，用锡盒盛槟榔，送至女家。尊者先开盒，即为定礼，谓之出槟榔。凡女受聘者，谓之吃某氏槟榔。此俗，琼郡略同，延及闽广，非独崖也。"①海南盛产槟榔，据说槟榔可以"消瘴"、"忍饥"，所以亲朋往来，非槟榔不礼，因此，说亲相媒的时候总会询问槟榔的多寡来确定对方的贫富。

有些与婚姻、爱情有关的节日习俗同样融合了汉、黎、苗俗。据《海南岛志》记载，在感恩（今东方）一带，如果家中无男孩，常常会在正月十五夜里，到山坡上偷采别人家的葫芦瓜，如果顺利则意味着将要生下男孩。在偷瓜的时候要在瓜蒂上系上钱，故"瓜主见之亦无詈骂"②，这一习俗在当地叫"买子"。不过，这看似奇怪的习俗，追溯其来源，可以发现是多个民族习俗"大杂汇"。每年正月十五夜，海南汉区盛行一种叫"偷青"的习俗，夜幕降临，人们往往挑着灯笼到山坡上偷豌豆苗、地瓜叶等青菜，据说可以带来一年的好运气，如果爱上哪家的姑娘，则可以专门到她家的地里去偷，因此，这一活动也叫"偷情"，即偷来爱情之意。可见，偷葫芦瓜是来自于"偷青"习俗。为什么要偷葫芦瓜呢？葫芦瓜是黎族的图腾象征。海南黎族的创世传说认为，在远古的时候天降大雨，洪水暴发，所有的人都被水淹死了，而葫芦瓜为两兄妹及一些动植物提供了活下来所需要的东西，后来，兄妹结婚，这才有了黎族。同样，葫芦也是海南苗族的图腾。苗族流传着一个《水淹的故事》也叫《伏羲小妹的故事》，雷公把伏羲和小妹两个放进了葫芦后，发起了威，大水淹没了世界，人类及万物生灵尽数被淹死，只有葫芦漂到昆仑山顶，兄妹二人存活了下来，后来二人结婚，于是有了苗族的子孙后代。两个故事相差无几，并且都和生育有关。于是"偷青"便演变为"偷葫芦"，"偷情"就与"生育"联系了起来。

---

① （清）钟元棣：《光绪崖州志》，海南出版社 2006 年版，第 50 页。
② 陈铭枢：《海南岛志》，海南出版社 2004 年版，第 131 页。

二、海南回族先民的存续法则

海南"无马与虎",没有大型食肉类动物,这自然会减少许多威胁,但是,作为热带海岛,海南岛上遍布的瘴气,还有骇人的台风。从第一章里对海南历代灾疫的统计来看,在这里,灾疫使一个单独居住的种族或族群灭绝是完全有可能的事。

作为一个少数的外来族群,为了生存,海南回族走出两方面的变通之路:一是改变名字;二是通婚。首先是变姓。他们入岛之初并没有现在的姓氏,从残存的三亚水南村几方回族墓碑主人名字可以看到,他们来到中国不久,保留着阿拉伯人的名字,尚未汉化。如 4 号碑:"这是……阿特瓦……的坟墓……斋月日。"5 号碑:"这是……哈通……的坟墓。"15 号碑:"丁·萨马·本·亦思马仪……的坟墓。……于 12 月。"①人是社会的动物,后来他们都改为中国化的姓名。《光绪崖州志》载:"初本姓蒲,今多改易。"②这是来海南之后姓氏的再次变易。据《万历琼州府志》记载,三亚回族最初多蒲、方二姓。又据乾隆十八年(1753 年)《正堂禁碑》记载,当时三亚回民姓氏有蒲、周、王、陈四姓,到后来,回辉村姓氏已有海、李、张、赵、刘、米、蒲、苗、陈、林、马等 21 姓。据《通屯宗谱全书》记载,高、庄、哈、陈、刘、杨、金、李、江、海、付、米等 12 姓来自蒲姓。

其次是通婚。说到海南婚姻状况,人们总是引用《光绪崖州志》所载,认为海南回族一直奉行族内婚。但是否一直坚守,值得考校。第一,早在唐代回汉通婚不断见诸史籍。《旧唐书·卢钧传》卢钧为广州刺史的时候,当时的广州"番商"与"华人"错居在一起,最初是可以相互婚嫁,但卢发现这些"番商"钱多,通婚之后到处多占田,营豪宅,于是规定番、华不得通婚。又《唐会

---

① 周燮藩、沙秋真主编:《清真大典》(第 18 册),黄山书社 2005 年版,第 1070—1073 页。
② (清)钟元棣:《光绪崖州志》,海南出版社 2006 年版,第 52 页。

要》:"贞观二年六月十六日,敕诸蕃使人所娶得汉妇女为妾者,并不得将还蕃。"①"宋时市舶之利甚薄(或为厚),为当时收入之一大宗。广州、泉州为盛,汉回通婚之事亦恒见。"②顾炎武《天下郡国利病书》也认为南方滨海回民多蒲姓和海姓,"渐与华人联姻。"③第二,从长相上看,三亚回民可以分为两类:其一是"面小而具有细长钩形鼻子的";"其二是扁鼻子、中低鼻梁、额骨隆起比较突出"④。前一种具有明显的阿拉伯人特点,后一种与汉人没有任何区别,但两村近千户人家中以后一种为多。

海南回族的存续跟这些变通关系极大,这些变通也直接促进民俗的传播与渗透。如汉族、黎族、苗族中一些适应海南"沿海"、"热带"的生活习俗也被三亚回民接受和继承。再如语言,海南回族掌握了比其他族群要多的语言,羊栏回族在内部以回辉话为交流语言,即所谓的"番语",但他们早在明清时期即已掌握了军话和迈话。从 2014 年的调查情况可以发现,回辉村的男女青年普通话的水平普遍高于周边黎族。文化的交流与传播又从客观上促进了"通"。这种较高的语言水平和适应能力使海南回族与周围各族的交流比较顺畅,客观上促进了海南回族经济的发展和社会的进步。

第三节　自然环境对民俗的决定作用

大自然是人类活动的环境,也是人类最初、最原始的崇拜对象,一个特殊的生态地理环境也往往成就一方人特殊的民俗信仰。所以,中国自古就有"十里不同风,百里不同俗"的说法。生活在海南的土著人民由于长期浸染了当地的自然环境形成了独特的民间习俗,迁来海南的人们为了能够健康地生

---

① (宋)王溥:《唐会要》,中华书局 1955 年版,第 1796 页。
② 白寿彝:《中国回回民族史》,中华书局 2007 年版,第 711 页。
③ (清)顾炎武撰,黄坤校点:《天下郡国利病书》,上海古籍出版社 2012 年版,第 3420 页。
④ 王献军:《海南回族的历史与文化》,海南出版社、南方出版社 2008 年版,第 89 页。

存下去,也会逐渐改变自己原来的习俗,渐渐出现同化现象,这就是所谓的"入乡随俗"。而美国学者詹姆斯·斯科特给我们提供了另一条思路——逃避农业,他认为:大陆周边的少数民族区域的人们往往是逃避统治的人群,而这些人到达一个地方之后,往往在当地出现新的农业模式,他称为"逃避农业",木薯、山药、芋头、椰子、槟榔以及山栏稻等都属于这方面的农作物。因为它们易种;可以适应山地及贫瘠的地方生长,为这些逃避人群提供了活下来的可能,所以,这些地区的少数族群往往以之为主要的作物,而种作这些作物又成了这些族群的独特的民俗。故而,研究一个区域的民俗必须考虑到当地的自然环境。本节主要从自然环境的角度探讨海南各个族群间民俗的对抗与融合。

一、不同族群的"海"的记忆

海南处于南海之中,生活在这里的人们都或多或少的跟海洋有着一定的联系。

海南人常以海水的情况预测一年的收成,俗语说"海水莫热,禾谷将结。海水其凉,禾米少粒"。

海南黎人文身现象很早以前就进入了学者的视野。《礼记·王制》:"南方曰蛮,雕题交趾。"①那么"文身"的作用是什么呢?张华《博物志》:"南海外有鲛人,水居如鱼。"②而关于"鲛人",郭璞注《山海经·海内南经》:"点涅其面,画体为彩鳞,即鲛人也。"③而屈大均《广东新语·鳞语》又进一步进行了解释:因为生活在南海之中,而南海是龙的都会,古时人经常下水采珠贝,给自己文身就可使自己与龙、鱼同类,这样就不会被龙吞噬。这就是保存在海南黎人内心深处的集体记忆。虽然他们现在多生活在大山深处,但他们曾经在海

①　崔高维校点:《礼记》,辽宁教育出版社 2000 年版,第 44 页。
②　(晋)张华:《博物志校证》,中华书局 2014 年版,第 24 页。
③　袁珂校注:《山海经校注》,巴蜀书社 1993 年版,第 318 页。

边生活,曾经以海为生,而关于海的记忆埋藏在了他们的文化之中。

船形屋是海南岐黎、本地黎传统的居住方式,岐黎称之为"布隆亭竿",本地黎称之为"隆旁"意思是"地上的屋"。还有一种被称为"隆美"的船形屋,大意是高脚的楼。两种船形屋的样式不同,前者多依山而建,是山楼屋发展而来,后者是由黎族传统的干栏式建筑发展而来的,但屋顶样式基本一样,由茅草搭建,呈倒扣的船形,故称为船形屋。还有一种大体是受汉人建筑影响而产生的"金"字形屋,虽然也被称为船形屋,但已无船的形状。而所有的建筑都不仅仅是人们生活于其中的工具,在人们使用它们的同时,还被赋予了一定的社会文化意义。关于船形屋的传说各地虽有细节差异,故事主干相差无多:

> 禹王坐天下的时候,有个公主叫丹雅,丹雅嫁谁谁死,在国国亡,相师认为她是扫帚星下凡,于是国王将她赶出了国,而公主此时已经怀孕,国王还是于心不忍,就给了她一条小船,无舵无桨,只有一些食物及种子、刀和一只小狗,就让她驶向了大海,也不知道经过了多长时间,终于漂到了一个荒岛之上,这个岛就是海南岛。她从此就在这里定居下来了,为了躲避风雨,公主就把船倒扣过来,用树桩撑住,用割来的茅草将其围起来,就这样,一个船形屋就建成了。

这则故事传递的信息很多:关于黎人历史的。他们的祖上原来并非居住在这个岛上,很可能是从"禹"活动的江浙地区,经历无数艰难困苦,漂洋过海来到这个小岛之上。关于现实事物的,船形屋是为了适应海南的气候而建造的。学者推测,海南黎族船形屋的构造很可能来自浙江河姆渡文化。这只是一种推测,如果要确切证明,可能还需要更多的证据,但黎族人漂洋过海的经历已经通过船形屋被深深地嵌入到这个族群的记忆之中了。

在岐黎的巫师口中,我们也可以得到黎族大致相似的经历。在琼中红毛镇,巫师作法时,总会念念有词叙说他们族群的来历:在"太古"时期,由"工甘"(神)把黎人放进竹筒之中,后来竹筒漂洋过海,来到了海南岛,竹筒裂开,海南岐黎也就诞生了。而五指山的岐黎则流传有"南瓜的故事",说是盘古开天地的时候曾造有老当、老定两兄弟,结婚后一直没有生子,后来在神的指引下种了一颗南瓜,才生了兄妹两人,又遇天下大雨,于是把兄妹及一些动物和种子藏进了南瓜之中,南瓜一直漂到五指山,再后来就是走出南瓜洞及兄妹结婚的故事。不管是"竹筒人",还是"南瓜人",看似无稽之谈的故事里藏着的是这个民族曾经的大海的记忆。

海南汉人以来自闽广一带者居多,他们族群的集体记忆也有意无意地体现在他们居住的房屋上。阎根齐在《海南古代建筑研究》一书中考察了海南汉人的房屋,并用"移民文化特征"概括海南建筑的特点,"既有北方中原地区抬梁式的梁架结构,又有江南一带广为流行的穿斗式梁架结构"①,有的在明间使用抬梁式,而在次间使用穿斗式。这些虽然可以告诉人们,他们不是海南土著,也标识着他们也曾经漂洋过海,但海洋的印迹在海岛上已经消失殆尽。并不是他们对曾经容纳他们或者阻碍他们的大海没有记忆,而是记忆的方式与黎族不同。

"祭祀",对于他们可能是一种更适合的表达方式。龙生海中,龙王庙也是海南汉人地区常见的庙宇。几乎各县都有龙王庙,万州有五龙庙,琼山有龙庙、调龙庙、龙王石庙,文昌有双龙庙、攀龙阁,澄迈有腾龙庵、乘龙庵等,明清时期,每逢农历五月,自初一至端午,海边疍民与近河居民刻龙首、龙尾,至端午节各村龙舟齐集于天妃庙前,唱龙歌迎龙,抛鸡入水谓之"洗龙",竞渡夺标,观者如堵,而参与这一活动的既有汉族也有附近的黎苗族。丘睿诗:"端阳竞渡楚风存,疾较飞凫复出群。棹起浪花飞作雪,竿扬旗彩集如云。一时豪杰追卢肇,千载忠魂吊屈君。两岸红裙笑俚妇,哪知斗草独笼芸。"②活动的主要内容是迎龙会和赛龙舟。但活动的地点却有些奇特。端午节本为楚地祭祀屈原的节日,到海南许多地方却放在了"天妃"的庙前,这或与天妃的籍贯有关。天妃即妈祖,本名林默,福建莆田湄州岛里巷村人,原为福建一带人们祭

①　阎根齐:《海南古代建筑研究》,海南出版社、南方出版社2008年版,第1页。
②　(明)唐胄:《正德琼台志》,海南出版社2006年版,第143页。

祀的海神,明永乐年加封为天妃,清朝封为天后。随着闽人来琼,"天妃"也来到了海南。天妃庙,从数量上看,明正德《琼台志》载有天妃庙9座,《道光琼州府志》则载有13座,虽列为土人私祀,几乎每县皆有,成为仅次于社稷坛、风雨山川坛、城隍庙等的通祀庙坛。从规模上看,天妃的祭祀规模很大,每逢祭时往往"观者如堵",似乎并不亚于城隍庙和风雨山川坛,并且"迄今渡海往来者,官民必告庙祭卜而后行"①。这些庙坛不仅仅是人们祈求平安的场所,同时还承载着闽籍琼人对家乡的记忆或来华经商者对大海的记忆,由于闽籍人数占优势,所以很快成了海南人普遍认可的神灵,甚至被混淆到黎族的神话传说之中。

除龙王庙、天妃庙外,海南还有许多与海相关的庙宇。伏波庙,本属于先贤祀,唐胄于《正德琼台志·庙坛》下有按语云:"二伏波虽未至琼,然以开郡之功,郡人感而祀之。"②但后人祭祀者,自宋代以来却是将二人当作海神来看待的,认为可以保佑渡海平安,故苏轼云:"至险莫测海与风,至幽不仁此鱼龙,至信可恃两汉公。"③李纲《雷州碑庙阴记》说自己遇赦北还,于伏波庙"躬祷",说己丑北渡不吉,至庚寅方吉,而到了己丑日,风霆大作,到了庚寅日,"日中潮来,风便波平,举帆行,安如枕席"。江东祠本与海神无关,但在正德年间人们又将天妃补祀其中,也就与海神扯上了关系。晏公庙祀江西临江府晏戌仔,本长江水神,元朝被封为平浪侯,主掌江海。随着江西入琼人员增多,江西水神也成了海南的海神。

柔惠庙即宁济祠,所祀为"俚人"④冼夫人与大海扯不上关系,可能由于"宁"、"济"二字,文昌人常常在庙前行龙舟以祀。

来琼的汉人相当一部分是商人,因此下南洋经商也曾经是海南汉人的潮

---

① 朱为潮等:《民国琼山县志》,海南出版社2003年版,第281页。

② (明)唐胄:《正德琼台志》,海南出版社2006年版,第536页。

③ (宋)苏轼原著,(清)王时宇重校,郑行顺点校:《琼崖文库·苏文忠公海外集》,海南出版社,第25页。

④ 笔者注:马建钊的《广东民族关系史》认为"俚人"即"黎人",故,冼夫人原为黎人。

流。沿海市镇分布的众多骑楼也在向人们讲述着这段历史。骑楼多沿街而建,作为铺面,上楼下廊,楼上为主人居住使用,楼下为铺面,突出于街道之上,既为买东西的客户提供避雨遮阳之用,又为通往室内的过渡空间,楼的外墙多为红砖,支撑外廊的是欧洲马洛克式廊柱,檐口风洞花墙,表面多纹有植物花卉,砖有砖雕,窗多为欧式疏棂窗,这是南洋一带常见的建筑样式,向人们诉说着它们的主人与南洋及欧洲的联系。

　　阿拉伯商人来琼的时间很早,可能早在唐代以前就已经有人到过海南,自宋至明清,海南伊斯兰教徒的活动日渐频繁。顾炎武云:"多流寓海滨湾泊之地,筑石联城,以长子孙。"[1]从海南史志记载可知,海南回民最初居住在海南岛沿海的海口、东方、陵水、儋州等地,多以渔业为生,后来,驻琼回民才迁居于今三亚回新村、回辉村。两村现在的建筑从外观看明显接受汉人金字形砖瓦房的样式,平面布局与建筑结构基本与当地汉人房屋相同,但门廊、窗户多为弧形,客厅的墙壁、房梁上一般雕有伊斯兰图饰,包括阿拉伯文、生命之树等,即使是现代的楼房建筑,大门上方的匾额上都有相关装饰。笔者去三亚回辉村及回新村走访发现,现在村民除了信真主之外不再信仰任何神、鬼。但是,从海南地方史志可以发现海南古代回民曾有自己的神。三石番神,《道光万州志·港澳》:"一名莲塘港,在城东三十里。港口二山并峙,南北如门,开塞神速,舟出入颇险。其山岨有一石船,三石番神,不知所由来,商贾祷之极灵,忌猪肉。"[2]又同书《坛庙》:"昭应庙,在城东北莲塘港门,神名舶主。明洪武三年,同知乌肃以能御灾捍患,请敕封为新泽海港之神,祀民用羊鸡鹅鸭,甚忌豚肉。往来船只必祀之,名曰'番神庙'。"[3]其神为主港口之神,由"番神"、"忌猪肉"而知其神的身份当是伊斯兰人无疑。石三娘庙,《正德琼台志》:"石

①　(清)顾炎武,黄坤校点:《天下郡国利病书》,上海古籍出版社2012年版,第3422页。
②　(清)胡端书:《道光万州志》,海南出版社2004年版,第307页。
③　(清)胡端书:《道光万州志》,海南出版社2004年版,第343页。

三娘庙,在州南大蛋村海边,疍番每年于夏间致祭,成化丁酉判官赖宜重建。"①从该书的记载看,石三娘可能是保佑客商行船安全的神,而当年番商常常泊船于此,今遗址尚存,在三亚大蛋港。又崖州那乐港,"港神,俗忌猪肉,勿以奉之"。史志记载的番神均为伊斯兰教徒,而其神所主之事均为航海、海港之事,这大体与来琼回民或来华经商回民的大海记忆有关。而东方县飞来坟和飞来庙所承载的则是一次惨烈的海上事故,或由于主人已逝,其后人也不知去向,被人们以讹传讹,慢慢地变成了汉人符八公之墓。

生活方式与海南回族相近的是海南疍民。海南疍民很多,早在正德年间就有54798户,分布于当时海南13个县,主要在海南岛周边的港口及河口地区,被后人称为"水上居民"。他们生活在水上,但不以渔业为主。从疍民的传说中可以知道他们迁来海南已经二十多代了。早在宋代,海南的市舶船有三等,其中第三等为疍船②,所谓"疍船",即疍民所驾之船,从这些记载可以知道,疍民早在宋代的时候就已在海南活动,且为当时海南重要的水上运输力量之一。海南回族多为占城渔民,但也有为数不少的商人,主要是来往于中国与西亚的阿拉伯商人,或许就是因为这样,历代官方常常将二者作为同族来管辖。

二、作为各个族群归宿的"山"

《逃避统治的艺术》一书勾勒了这样一个事实:当中国国家控制区逐渐扩大,那些处于扩张点上的人或者被吸收,或者是迁移。那些离开的人至少在一段时间内是通过迁移实现了"自我边缘化",从而形成了一个独特的社会。③也就是说,生活在山地(包括海禺)地带的少数民族是随着中原势力的扩张而慢慢汇聚而成的,中国的历史典籍也不断证明了这一推测的可靠性。海南岛

---

① (明)唐胄:《正德琼台志》,海南出版社 2006 年版,第 559 页。
② (宋)赵汝适:《诸蕃志》,商务印书馆 1937 年版,第 41 页。
③ (美)斯科特:《逃避统治的艺术》,三联书店 2016 年版,第 152—216 页。

的鹿回头流传着一个故事,一个猎手追赶一头鹿,鹿不断向南逃,最后跑到了海南岛的南端,无奈地停了下来,因为前面是一望无际的大海,已经无处可逃了,它回过头来,面对猎手,眼里流露着渴求生命的光彩,于是,猎手被这光彩震撼了,后来这头鹿变成了一位美丽的少女,二人成婚了。这是一个情节俗套的故事,但故事所揭示的是一个"真正"的事实——海南苗族、黎族形成正是"逃避"的结果,也是一个自我边缘化的结果。在这个过程中,既有被迫的成分,也有主动的成分。相对于谷地与平原来说,山地的环境无疑是恶劣的,生活于其中的人们交通不便,获取食物也同样不便。但对于一群"逃避者"来说,它却具有了无比的优势:除了可以逃避负税、兵役、徭役之外,还给这些"逃避者"提供了安全的保障。

最早来到海南的民族是黎族①,黎族的到来是逃避的结果。《隋书·南蛮传》:"南蛮杂类与华人错居,曰蜒,曰獽,曰俚,曰獠,曰㐌,俱无君长,随山洞而居,古先所谓百越是也,其俗断发文身,好相攻讨。"②据顾炎武考证"琼州府万州夷僚名曰岐人,即隋志所谓㐌"。岐黎亦即"杞黎",琼州古《志》认为,"熟岐"本是广东南恩州(今阳江)、高州、化州,广西藤州、化州等地人,语言皆相通,"昔从征至此,近掠土黎,占食其地",本来是征讨黎人,后来在黎村定居,自立峒首,分掌村峒。也就是说,原来熟岐奉调征讨岐黎,岐黎被迫迁徙到更远的深山,而这些征讨者又渐渐地黎化,成了熟岐。而他们征讨的"生岐"即为《旧唐书》所说的僚人。

2014年10月,笔者调研海南红色旅游情况,到达了王国兴当年的藏身之地——琼中县什运乡便文村。一早乘车从琼中县城出发大约十点多到达"白

---

① 笔者注:海南黎族有五个支系,杞黎、哈黎、本地黎、美孚黎和加茂黎,五个支系在体质、语言、习俗等各种人类学数据上均不相同,这说明五个支系的黎族来源并不一样。因此,学界出现了:"南来说"意即马来群岛迁至海南;"北来说",即从大陆逐步南迁的越人;"南北来说",即将二者结合。笔者更倾向于曾昭璇等人海南黎族的人类学考察一书给出的结论:其起源可能远比一般认为的要复杂得多。

② 魏徵等:《隋书》,中华书局1973年版,第1873页。

沙起义"旧址,旧址位于高山之巅。当年的纵队队员吉家元先生给我们指着远处一个山洞说:"那就是当年我们曾经藏身的山洞,由于攀爬太过危险,现在已经没有上去的路了。"琼崖纵队队员所遇到的情况其实就是当年黎、苗族逃避的情形,受政府军或其他强悍族群的挤压,他们往往沿着河流往上游移动,一直到达高山,向更深更远处逃避。因此,岐黎往往分布在五指山深处,古人称之为"生黎"或"生铁黎",在新中国成立前,他们还有人居于山洞之中。逃到山顶的还有苗族,琼中县的什寒村处于黎母山顶的一个盆地之中,村中居住着黎、苗两族人,两族近若咫尺,多年来一直相安无事。前一章已经叙述了佬黎的活动,他们挤压了岐黎的生存环境,同时他们又是被挤压者,于是,我们可以看到佬黎分布情况:从沿海坡地,沿昌化江朝高地发展。生活在高山上的黎、苗族人,每逢重大灾难到来,就会最快地逃到人烟罕至的地方。

客家人到达海南也是逃避的结果。客家人是岭南汉人的主要群体之一,在海南呈大分散小聚居的态势分布,他们大部分是清代迁到海南的①,分为两大部分:一为清初迁入琼岛的"老客",一为"嘉、道"间迁入海南的"新客"。但不管是老客和新客都经历了辗转走进海南的过程。据李辉《客家人起源的遗传学分析》②研究,从 Y—SNP 数据看来,客家人与中原汉族最接近,其接近程度已经达到 80.2%,这说明罗香林等认为客家人是中原汉族的南迁判断是正确的。通过罗、李二人的研究,我们大体可以勾勒出客家人南迁的历程:原居于黄河以南,长江以北,淮河以西,汉江以东的中原居民,由于战乱或其他原因南迁至湖北一带,所以在客家人的基因中融入了荆蛮土著的 M7 突变个体,又由湖北进入到湖南、江西一带,因此,客家人基因结构中有江西土著"干越"即后来的侗族的成分 H12,由江西分成两支,一支向东进入了闽西,在闽西一

---

① 笔者注:有学者认为早在宋代就有客家人来到海南,这是完全有可能的,客家人早在晋代即已有人越过南岭在岭南居住,唐代时更是大规模南迁,从雷州渡海是很容易实现的。但苏轼《书柳子厚牛赋后》"客自高、化载牛渡海"中的"客"不能就此看作"客家人",如黎人称汉人为"客",临高人、长流人称海口人为"客",显然"客"是对后来者的称呼。

② 李辉等:《客家人起源的遗传学分析》,《遗传学报》2003 年第 9 期。

带又与唐宋时期从广东北迁的苗瑶族类（畲族）通婚，另一支向南进入岭南与当地的苗瑶族通婚，而其遗传结构、语言特点大体与后来从福建进入广东的客家人相近而不同，两支大体在明代大量迁入粤东和粤北地区，在嘉应即今之梅州，形成了一个大的客家人聚居区。清初粤东客家人迁至海南沙帽岭（即今儋州南丰镇）一带居住，这些人以及明代大同村的客家人都是所谓的"老客"，清末咸丰、同治年间，居于广东的客家人，由于清政府举措失当，首先在广东鹤山一带，客家人与当地土著发生了大规模的械斗，后来漫延到涉及恩平、开平、新宁、高明、高要等广西、广东数个县，此即历史上的"土客大械斗"，械斗持续了 12 年，导致了大量土著和客家人无辜丧命，为了活命又有近 50 万—60 万客家人逃亡，其中约有 1 万人南逃迁入海南儋州、临高、澄迈等地。光绪年间到达海南的客家人与当地客家人又一次发生了"土客之争"或叫"新客之乱"，持续将近 9 年，客家人再次由平原丘陵地带退居到琼中、崖县、陵水等山地附近居住。可见，所谓的"无客不山"、"无山不客"不过是无奈的选择。

这些逃亡到山里的人们，慢慢地形成了与低地不同的山地文化，学者称之为"逃避文化"，不过，这些文化并非是刻意而为之。生活在山上的人，必须寻求适合山上环境的生存策略，年年如此，代代如此，慢慢地就形成了独特的"逃避文化"。这些逃避者既包括苗、黎等少数民族，也包括南逃到海南的汉人。

首先是生存所必需的食物，我们可以称之为"逃避食物"。人们在逃亡的过程中，于林间采集食物是最不容易被人注意的，尤其是植物的根，具有分散性和隐蔽性，同时也不容易被敌方毁坏和抢走。因此，黎区、苗区最常见的植物是薯类。《东坡志林》："海南以薯米为粮，几米之十六。"所谓的"薯米"即是将各种薯类碾磨成粉，作为主要的生活用品。海南各种方志经常出现"薯芋之属皆为民食所赖"、"粤俗多用以为饘，其余芋种至多，亦号大米"等字句。在日常生活中，此米占有六成，这是非常大的比例，可见薯芋类在海南人民日常生活中的重要性。民国《海南岛志》记载，海南多番薯之类的作物,尤其是儋州、昌化(昌江)、感恩(东方)等地,到处都有栽种,而儋州多坡地高畦种植,种类也异常繁多,除番薯外,还有甜薯、菖薯、木薯、姜薯、坡薯、水薯、大叶薯等。《道光琼州府志》载芋类有面芋、鸡芋、东芋、水黎芋、银芋、红口芋、弹子芋、莠芋、人头芋、瓜芋等,之所以会区分这么多的种类是因为它们在人们的生活中地位重要。山栏稻也是常见的逃避食物,主要是其生存要求极低,几乎不用过多地耕种,只是简单的人畜踩踏,又不像水稻需水较多,在非常恶劣的山中洼地即可种作成熟。与"逃避食物"密切相关的是在黎族地区普遍实行"轮耕农业",他们很少在一块土地上认真经营,而是采用轮耕的方式,这种做法也是为了适应逃避的,因为这些土地很有可能被别族或别的部落抢走,这样之前所有的努力都失去了意义。苗族的砍山还不如黎族轮耕,"一年一砍山,二年一搬家",没有固定的定居点,也没有稳定的耕种地,这是典型的"游耕农业"。喝酒的习俗主要盛行于北方,但海南黎、苗二族都比较爱喝山栏酒,主要是因为"气候潮湿的五指山地区是最有用的,可以避免患上关节炎、风湿痛等疾病"①,海南黎、苗族酿酒的方法非常简单:将山栏米蒸熟,用清水冲洗完毕后,就撒上酒曲,然后用山芋叶盖好,发酵后,将叶子捅破,让做成的酒慢慢淌进陶罐,酒就酿成了。与这种喝山栏酒习俗相关联的,他们还用山栏稻制作好多特色食物。站在我们当代人角度来看,这些都是特色风俗,但回顾这种习俗的成因,不得不说,也是无可奈何的选择。

其次是休息场所也与逃避不无关系。黎族的船形屋,除了前文所说的象征意义之外,以树干会为支架,以竹片编墙,以茅草搭建,都是就地取材,非常便捷。架空的结构主要是为了更好地适合在热带山区的生活,山林多瘴厉,架空可以更加通风一些,海南多雨,暴雨必有山洪,不架空随时都有被山洪毙命的可能,架空结构解决了山洪与潮湿的问题。可见黎、苗两族不采用砖瓦结

---

① 黄友贤、黄仁昌:《海南苗族研究》,海南出版社、南方出版社 2008 年版,第 107 页。

构,这不仅仅是他们不会制造这些材料的原因,更主要的是为了适应山林生活。有学者称之为"迁徙文化"①是完全合乎黎苗的事实的。《海南岛志》:"苗性喜居山,往往焚山而耕,既又弃而他徙,几于住无定所。"②他们并非是"性喜"居山,完全是不得已而为之,海南苗族过山榜文和民歌记载了他们的辛酸,他们"住无定所"确是真实的写照。其生活情形被概括为:"一间茅房三石灶,一条野藤挂家当,一把镰刀砍大山,一碗谷种养全家。"③与这种生活习惯相应的就是需要一切从简,"三石灶"不是为了特色而故意如此,而是这是最简单的支撑锅灶平稳的方式;"谷种"不留,来年就有可能绝收;镰刀不备,新的房舍就没办法建设出来。"黎族最原始的葬俗是用露兜叶织成席裹尸土葬,连棺木也不用"④,临高人早期的岩葬习俗,将船棺置于山顶,以至于被苏轼认为是"败船置于山上",这些都可以看作是"逃避文化",用叶子包裹实属于无奈,置棺山顶除了一些信仰之外,也有便利或避免污染居住周边环境的原因。岩葬习俗估计也曾经流行于海南苗族人中间,苗人入葬要在坟墓四角立四个石块,石块较高,与汉人的石碑相当,但不刻字。这或许意味着已经放入石岩之中。许多在我们现在人看来很奇特的习俗,实质上是逃避者无奈的选择。

最后是有些逃避文化极其残酷。凿齿习俗广泛分布岭南多个民族,海南黎、苗也有凿齿习俗。《唐大和上东征记》:"十月作田,正月收粟。养蚕八度,收稻再度。男着木笠,女着布絮。人皆雕蹄凿齿,绣面鼻饮,是其异也。"⑤关于凿齿风俗的原因探讨者很多,大体有:"氏族成丁仪式说"、"婚姻仪式说"、

---

① 李跃平:《海洋迁徙文化视野下的海南建筑艺术构景》,《美与时代》(城市版)2015 年 12 月 3 日。
② 陈铭枢:《海南岛志》,海南出版社 2004 年版,第 137 页。
③ 王学萍主编:《五指山五十年》,海南出版社 1999 年版,第 70 页。
④ 刘耀荃:《海南岛古代历史的若干问题》,陈江:《临高学研究初集》,海南出版社 2012 年版,第 35 页。
⑤ [日]真人元开:《唐大和上东征传》,中华书局 1979 年版,第 69 页。

"美饰说"、"恐防夫家说"、"丧葬说"等,这些说法都有根据,应该说都有合理性,但这些都是仪式、信仰方面的,一般的,信仰与仪式都来自实用,因此,《新唐书·南平僚传》所载更有可能是凿齿习俗的原始意义:"乌浒僚地多瘴毒,中者不能饮药,故自凿齿。"①地处海南深山之中,各种瘴毒经常威胁到人们的生命,凿齿虽痛苦,但比起更方便医救生命来说痛苦也是值得的。海南苗族丧葬时还保留了凿齿的痕迹,往往在入殓之时拔掉死者的门牙,与剪掉的手、脚指甲放在另制的棺形木箱之中,另择吉地埋藏,拔掉门牙可以确定是来自古代的凿齿之俗。海南苗族对麻风病人的丧葬也让人感到惊心。一旦确定得了麻风病,就由家人在野外建一草房让其居住,每天给病人送饭,一旦断气,即将其埋葬,不用棺椁,直接用树皮包好尸体,将死者头朝下脚朝上投入墓穴中埋葬。很明显,这一举措实际上是的减少病毒的传染,因为人的口、鼻等头部窍孔更容易将病菌传于他人,深埋对于减少病毒传播非常有效。这可能是生活过程中得到的朴素的科学知识。

第四节　教化与反教化

强势民族的民俗对弱势民族民俗的影响,就像美国民族学者萨林斯在《别了,忧郁的譬喻:现代历史中的民族志学》一文中所说的那样:"欧洲人到来以前,那些地方什么也没发生过,有的仅是'传统'形式静态的再生;而且从第一位西方探险家或客商登陆的时刻起,那里的历史立刻变成多事之秋,并且被外国文化肆意篡改。"②海南民俗的形成跟各种制度或律法有很大关系。而风俗本身就包括两个方面:自上而下谓之风,自古及今谓之俗。因此,风俗的形成过程包括两条途径:一是自古及今流传下来的,一是自上而下的政府的推

---

① （宋）欧阳修等:《新唐书》,中华书局 1975 年版,第 6326 页。
② ［美］萨林斯:《别了,忧郁的譬喻:现代历史中的民族志学》,王筑生主编:《人类学与西南民族》,云南大学出版社 1998 年版,第 31 页。

动。就后者来说,是站在政府角度的教化,就前者来说,则是逃避政府的教化的反教化。

在古代官方的概念里,除了汉族之外的其他民族都处于野蛮状态,他们被置于文明的序列之外。所有的非汉族人群大体以这样的顺序排列:"几乎是汉人"—"正在变成汉人"—"最终会变成汉人"—"未开化的野蛮人",而这个过程在中国古代的文献中是以"生"与"熟"来概括的,以黎族为例,分别为"省民"(指迁来琼州的汉人)—"熟黎"(归附政府的黎人)—"半熟黎"—"生黎"—"生铁黎"。为确保官方统治的顺利实施,官方对黎族进行了一系列的教化活动。而作为被(或被迫接受)教化的黎人,表现得却相对复杂:一方面希望保护自己的自由,一方面对统治势力畏惮,另一方面又对琼州汉人的生活方式有所期待。这大概就是历史上黎汉冲突与融合的文化根源。

一、率土之滨

许多地方志的开篇会有大体类似的文字:

> 周有天下,建侯千八百国,错壤而居,各子其民,而莫不述职于王朝,其势可弱而不可拔。自秦并六国,废封建,分天下为郡县,世运之递降也。先王良法,邈乎二千余年,不可复已。百粤之地,周时入贡中国,秦汉而后始隶版图。汉初置珠崖郡,而万属之。①

这段话一直上溯至周朝,而周时的势力根本就没有达到岭南地带,"百粤入贡"也不包括海南,海南最早纳入中原管辖范围可以确定在汉设珠崖郡之时,至于《正德琼台志》所说的发现秦六铢钱,然后推测秦时已经管辖到海南,还是缺少必然的证据的。那么,为何历代方志都是如是开篇? 其核心理念就是寻求统治的合法性,也就是传统意义上的"率土之滨,莫非王土,普天之一,莫非王臣"。这是统治者对边远地带非汉民族统治与教化的起点。当时的中

---

① (清)李琰:《康熙万州志》,海南出版社2004年版,第13页。

央政权在内心深处对海南诸族采取歧视态度。贾捐之称:"骆越之人,父子同川而浴,相习以鼻饮,与禽兽无异,本不足郡县置也。……其民譬犹鱼鳖,何足贪也!"①认为"民如禽兽",到三国依然如此,陆逊奏疏云:"珠崖绝险,民犹禽兽,得其民不足济事,无其兵不足亏众。"②直到清朝这种观点一直占主流,虽然从唐以后刻意将"民"与"蛮"分别开来。同时,统治者又特别渴望自己的权威能够得到承认,此从汉元帝罢弃珠崖时,朝廷上的讨论可以看出。首先站在中央王朝的角度,一致认为朱崖、儋耳民从反抗暴吏的事件是"反畔",在《汉书·贾捐之传》一传之中仅"叛"、"反"之类的词就出现 10 次,虽然从各种史料看珠崖之反都是因为官吏侵陵百姓,百姓忍无可忍的情况下的反抗行为③。其次,从讨论的话语中看,朝廷中人更多地倾向于镇压,"上使侍中、驸马都尉、乐昌侯王商诘问捐之曰:'珠崖内属为郡久矣,今背畔逆节,而云不当击,长蛮夷之乱,亏先帝功德,经义何以处之?'"④最后,统治的目的是教化。贾氏在开篇即用大量篇幅说尧舜等前圣,认为他们"声教"传于四海,并得出一个结论:"欲与声教则治之,不声教者不强治"⑤,由于海南"民犹鱼鳖",不是一个可以"与声教"的地方,所以,不如罢弃。

对海南黎人施加教化始于汉代。据《万历琼州府志》载,东汉光武帝建武年间,复置珠崖县,属合浦郡,督于交州,汉明帝永平十年(67 年),儋耳降附,于是,汉帝国再次实现了对海南岛的管辖。对黎人的教化即始于此。《后汉书·南蛮传》:"光武中兴,锡光为交趾(令),任延守九真,于是教其耕稼,制为冠履,初设媒聘,始知姻娶,建立学校,导之礼义。"⑥明朝一改前朝将海南作为处

---

① (汉)班固:《汉书》,中华书局 1962 年版,第 2830 页。
② (晋)陈寿:《三国志》,中华书局 1959 年版,第 1350 页。
③ 笔者注:《汉书·地理志》:"自初为郡县,吏卒中国人,多侵陵之,故率数岁一反。"《汉书·南蛮传》:"中国贪其珍赂,渐相侵侮,故率数岁一反。"《三国志·薛综传》:"珠崖之废,起于长吏,睹其好发,髡取为髲。"
④ (汉)班固:《汉书》,中华书局 1962 年版,第 2830 页。
⑤ (汉)班固:《汉书》,中华书局 1962 年版,第 2830 页。
⑥ (汉)班固:《汉书》,中华书局 1962 年版,第 2836 页。

罚罪人地点的态度,更重视海南的教化。《明太宗实录》(卷四十八):"壬寅,吏部奏,凡庶官有罪被黜者,宜除广东儋、崖等处。上曰:'前代谓儋、崖为化外,以处罪人。朕今天下一家,何用如此? 若其风俗未淳,更宜择良吏以化导之,岂宜以有罪人居耶?"①据统计,明代二百多年间出进士 64 人,举人 595 人,而宋代三百多年则仅有进士 15 人,举人 13 人。可见明代施以教化的效果还是非常明显的,文教之风盛于一时,对海南风俗的变化影响很大。清代虽然延续了明代的教化,并且还拨专款用于黎族儿童的教育,但同时也恢复了海南"以处罪人"的地位。

比较直接的教化是官方以法令的方式劝谕百姓移风易俗。海南黎人黥面文身为古之遗俗,《海槎余录》:"黎族男女周岁即文其身,自云不然则上始祖宗不认其为子孙,而永为野鬼。"②《南越笔记·黎人》也说:"一如其祖所刺之式,毫不敢讹,自云死后恐祖宗不识也。"③这一习俗在汉时即已盛行,男女皆是,故有"雕题"之称。东汉明帝永平十七年(74 年)拜僮尹为儋耳太守,因其政绩显著,又擢为交趾刺史。僮在刺史任上,经常劝诫官吏"毋贪珍赂",又"劝谕"民众"毋镂其面颊",成效卓著,于是,岭南地区"雕题之习,自是日变"。从后来的情形看,"变"的是相当多的人,应该有许多人经过长期的"变",最终化黎为汉,但是,相当一部分黎族民众保持了这种习俗,一直到民国时期史图博作《海南岛民族志》还有黎族男女雕题画面习俗。直到 1957 年,在政府"不要刺青"的大力号召下,这一习俗才算真正停了下来。

明代定安吴定实"才能练达,善抚民黎","革黎人杀牛祀鬼之俗,毁其淫祀"。④ 徐鉴为琼州太守时,"黎俗病不服药,惟杀牛祭鬼,至鬻子女为禳祷费。鉴以佛老虽非正,然不害物命,犹善于此。乃许巨室修饰寺观,以移积习。自

---

①　吴海京:《资治通鉴续纪》,中国文史出版社 2014 年版,第 2026 页。

②　(明)顾岕:《海槎余录》,学生书局 1985 年版,第 385 页。

③　(清)李调元:《南越笔记》,广东人民出版社 2015 年版,第 281 页。

④　《黎族古代历史资料》,海南出版社 2015 年版,第 414 页。

是有病者不杀牛,而民用稍纾"①。还有办学校,疏水利,教黎民变茅屋为瓦屋的。客观地说,通过官方政令的方式确确实实革除了许多"敝习"。随着学校教育、现代医学科学的普及,现在杀牛祭鬼的习俗基本绝迹。

官方的劝谕多数以"禁碑"的形式呈现。考察海南各地禁碑,大体可以分为两类:一是官方的法令;二是对百姓的劝谕。三亚回辉村保存的"正堂禁碑"是官方的判决,主要是对三亚回民蒲姓与渔民徐姓争海域的事件的判定。海口丁村"奉县示禁碑":"在使一方之善良,有所观感以为善,而少年子弟之不轨者,必有所触目,有约束而不至于为非。"②潭社村"奉县示禁碑"则列有11条禁项,其中有禁止白天裸浴、禁止窃采莲子等。这些禁碑对于村民风俗的改变确实起到了很大的作用。

也有直接以暴力的方式解决的。黎族人尤"重报仇","有杀其父祖及乡人者,易世必复",③他们经常携带弓、刀,往往"一语不合,持弓刀相向"。为了改变这种风气,更为了便于政府统治,官府严禁各族人民携带武器。规定:"除军与余丁外,余人有持弓矢者,就令更甲擒拿赴官,问边远充军。"④认为这样的结果就会让老年不再持弓,而少年则忘弓不习,慢慢的人们就"武艺自废",只要他们不再掌握武艺,即便是官欺侮盘剥他们,他们也会像汉民一样"隐忍甘受",就可以达到所谓"礼乐兴盛"。

移民也是移风易俗的常见方式。海瑞《上兵部条议七事》:"黎岐归化,当编其峒首、村首为里长,所属之黎为甲首,出入不许仍持弓矢。原耕田地,听从其便。其山林可开垦者,并绝黎田地,宜招方外无业民耕作,结为里社,与黎岐错居。"⑤明代琼州参将俞大猷的《跂黎图说》一开篇即给我们描绘了当时民

---

① （清）阮元等:《道光广东通志·琼州府》,海南出版社2006年版,第671页。
② 沈志成、沈艳:《海南文物记事》,海南出版社、南方出版社2008年版,第250页。
③ 《黎族古代历史资料》,海南出版社2015年版,第589页。
④ （清）谢济韶修:《嘉庆澄迈县志》,海南出版社2004年版,第310页。
⑤ （明）海瑞:《海瑞集》,海南出版社2003年版,第147页。

黎错居的情形,州十县之中,黎人与"省民"鱼盐米货相通,鸡鸣犬吠之声相闻。黎民杂错的结果使民俗朝着两个方面转化:一是黎渐化为民,这是大的趋势。自汉至今,黎族人所占面积逐步减小,直到清代末期人数也在一直变少,其汉化的过程,在各种方志中也不断记载,如《康熙琼州府志》记载,琼山清水峒黎,嘉靖二十一年(1542年)编为"东黎",但到康熙年间则不再视为黎人,而是"里甲编差",即实现了与汉人一体,这种情况还有定安南闸峒黎,这些编与里甲的黎民由于与汉人"杂错",慢慢地"直与齐民无异",从各种习俗上学习汉人,并让子弟读书,直至汉化,到道光时期文昌无黎,乐会无黎,一部分黎人被赶走,另一部分黎人改变习俗,化为汉人。二是民化为黎。首先是巢黎之民渐渐黎化,史料记载,杞黎多南恩州、藤州、梧州、高州、化州等地从征之人,本来是被调来征讨黎人,他们往往被安置在黎峒成为峒首,久而久之,习惯了黎人的生活习性,化而为黎。其次是"本省诸郡人利其土,乐其俗,而为黎者"。当然,这些移民中,有的是人们主动移民至此,如那些类似逃难于黎地的,也有被动的。被动的移民往往伴随着大规模的杀戮,水会城开辟于万历年间,林如楚《琼岛图说》描绘移民在黎峒腹地的水会城情形时说:"抚绥有官,守御有所,敷教有塾,通商有市,民黎熙熙,已隐然州县规模,而又据诸獠腹心。"①笔者实地考察了水会城,城外立有田界分别为黎、汉所种田地,可见,《图说》所言非虚。主动的移民多是经商或逃难至此,官方文献中常常称这些人为"汉奸",当然也是历代统治者首先镇压的。不管主动还是被动,黎民杂错的结果就是各族民俗的相互浸染,既带来了黎俗的汉化,同时也带来了汉俗的黎化。

创办学校也是重要的"教化"方式之一。《正德琼台志》记载海南建设学校可以上溯到汉代,有所谓"(汉)锡光建学,导之礼仪"之说,但具体情况如何,史料残缺,真假莫辨。明钟芳认为,学校教育始于唐代,而唐代之前"学校

---

① (清)明谊修:《道光琼州府志》,海南出版社2006年版,第310页。

之政未立,造士之方多阙"①。这一说法能得到其他史料的印证:如,初唐王义芳在吉安建学,又,《正德琼台志》载"琼筦古在荒服之表,历汉及唐,到宣宗朝,文化始洽。"②又,唐代岭南教育有了统一设置:"州县学仅四十五人"(据《正德琼台志》),而按照唐制,内地州学设额为:上等州 75 人(含经学 60 人,医学 12 人),中等州 62 人(经学 50 人,医学 12 人),下等州 50 人(经学 40 人,医学 10 人)。凡此种种说明唐代海南已经有了"造士之方"。海南学校教育走向正轨是在宋代,琼州府州学建于宋庆历四年(1044 年),小学建于庆元元年(1195 年),琼山、澄迈、文昌、乐会、临高等县均建有县学,其他儋州、万州、崖州均有州学,属县设有县学。

学校教育的初衷是教化黎蛮。唐王义方南渡吉安,见"蛮俗荒梗",便召集蛮峒首领,聚徒讲经学,"行释奠之礼"。"释奠礼",《通曲》:"凡始立学,必释奠于先圣先师。"③释奠礼是三礼中最为纯粹的宣扬国家意识形态的礼仪,其教化黎峒百姓之义非常明确。宋苏轼居儋,而当时儋州黎蛋杂处,即所谓的"荒徼蛮蛋",于是,当时郡守张中为其筑堂涧上,教学授徒,且苏氏父子与当地人往来频繁,以至"当时人皆化之"。宋代古革在任琼州教授期间,黎族民众也多"遣子弟受学"。蒋科为澄迈令,"抚辑黎峒,教以诗书"。④元代前期采用"削平黎僚"的政策,重点采用武力压服,后期发现难以奏效,变为"宣劝教化"。元代学校制度包括:国学、乡学、书院、社学,其中,社学是元代教育的独特设置,是元代设立的乡村教育机构,"每社立学校一,择通晓经书者为学师,农隙使子弟入学"⑤,它虽然属于蒙学的范畴,但目的却非常明确:完成国家意识形态的基层教育。在海南,社学主要针对汉区乡村子弟教育。与社学

① (明)钟芳:《钟筠溪集》,海南出版社 2006 年版,第 151 页。
② (明)唐胄:《正德琼台志》,海南出版社 2006 年版,第 339 页。
③ (唐)杜佑:《通典》,北京图书馆 2006 年版,卷 53。
④ 彭元藻等:《儋县志初集》,海南出版社 2004 年版,第 1020 页。
⑤ (清)柯劭忞:《新元史》,上海古籍出版社 1989 年版,第 342 页。

大体相类的,在黎区设有"寨学",也称作"黎学",主要负责对黎族子弟的"宣化"。至元二十九年(1292年)乌古孙泽平黎有功,授广南西道宣慰副使,乌古孙氏上书请求,"各立寨学,使儒学会掌",以"训谕峒"。延祐年间,范椁"不惮风波瘴疠","兴学教民",明代没有"黎学",黎学都被统一到"社学"中,明洪武八年(1375年)诏告天下每15家设一社学,而社学的主要目的即为"延师儒以教民间子弟","导民善俗",主要"以训童蒙",讲习"冠婚丧祭"之礼。据《琼台旧志》记载,当时海南建有社学179所,一些社学深入黎族地区,如水会所社学设于林湾都,为万历二十八年(1600年)抚黎通判吴俸建,专门用于教育黎族儿童。澄迈知县周泰建西南黎、西黎社学,教化黎族之意也甚为明显。清朝初期,为了消除"黎患",乾隆六年(1741年),广东按察使潘思榘上奏,请设黎童义学,"以广圣朝文教,以化边愚事",第二年获准,在临近黎峒的崖、陵、昌、感、儋、万、定七州县,设黎童义学十三所。并单独编号,增加黎族乡试名额,准许参加乡试。到晚清时期,张之洞颁布《平黎十二条》,"每数村仿内地设一义学,延请塾师习学汉语汉文,宣讲圣论广训"①,所需经费由地方士绅、官长及军队长官共同捐助。

这些黎族(含苗、疍族)的教育政策虽然常有反复,如乾隆十四年(1749年)年暂停"黎学会",但总体上,通过教育教化黎族一直作为一项重要的"抚黎"政策在执行,而且成效显著。早在宋朝,琼州通判刘汉建社学,"诸郡皆闻风来游,虽黎僚犷悍,亦知遣子就学,衣裳易其介鳞,踵至者十余人。人叹曰前未有也。"②而以"衣裳易其介鳞"化黎为民正是历代统治者梦寐以求的事,并且,学校教育也确实完成了这一使命。通过推行学校教育,改变了许多黎、苗习俗,尤其是一些荒蛮的习俗,"读书应试,衿临日多",由"生黎"渐变为"熟黎",再化黎为民,最终纳入了中央政权统治的范围之内,昔日"异类"至明清

---

① 练铭志、张菽晖编:《〈清实录〉与清档案中的广东少数民族史料汇编》,广东人民出版社2011年版,第284页。

② (清)明谊:《道光琼州府志》,海南出版社2006年版,第1677页。

则为"编氓"。据统计清同治年间的《广东图说》记载,明代海南黎峒1179个,仅在明朝即有40%划归官府统辖①,这些编户入籍的黎族后来绝大部分化为了汉族。清朝顺治年间,张凤徵为陵水知县,"当兵燹之时,抚定流移,兴复学校,政教大行。黎岐三十九峒闻风向化,生黎亦无为患者"②。到光绪年间崖州官方出告示,规定所有"向化"黎人必须遣子弟年纪小者入学,教其读书识字,各村要凑钱聘请教书先生开馆讲学,学习记簿记账、五伦、礼仪,认为如果读书识字了,"谁敢欺尔黎人哉"。由此可见,学校是中央政府推行教化的主要途径之一。

语言也是官方教化的一个方面。《康熙万州志·风俗》:"汉仍雕题之俗,言语各异,项髻徒跣。晋永嘉中,中国人杂居,言服渐变。"③《万历琼州府志》又云:"大率音语以琼山郡城为正,使乡落一切以此,渐相染习,皆四通八达之正韵矣,尚得以胡黎杂语病之?"但志中记载结果并不乐观,"然习以成俗,弗能易也"④。真正通过语言进行"教化"并且效果显著的是新中国成立之后。随着教育的普及,以及普通话的推广,现在的黎区教育水平已经与汉区差别不大,村子里年轻人基本接受了九年义务教育,除年纪较大者外,各族民众几乎都能讲普通话。

二、与汉同源

黥面文身是我国南部许多少数民族的习俗(南太平洋其他民族如波里尼西亚族也有这种习俗),黎族称之为"模欧"或"打登"或直接称之为"登",而在我国古籍上则记载为"黥面"、"涅面"、"绣面"。关于黥面的来源,大体有兄妹婚配、姐弟婚配以及母子婚配等多种,在其传说的结尾部分这样解释各族

---

① 符和积、符颖编:《海南古代教育发展史》,海南出版社2009年版,第75页。
② (清)明谊:《道光琼州府志》,海南出版社2006年版,第1401页。
③ (清)李琰纂修:《康熙万州志》,海南出版社2004年版,第140页。
④ (明)戴熺:《万历琼州府志》,海南出版社2003年版,第115页。

的来源：

> 结婚十个月，妹妹生下一个怪物，没有手脚，也没有眼鼻，只是圆
> 圆的一个肉团，兄妹两人都非常害怕。哥哥用刀把肉团砍成肉块，兄
> 妹两人把它们抛到山下去。有一群乌鸦飞来，把一些肉块衔上山来，
> 但更多的肉块就顺着河水流到山下的平原去了。后来，在山上的肉
> 块就变成了黎家、苗家，在山下平原的肉块变成了汉人。①

在这个传说中，汉族人与侾黎、本地黎本为同母所生。在乐东县一带流传的黎族来源的传说则带有史诗的味道，故事大意为：黎族原本生活在黄河一带，这个民族以酿酒为业，因为在这一带称滤酒、斟酒、倒酒为"釃"，所以，黎族自称为"shai"。后来，当地部落的公主爱上了倒酒的釃人，惹怒了大酋长，说："一个堂堂的公主怎么能跟奴隶混在一起，如果你再爱这个釃人，我就把釃人全部杀掉。"但公主坚定地跟釃人在一起，逃离了黄河一带。一路向东，到了山西黎城，在这里安居乐业，他们生育了九个儿子，分别叫：骆、杞、阜、佬、嘉、单、侂、僚、俚。但还是被大酋长发现了，于是一路逃跑，搬迁到房山，到涞水，到山东，一直南下，到了岭南广东，因为他们的祖上曾经在黎城生长，故被称为黎人，九个儿子后来分别成了九个民族，被称为"九黎"。②

当然，如果考察史实，会发现原本就没有黎族称号，只是到了唐代，来到海南的汉人都称当时的海南当地人为"黎僚"，所以，唐代刘恂开始在其《岭表异录》一书中使用"黎僚"一词，也就是说，黎族正式形成应在唐代，这里面难免要包括许多从中原或其他地区来到海南的人。

黎族的这个传说跟海南苗族的传说有点相类，苗族传唱的歌谣追叙，其祖先为古之盘瓠，而盘瓠亦即盘古，顾颉刚《古史辩》认为："古"与"瓠"音近，"古"实为"瓠"之音转，文字虽异，而实为一人。而作为汉族传说中开天辟地

---

① 广东民族学院中文系编：《黎族民间故事选》，上海文艺出版社 1983 年版，第 5 页。

② 参见中国民间故事集成全国编辑委员会：《中国民间故事集成》海南卷，中国 ISBN 中心 2002 年版，第 335 页。由于篇幅太长，本文只引大意，未照文全录。

的祖先,也是苗人之祖先。海南苗族《盘皇券牒》,云南河口、广西凌云的《海南信歌》都提到"会稽山",邹身城《古代夷越、作畲族关系探微——从广东发现"会稽山"和"偃王城"说起》认为:四个会稽山其实正是"九夷"民族迁徙的路径:从辽东到山东,从山东到吴越,又从吴越南迁至广东,而海南苗族《盘皇券牒》中错乱的北京、南京、顺天、长城等地名或许正与这次迁徙有关。尤其值得研究的是《盘皇券牒》结尾部分:

榜示　朝廷六部大臣保举开列职

保举尚书吏部　保举尚书户部　保举尚书礼部　保举尚书刑部

保举尚书兵部　保举翰林学士　保举尚书省部　保举明□□王

保举般(疑为盘)家大王　保明盘古王帝　保明金判官　保明银判

官　京朝验书左参将　京朝验书右参将

唐平二皇五年五月十六日给贴①

今存榜文大同小异,末尾都有这样一段文字,意在告诉后世子孙:我们在深山生存的合法性是受到官方追任的。所列官职本身模糊,但行文语气又信誓旦旦。怎样理解这种现象? 首先,"券牒"有其可信性。"怀帝分荆州湘中诸郡置湘州,南以五岭为界,北以洞庭为界。汉晋以来,亦为重镇。今按其俗,杂有夷人名徭,自先祖有功,免徭役也。""徭"即今之"瑶族",而海南苗族谱牒中皆自称为"瑶"、"山子",瑶族原为百苗之一,很可能因为官方免其徭役,故以"徭"称。其次,券牒之所以多语句不通,很可能是用汉字记瑶语的结果,也有记录者文化水平本就疏浅的原因。最后,这份《平皇券牒》与湖南道县瑶族《过山榜》许多字句都一样,如"平皇出帖执付良善山子,任往深山之处,岛宿之方,自望躬养","并无皇(官)税,宫(官)不差,兵不优(扰),斩山不税,(过渡无钱),不许百姓神坛社庙烟火不得交通,(不许百姓生端唬吓)"②,等等,这说明二者同出一源。再回到前面会稽山的问题,广东瑶族、海南苗族确

---

① 盘仁静(陵水县公务员)复印《盘皇券牒》。

② 《过山榜》编辑组编:《过山榜选编》,湖南人民出版社1984年版,第1页。

实有一个逐步南迁的过程,也就是说,看似错乱的海南苗族的《平皇券牒》记载的正是他们祖上一路南迁(逃避)的过程,在这个过程中,他们从东夷民族变成了黎、瑶、僮、苗等民族。

其实,查看海南汉族的家谱会发现,他们大部分家族也有一个辗转南迁的过程。如海南敦仁堂李氏,祖籍福建莆田县岸头村,宋绍定二年(1229年)科举,授湖广德安府应城县知县,又继任澄迈县知县,又改任广东新会,宋亡,携家避难于澄迈县曾口村。族谱的记载或许有夸大之嫌,谱中所记之事不见于《应城县志》《澄迈县志》及《广东新会县志》,但这种迁徙方式是海南汉族最为常见的方式:由福建辗转至广东,再由广东至海南某地。《西昌王氏族谱》张岳崧序云:"其先闽人也,明永乐间有讳某者,偃蹇弗竟其学,浮海游琼州。""偃蹇弗竟其学"倒是一种比较客观的叙述,其意即:不知何种原因,由福建迁到海南。因"靖康以来,中原纷扰,而此郡独不与兵,里巷之间,晏然如承平"(宋·李光《迁建儋州学记》),儋州多从中原迁来的衣冠旧族。与苗族《平皇券牒》相类的,族谱在传抄的过程中也有许多明显讹误之处,如儋州《洪氏族谱》自云祖籍河南燉煌,转迁到江西,再至福建,至海南,其所根据乃是《姓氏考略》中所说"望出燉煌、豫章、宣城",但敦煌不在河南,也不在黄河南岸,"河南燉煌"就难以考证了。

在社会心理上,海南汉人与苗、黎、客家是相通的,都是希望通过对自己祖上的迁徙路线的复述,让自己及子孙保持族群优越感,并且他们叙述的逻辑起点也一样,即:族本中原。对于汉人来说,我们原为中原衣冠旧族,与你们苗、黎是完全不同的;而苗、黎的叙述则是,我们原是从北方迁徙过来的,最初和你们是完全相同的,并且,我们的祖先在道德上、在身份地位上本来就高于你们汉族。尤其考察狼兵的族群群体时会发现,他们的话语体系中"狼"实为"郎",而"狼族"实即"郎族",为官宦之族。透过这一细节,我们就很容易理解《平皇券牒》里为什么不厌其烦地叙述他们祖先在北京、南京的经历,叙述那些似是而非的官职。同样,黎族传说中"世居黎城"之说也是出于这一逻辑。

考察海南各民族的基本走向,主要是由对汉文化的对抗与逃避逐步走向认同与趋同的。这与汉文化本身的强势以及政治上的强势有关,但更多的是随着人类文明的进步,各族群之间的文化互渗更为明显。然而,进入现代社会以来,对民族的认识似乎出现了一种逆反现象,海南黎、苗各族倾向于突出自己的民族特点,有意抹掉各族民俗的共性,强调本民族与众不同的文化,以突显民族存在的"合法性",即便是民族中的汉文化元素也有意描绘成"非汉"的特点。这一趋势发展的结果必然强化族群的边界,放大民族之间的差异,这是需要警惕的。

三、另类逃避

海南黎族在大部分时间未纳入官方的统治。海南汉人社会则是一个宗法社会。宗法社会的运转在很大程度上是依靠各个家族势力为动力的,尤其是一些名门大族,而不仅是依靠财富和权势就可以取得统治权,在宗法社会里,人们更注重的是被社会认同的优良的传统和家风,这些传统和家风便是整个社会学习的榜样。《道光琼州府志·礼俗》:"习尚重门第,谨结婚,宗衮世姻,竞持不改,下户奉事巨室如官府,然间有衰薄,虽经一二代,闾里犹以官呼之。有新起家者,故族犹耻与援。"①为什么大族虽"衰薄"仍被人们看重,新起之家虽有权势,但"故族犹耻与援"? 道理非常简单:大族精神文化已经成为这个社会的标杆,人们在评论是非的时候,常常作为依据。海南各地有许多延绵数世的大家族。《道光琼州府志·风俗》:

> 士族多出中州。郡城县城营居皆戎籍,来非一方。自宋元顺化,皆汉士余裔。洪武以来军士,自初拨,张氏漫散则多苏浙之人,续拨,征北溃亡陈氏、各处元氏旧军则多河之南北,再调,赖正孙之收集则

---

① (清)明谊修、张岳崧纂:《道光琼州府志》,海南出版社 2006 年版,第 94—95 页。

又闽潮之产。以后中原各处，官吏充配踵至，会染成习。但户坍赤籍，不争雄长，故家有骤起者辄争求结婚，不相鄙笑。若乡落则多故家，竞持门第，有乍富乍贵者，经一二世，乡里犹下指目，耻与连婚。

（自注：标点未用原书标点，为笔者所加）①

明朝初年，为了稳定局面采取了一系列不寻常的军事措施。比如征发"义民"，"诸将所部兵，既定其地，因以留戍"，即上文中所云"初拨"以及部分"续拨"之军，这些军队是朱元璋所谓的"亲兵"，曾随朱氏手下将领"征北溃亡"，曾经"用以攻取四方，勤劳甚矣"，但是"以其为亲兵也，故遣守外郡"，因为这些人是信得过的，所以，当时边鄙郡城多有苏浙、江淮之人驻守，而且士兵待遇最高，不管是病逝还是战死疆场，"月米全供"。元蒙残兵即所谓"元氏旧军"或称"归附"军，多为元代的军户，河南、河北之人多元军主力，大约在洪武四年（1371 年），"拨海南闲住"，实际上是编制入伍，分散于亲兵之中，而对于闽、潮元代旧兵，在元代地位本来就低下，元朝灭亡时已被先行遣散回乡，可是，在洪武二年（1369 年），由于战争形势变化，需要更多军人，"凡军民医匠阴阳诸色户，许以原报抄籍为定，不许妄行变乱，违者治罪，仍从原籍"②，也就是说，元朝的军户仍为军户，并派将领"收集"散在各地的"军户"，其中"赖正孙"是明代将领中"收集"最多的将领之一。这些人在中国社会中的地位并不太高，但到海南之后有一种天然的优越感，或者以正统之居，因此，"会染成习"。《正德琼台志·风俗》篇列举了许多世家大族：苍原陈家、水北邢家、叠村蔡家、蕃旦唐家、莫村莫家、锦山韩家、文昌陈家、澄迈吴家、烈楼王家、东洋周家、西溪林家、莲塘张家、石门吴家、北戚曾家，这些家族或"世袭兵柄"（如莫家），或者是承"宰相之华"（如黄龙张家），其影响所及往往多达一县或数县。

冯氏可能是对海南影响最大的家族，自六朝至唐宋，势力影响数百年。据

---

① （清）明谊修、张岳崧纂：《道光琼州府志》，海南出版社 2006 年版，第 93 页。
② （明）李东阳等：《大明会典》，内府刊本，卷十九，第 88 页。

《冯氏族谱》载,冯氏本为北燕贵族冯跋之后,后为北魏所灭,末帝冯弘东渡投高句丽,不久弘为高句丽所杀,子孙从海路投南朝宋,宋安置冯氏于广东新会,后与高凉冼氏联姻,遂成大族。冯宝夫人冼氏,名英,南朝陈武帝授石龙夫人,隋封宋康夫人,赠临振汤(今三亚)沐邑,并追赠冯宝为广州总管,谯国公,冼夫人为谯国夫人,宝之子冯仆为崖州总管,至唐冯盎以番禺、苍梧、珠崖地归降,唐高祖任冯盎为高、罗、白、林、阳、崖、儋、振等八州总管,子孙世袭,直至晚唐尤盛不衰。《唐大和上东征记》载,鉴真和尚与弟子、水手三十二人,东渡日本,不幸遇风,漂流至琼,该州别驾冯崇债四百余甲兵迎护,经万安郡,宿于万安首领冯若芳家,其豪富、势力都令人咂舌。自冯宝之后,冯氏子孙正史有传者不下十人,比较著名的:冯盎,势力最大的时候克平五岭二十一州,远远超过了古南越国的地理范围,被赠左骑卫大将军,荆州都督,史载"盎奴婢万余人,所居地方两千里";盎子智戴,"任官于琼,立籍于琼,聚族于琼,归终于琼"①,以其才能累迁左武卫将军,洪州都督;智戴孙元一(即高力士)唐玄宗朝权倾一时;另有,唐尚书丞冯元常,琼州通判冯背,崖州都督冯世接,振州别驾冯崇债,宋礼部侍郎冯元,征黎副将冯文傅等。冯氏在琼的影响一直持续到民国,民国《琼山县志·艺文志》:"冯氏为琼望族,自冯海始登科,冯禹登进士,官监察御史,有直声,以忤内监刘瑾,诬陷愤死,赐祭葬,祀乡贤。其后嗣科第蝉联,数百年书香勿替。"②

攀丹唐家,自宋末,唐震出守琼州,落籍于琼,子孙繁衍,名人辈出,辉煌了近千年,至今,攀丹唐氏后裔已有五万余众,也曾号称"元明以来海南第一大望族"。据《宋史·唐震传》载,唐震字景实,会稽人,宋度宗时,由大理司直通判临安府,后震辗转知信州、饶州,德祐元年(1275年),在饶州战死。《唐氏族谱》的记载错误百出,差别很大:震名"景声",从名与字的关系看,族谱"景声"记载可能是正确的。其籍贯族谱载为广西"桂林兴安之南乡",曾"出守琼

---

① (五代)刘昫:《旧唐书玛盎传》,中华书局1975年版,第3288页。
② 朱为潮等:《民国琼山县志》,海南出版社2004年版,第1143页。

州","卒于景祐九年","景祐"为宋仁宗年号,共五年,无景祐九年,故后人修谱时改为"淳祐九年"(1241年)。

唐震墓在攀丹文亭山(今高新区)唐林墓园,墓制矮小,因其以特奏入科,故其碑书:"唐特奏墓",墓坐南朝北,意谓"北望中原",这也是海南汉区墓葬习俗的一大特点。唐家影响主要在科举,自明代以后,攀丹唐家诞生了9名进士、38名举人和一大批贡生,唐舟和唐亮、唐胄和唐穆均为父子同为进士。吴讷序《唐氏家谱》云:"昔山谷黄先生常曰:人生生计厚薄自系时命,但不废读书种子耶。唐氏子孙登名是谱者,恪勤学问,勉继先业,将见孝弟之心油然而生,其于世科之荣,亦必能引之而弗替者矣。"①并历数唐氏在儒学上的贡献。

海口海氏家族算不上大姓,但海瑞的出现,对海南的影响却非常卓著。"海答儿"是穆斯林常用的名字,拼音文字写作"Haydar",阿拉伯语的意思是"指引、引导;通向真理的路",通常译着汉语为"海答儿"、"海德"、"海达儿"等。可见,海氏入琼始祖海答儿原是回民无疑。据《海氏族谱》可知,海瑞的始祖可以上推到南宋,最早的祖上是海俅,"由闽而来占籍于广",定居于广东番禺,海俅以上已不可考,以下有海钰、海甫震、海逊之、海答儿,海答儿"从军海南,著籍于琼",琼山海氏就是从海答儿开始的,海答儿以下,海福、海宽、海瀚、海瑞。海氏家族的命运和姓名都跟大明的政策密切相关。据莫见龙《海氏族谱序》:"琼台海氏,考其谱牒自南宋时指挥使讳俅由闽隶籍广之番禺,明洪武年间讳答儿公从军海南,遂为琼始祖,云仍蕃衍三百余年于此矣。"②从各种资料看,海氏并非戎籍,元至正十八年(1358年),朱元璋在其控制区域成立"民兵万户府",从百姓中大量招募"民兵",这种招募带有强制性质,允诺"事平,有功者一体升擢,无功令还为民",但实际执行中这批"民兵"却没有令即时为"民",而是"随我军征守,每军各带家小,于所守城内住坐"。海氏落籍琼山当与此有关。我们确认海氏曾为回族的主要根据是"海答儿"之名,但在答

---

① 朱为潮等:《民国琼山县志》,海南出版社2004年版,第1153页。
② 朱为潮等:《民国琼山县志》,海南出版社2004年版,第1145页。

儿之前以及之后均为汉名,此亦与明代政策有关。洪武三年(1370年)下"禁蒙古色目人更易姓氏"诏:"天生斯民,族属姓氏各有本源,古之圣王尤重之。所以别婚姻,重本始,以厚民俗也。朕起布衣,定群雄为天下主,己尝昭告天下蒙古诸色人等,皆吾赤子,果有才能一体擢用。比闻入仕之后,或多更姓名,朕虑岁久其子孙相传,昧其本源,诚非先王致谨氏族之道。中书省其告谕之,如已更易者,听其改正。"(《明太祖实录》卷五十一),到了明永乐年间,发现这一政策不合时宜,明成祖告诉兵部尚书刘俊:"各鞑靼人多同名,无姓以别之,并宜赐姓,如是。"后来政策又进一步改变禁止上述人等使用"胡服"、"胡语"、"胡姓",故其后人又不得不使用汉名。这也是阎根齐考察海氏墓葬时发现海氏基本按汉族方式安葬逝者的原因之一①。儋州蒲氏家族也遇到了大体相类的情况。

"官吏充配"者在海南是一干特殊的群体,后世研究者常常以"贬官"称之。由于孤悬海外,经济、文化落后,一直是中原人认为的荒芜、蛮夷之地,又有骇人听闻的"瘴疠",所以,海南就成了流放官员的主要地区之一,据统计,自隋至明贬谪海南的官吏共190人,唐代被贬海南的宰相就多达14位。事实上,将这些人统称为"贬官"并不合适,《唐会要》:"贬则降秩而已"、"贬乃降资"(卷四十一),而我们平时所说的海南贬官包括两类人:一是"流放"。这是一种仅次于死刑的对官吏的惩罚方式,称为"流刑"。明清时期,常见的流放方式是"流者南人迁于辽阳之地,北人迁于湖广之乡"。也就是北方人流放到南方,南方人流放到北方。他们身份都是罪人,并且从国家层面看都已经罪近极刑。二才是我们所说的贬官,即谪官。比如唐代的敬晖贬崖州司马员外,宋丁谓被贬崖州司户参军等。二者明显不同,前者放于《师官志》下的"流寓"条中,方志在叙述中常用"流"、"配流"、"窜"等词。后者则放于"谪官"条,常用"贬"、"谪"等词,但二者均在《师官志》,也就是说,他们的身份仍然是官,同

---

① 王献军:《再论海瑞族籍问题》,《海南师范大学学报》2014年第2期。

时告诉我们他们都是文化、学术精英,对于海南普通百姓来说都属于"师"和"官",在这些人的内心之中还有一种代表正统的天然的优越感。因此,虽然充配官吏入琼的身份是罪人,但他们同时又是海南社会的教化者。他们将中原学术带到了海南,使中原学术得以在海南传播。唐王义方撰著《笔海》10卷,又有文集10卷。丁谓在贬崖州时,"专事浮屠因果之说,其所著诗文亦数万言"。① 并且,许多贬官来到海南充分发挥了自己的学术优势,兴办学堂,海南少数民族孩子真正接受到了正规教育。胡铨"在崖,日以训传经书为事,黎酋闻之,遣子入学"②,并在海南期间著有《周易解》、《春秋解》、《周礼解》、《礼记解》等著作。对海南学术文化的进步起了很大的作用。《琼州府志·名贤志》:"姜唐佐,字君弼,琼山人。己卯闰九用,从学于东坡,至儋耳,庚辰三月方还。""王霄……尝事苏文忠",另外,陈中孚父子均跟李光往来密切,后以学问著名乡里,赵荆曾从学于丁谓,等等。这些充配官员对海南人的影响很大,苏辙《滦城集》:"吾兄子瞻谪居儋耳,琼州进士姜唐佐往从之游,气和而言遒,有中州士人之风。"③之后,海南许多学者名流的出现,应该说跟这些人的启蒙不无关系。

官方的意识形态必须被人格化方能推行,也必须被象征化才能被接受。为了对民众加以引导,从宋代开始官方建起了许多祠堂,用以把教化的内容人格化、象征化。琼山建有节孝祠,内供奉58人,如元朝王和妻蔡氏,蔡氏守寡,当时主簿丘田欲强娶,不屈而死。内中人物大体相类。十贤祠、苏文忠公祠、丘文庄公祠、海忠介公祠等都是在海南有影响的贤吏,通过这种方法让官方的意识形态具体化。而民间意识形态对官方的渗透表现得也很清晰,比如天后宫的建立,主要是福建人渐渐汇集到海南而自发形成的,黎母庙则是来自黎族的势力修建的。

---

① （清）明谊修:《道光琼州府志》,海南出版社2006年版,第1427页。
② （清）明谊修:《道光琼州府志》,海南出版社2006年版,第1431页。
③ 韩林元选注:《历代名人谪琼诗选注》,河南大学出版社1990年版,第21页。

第四章　海南民俗的变迁

民俗的形成很有意思,当一个地方的民俗受到外来民俗影响或冲击的时候,总会刻意保持着自己的"惰性",并且,这种"惰性"是不以人的意志为转移的,它往往以自己的不变来应付所有的"入侵者",但是,这种"惰性"本身并不完全是一成不变,而是如同一段流水,投进一块石头,就能使它分成两缕,甚至改变水流的方向。"石头"大体相当于不断迁移进来的民族,每进来一支就会让水流的状态发生一点改变,即使接下去还有可能再汇合起来。或者如同一只气球,如果用手挤压,球的形状便会发生变化,而手挤压的力度、方向也决定了球的形状、大小,当然,手不能挤压过度,否则气球就会破裂。这只"手"大约相当于国家律法或其他强制措施。而"流水"也好,"气球"也好,正是通过自己的外在的变化保持了内在的不变。所以,才能在最后形成一个异常复杂的民俗形态。因此,本章主要探讨海南民俗变迁的过程,也就是探讨投入"水流"中的那块"石头"和挤压气球的那只"手"的形状和力道。

第一节　海南原始民俗的建构

大约公元前 10000 年,海南就有了人类活动的足迹,他们是生活在三亚落笔洞附近的三亚人。在远古社会,人们主要的劳动就是生产和寻找食物,三亚人也不例外。可以说"食物是初民与大自然之间根本的系结。因为需要食物，因为希求食物底丰富，所以才进行采集、渔猎等经济活动，而且才使这等活动充满了各种情感，各种紧张的情感"①，因此，考察蛮荒时代的海南习俗首先应该从三亚人寻求食物的方式入手。

一、穴居时代的生活方式

海南岛西南部的三亚正位于世界三大热带地区之一的马来西亚热带区的边缘地带，阳光充足，雨量充沛，远古时代生长着比当前更多的动植物。三亚人的活动地点就在现在三亚市北边荔枝沟附近的印山中，有落笔峰，落笔洞就在半山腰的石壁上。落笔洞是一个天然形成的洞穴，洞高 12.5 米，宽 7—9 米，洞深约 16 米，附近还有仙郎洞、仙女洞，虽然没有考古发现，但可以想见这里也可能曾经是三亚人躲避风雨的地方。这时候如果要说有习俗，他们的习俗大都与获取食物、与生存有关。

《礼记·礼运》："昔者先王未有宫室，冬则营窟，夏则居橧巢。"②人们认为，远古时代，北方民族发明了两种生活方式：夏天"居橧巢"，即所谓的"巢居"、"干栏式建筑"；冬天则"营窟"，即所谓的"穴居"。南方由于天气炎热则常年为"干栏式建筑"。而这种说法实际上只是后期的情形，早期的海南人也像北方一样居于山洞之中。在海南的多处洞穴中都发现了早期的人类活动，比如三亚的落笔洞、昌江的皇帝洞等。

"穴居"决定了当时的生活方式。落笔洞是三亚人生活的地方，岩洞宽大，决非一两个家庭居住的地方，应该是一个大的家族，即群居生活。可以想见，当时海南岛上的人类还不多见，他们这个大家族居住在一起，他们构成群体的基础应该是摩尔根《古代社会》中所说的"兄弟与姊妹之间集体通婚"类

① ［英］马林诺夫斯基：《巫术科学宗教与神话》，李安宅译，中国民间文艺出版社 1986 年版，第 27 页。
② 崔高维校点：《礼记》，辽宁教育出版社 2000 年版，第 76 页。

似，一大群兄弟共有一大群妻子，同样，一大群姊妹共有一大群丈夫，"性"是他们之间结合的纽带，也是他们得以生存的基础。黎族创世传说中的"兄妹结婚"现在听来似乎不合情理，但在远古时代则是最合适的延续族群的方式。这种"穴居"还告诉我们他们的生产方式。他们居住在一起，一起生活，一起劳动。一是因为他们还没有更多的地方可供栖息；二是因为远古时代的海南还活动着虎、象、熊等大型动物，个体难以对付它们。

通过落笔洞的考古资料可以了解三亚人的饮食结构。据郝思德《三亚落笔洞遗址》一书记载，出土的文化遗物中，螺类、蜗牛类最为丰富（约有七万多个），洞中还有火烧的痕迹，鸟类、爬行类和哺乳类材料相对较少。或知，三亚人的主要食物来源是螺类、蜗牛类软体动物。因为三亚人生活的地方紧临大海，不远处还有河水，洞中"极处有井，深不可测。昔人有刻木为志，沉井中，后入于大海得之"，且螺类、蜗牛是他们最易捕捞到的可食生物。通过对出土牙齿进行 JSM—6100 电镜扫描，发现了牙齿釉质表面附着的植物石，"似乎得出这样的认识，落笔洞人的饮食除了狩猎之外，他们还采集植物类食物度日"[①]，这些植物石的出现意味着，植物类如谷物等是三亚人的日常食物，处于热带地区的三亚市，高温多雨极宜于各类植物的生长，这对三亚人存续、发展起了很重要的作用。鸟类和哺乳动物是他们生活食品的重要补充，虽然不多，但对补充能量还是非常重要的。

除了采集、捕捞和狩猎之外，他们生活的另一项重要内容就是制作日常生活用具了。包括一些采集植物砍砸器，一些围捕动物的"飞索石"，还有许多锋利的骨、角制品，有可能是用来宰割动物的"刀具"，那时候的人类可能已经发明了弓箭，因为考古遗物中发现了骨制的"镞"。

二、沙丘上的居民

从落笔洞扩展开来，到陵水、乐东、东方等地的沙地上，发新了许多"新"

---

① 郝思德、黄万波：《三亚落笔洞遗址》，南方出版社、海南出版社 2008 年版，第 111 页。

的遗址,这或许就是三亚人的迁徙路径了。迁徙的原因是什么？实在难以考证,或许是随着人口数量的增长,有一部分三亚人不得不离开原来居住的地方,寻求新的生息之处,或许原来生活的地方有了新的闯入者,而且闯入者相对强悍,或者这些来到沙丘上的人们就是漂洋过海来到海南岛者。没有文字的记载,我们只能猜测。

　　走出洞穴,他们的习俗就不得不变。沙丘不再能遮风避雨,但他们也不可能露天而居。他们有自己的"房屋"？前文已经引用了船形屋的传说,逃难的丹雅公主,在海南这个荒无人烟的小岛上,为了躲避风雨,防御野兽的侵袭,就在海滩上竖起几根木桩,然后把小船倒扣在木桩上当屋顶,又割来茅草围在四周,就建成了一座船形屋。在海南的考古发掘中没有找到远古时代船形屋的证据,但在广东高要县西江金利遗址的发掘中,却发现了新石器时代的干栏式建筑。在这个 112 平方米的遗址中,发掘出了三组平面布局为长方形的建筑遗存,构件有木柱、木桩和树皮板等,木柱的头部还凿有榫眼,这是典型的"干栏式"建筑,而从其他文化发掘中,确定了该遗址的年代为四千多年前,还发现了一些石器、骨器和素面陶器以及牛、猪、象等动物遗骨。虽然相距很远,但它说明在远古时代,岭南地区离开山洞的人们确实建起了适合南方气候特点的干栏式建筑。而这种建筑正是海南黎族船形屋的前身。我们有理由相信,定安县的佳龙坡遗址、屯昌的吉安台地遗址、琼中县的荒堂坡遗址、文昌的昌田坡遗址、陵水的大港村遗址等沙丘、贝丘以及坡地遗址中,人们一定学会了建造早期的"船形屋",因此黎族建造船形屋的传说也是有合理性的。学会建造"房屋",也就意味着人们的文明向前迈了大大的一步。洞穴是天然形成的,所以在洞穴中人们只能群居在一起,而建造房屋使家庭的出现成为可能,并且,人们的活动范围以及生活环境也都发生了变化。洞穴远离地面,人们必须去攀援,本身即有很大的危险性,洞中空气流通不畅、潮湿等都对人的身体健康有很大影响。建造的干栏式建筑在很大程度上改善了人们的生活条件。

　　1979 年陵水军屯坡发掘了十二座墓葬,"有可能是相当于汉代或汉代更早的当地土著居民的一种葬俗"①。另外,在大港村遗址也发现了水波纹的硬陶罐"应当是汉代瓮棺墓的一件葬具",福湾村、军屯坡、古楼坡,以及三亚、琼中等地都发现了大体相类的瓮棺墓葬。瓮棺墓葬是中国远古时期很常见的墓葬方式,瓮棺墓葬分布很广,迄今为止全国已经发现了史前瓮棺墓葬遗址八十多座,早期广泛分布在黄河中上游、长江中下游以及珠江流域和西南云、贵、川一带,发展到后期,随着中原一带社会的发展,瓮棺墓葬形式基本不见,只在南方地带尚且存在,如《西京杂记》:"袁盎冢,以瓦为棺椁,器物都无,唯有铜镜一枚。"②袁盎,汉初楚地人,遇刺后葬于广川信都,即今之河北冀州,这说明汉初时黄河中下游地区也存在瓮棺墓葬。海南瓮棺墓葬多为一次葬,与两广瑶族常见的将死者停棺野外,数年后再拾遗骨于瓮内,再行土葬方式不同。而作为瓮棺的陶釜、陶罐以及陶甑都是战国至东汉时期常见的器物,其几何印纹与岭南汉代几何印纹陶器遗址一样,说明海南墓葬习俗可能受到两广地区汉代文化的影响,这些地方的史前居民当是从两广移入的。

据《广东海南岛原始文化遗址》一文记载,20世纪50年代在海南进行原始文化考古时于当时的通什市(今五指山市)一号山岗的贝丘遗址中还发现一处灶坑,坑为长方形,长60cm,宽50cm,深22cm,内含黑色砂土、红烧土和炭屑等③,从灶坑的大小看应该是一个家庭使用,这正印证了我们之前的判断,史前海南岛上已经脱离了原始的群居生活,开始一家一户生活在一起。

海南岛上迄今为止,发现了约一百一十多处远古时代的遗址,而这些遗址大多在滨海或滨河地带。遗址出土了大量的石器,有石斧、石锛、石铲、石犁等,主要是农业工具,说明海南远古时期主要经济活动即为农业活动,而在靠近海、河的遗址中经常出土一些石制或陶制的网坠,说明在这些地方,原始渔业也是当时人们重要的经济生活内容。流传于海南黎族的"刀耕火种"有可

---

① 杨式挺:《海南自治州文物普查散记》,《广东考古资料选》,第287页。
② (汉)刘歆等撰:《西京杂记》,上海三联书店2013年版,第306页。
③ 广东省博物馆:《广东省海南岛原始文化遗址》,《考古学报》1960年第2期。

能是这种原始耕作方式的延续,而黎族民俗中的一些海洋遗迹则有可能昭示着他们曾经的渔业生产生活状态。

早期的海南大约像一张白纸,人类进入了,便开始在这张白纸上绘上粗糙的线条,歪歪斜斜,如同幼儿园孩子的简笔画,它简单、原始,我们可以抱着欣赏的态度去看待,但它毕竟是海南社会的原初形态,不可能一直保留下去,注定有后来人要在这上面画上自己的线条,复杂是必然的。

第二节 多种民俗的冲突与融合

古人对海南民俗的认识很有意思,"盲人摸象"、"道听途说"这些词语最适合形容古代笔记中关于海南早期民俗的记忆,但它毕竟反映了"象"的一个特点。不过,海南各族没有留下自己的文字记忆,而我们所搜寻到的文字记载多是汉族士大夫站在自己的角度观察的结果,其间必定有许多偏见与傲慢,但这种偏见与傲慢本身正展示了民俗之间的冲突或者冲撞,其最终的结果必定是渐渐磨平各自习俗中的一些"棱角",走向他族人也觉得可以接受的状态。

一、"雕题黑齿"等装饰习俗的偏见与正见

屈原《招魂》中有这样一段文字:

　　魂兮归来!南方不可以止些。雕题黑齿,得人肉以祀,以其骨为醢些。蝮蛇蓁蓁,封狐千里些。雄虺九首,往来儵忽,吞人以益其心些。归来归来!不可以久淫些。①

这段文字的后半部分是写的自然环境,海南多毒物,蛇、虫以及一些有毒的植物确实非常之多,此处不在我们讨论的范围。而前面所提到的"雕题黑齿"与"得人肉以祀,以其骨为醢"却是从习俗的角度来说的,并且已有许多学

---

① 潘啸龙注评:《楚辞》,黄山书社 1997 年版,第 126 页。

者论证屈原所说的"雕题黑齿"就是海南这个地方的民俗。

首先,"雕题"不是海南所独有的一种习俗。安徽铜陵出土的青铜面器即有雕题文饰,《康熙台湾府志》:"台在昔,为雕题黑齿之种,断发文身之乡。"①但更多记载显示在岭南地区。《礼记·王制》:"南方曰蛮,雕题交趾。"②《山海经》:"雕题国,北朐国,在郁水南。"、"伯虑国、离耳国、雕题国、北朐国,皆在郁水南。"③由此,可以大体推测,雕题习俗本是我国南方地区常见的一种习俗,后来,随着汉族势力的扩张,部分民族习俗变易,最后仅剩我国南方的海南、云南以及越南、南洋等地部分地区还存有这种习俗。雕题习俗在海南黎族一直保存,至今还有数个老人的面部还保留有年轻时雕画的文饰。

关于雕题的原因大体有三种认识:一是雕题为原始的宗教仪式;二是认为雕题是为了区别不同的民族,以别婚姻;三是认为雕题是为了美观。每一种认识都有支撑的依据,也都有可信性,但是雕题习俗能够坚持下去必须具备两个条件:一是必须有故事,也就是讲述族群必须坚持这一习俗的重大理由;二是故事要得到整个族群的普遍认可。如果不具备这两个条件,这种习俗不可能传递下去。关于雕题的故事不见于史籍之中,但民间的流传却很广泛,故事的大意是:远古时期,洪水泛滥淹没大地,天地间只剩下兄妹二人,历经了千般挫折,还是没有找到可以结婚的配偶,为了延续后代,妹妹决定文身文面,让哥哥认不出自己,于是,在这年的三月初三,兄妹结为夫妻,生儿育女。后世子孙为纪念先祖,便形成了文面(即雕题)的习俗。这个故事的关键是告诉人们合法性,主要是用来说明与中原传统礼法不同的合法性,既说服别人,同时也说服自己。越南文献《岭南摭怪·白雉传》记载了周成王时,岭南雄王(或雒王)派越裳氏出使周朝的时候与周公旦的一段对话,对话中称:"文身以为龙君之

---

① 周元文:《重修台湾府志》,台湾文献委员会 1995 年版,第 237 页。
② 崔高维校点:《礼记》,辽宁教育出版社 2000 年版,第 44 页。
③ 袁珂:《山海经校注》,巴蜀书社 1993 年版,第 316 页。

形,游泳于河,蛟龙不犯。"①这是关于文身故事,也有可能是雕题的故事。这是基于岭南现实认识的解释,因为在远古时代人们对洪水的认识不足,认为水患源于蛟龙作怪,而临海一带断不了与水打交道,也就必然与"龙"打交道,最安全的办法莫过于让蛟龙认为人是自己的子孙,因此,人们雕题、文身让龙认为与之同族。这是有关"雕题"习俗最常见的一种解释。

雕题习俗不被中原汉族认可,但其故事却"说服"了迁琼的其他各族。《民国琼山县志》载有东汉章帝建初年间,僮尹为交趾刺史,曾专门劝谕"其民毋镂面颊,以自别于峒俚,雕题习俗自是日变"②。这说明,雕题习俗在汉时并非黎人的专利,而是海南各族都曾经有过的。为什么这种习俗被人普遍接受?很可能是上述"龙君之形,蛟龙不相犯"的理由在起作用,因为毕竟海南在大海之中,人们与海打交道频繁,自然会朝着趋利避害的方向努力。实际上,"雕题"只是其一,准确地说叫"男文臂腿,女文身面"③,也就是说,雕题习俗不仅限于女人,还包括男子。

黎族民间故事从另一个角度解释了"雕题"习俗:在黎族的传统中,女子如果不文身,死后就不能葬入祖坟,因为,祖先不会承认,这样便成了无家可归的孤魂。后来,他们想到了变通的办法,没文身的女子,死后用木炭在身上脸上画上图案,之后才能入殓。在某种意义上,这也算一种妥协。到明清之后,尤其海南解放后,地方官员加大了向黎族民众说明雕题对人伤害的宣传力度,而且已经移出山林的黎族渐渐增多,信息的交流也加大了,以前许多关于雕题解释的合理性都受到了黎族民众的质疑。雕题习俗的式微也就成了必然。

第二是黑齿。黑齿习俗也是真实存在的。《战国策·赵策》:"瓯越之民也,黑齿雕题,鳀冠秫缝。"鲍本注云:"今琼崖、儋耳谓之瓯人,是为瓯越。"又

---

① 戴可来、杨宝筠校注:《岭南摭怪等史料三种》,中州古籍出版社1991年版,第23页。
② (明)李贤修,(清)蒋廷锡等:《一统志》(琼州府),海南出版社2006年版,第78页。
③ (明)戴璟、张岳等:《嘉靖广东通志初稿》,海南出版社2006年版,第158页。

"黑齿,以草染齿为黑。"①《文选·吴都赋》:"乌浒狼荒,夫南西屠,儋耳、黑齿之酋,金邻、象郡之渠。"②海南多族来自乌浒、骆越、俚族等,这些习俗传之于海南也是正常的。黑齿究竟是怎么回事呢? 樊绰《云南志·蛮书》(卷四)记载西南地区少数民族:"黑齿蛮以漆漆其齿,金齿蛮以金缕片裹其齿,银齿以银。有事出见人则以此为饰,寝食则去之。"③其实,并非以草染之。《岭南摭怪·白雉传》:"食槟榔以除污秽,故黑齿。"④越裳氏的回答涉及了许多岭南习俗,都是比较切于实际的。比如,"断发"即将头发剪短,是为了便于在山林中出入,再比如"跣足"(直到最近几年跣足现象才不常见)是为了便于攀爬树木,"露头"是为了刀耕火种时避炎热,等等,均是根据现实环境作出的更有利于生产与生活的解释,是岭南人们的生存策略。针对黑齿而言,南方盛产槟榔,人们在咀嚼槟榔的时候不自觉地就将牙齿染黑了。

但这些习俗与中原地区的礼制却格格不入。儒家礼法讲究"身体发肤,受之父母,不敢毁伤,孝之始也",而海南的雕题、文身、黑齿、断发行为都是不合于礼的,所以,在周公看来很是奇怪,所以才有那一系列的疑问,而随着越裳氏的回答也就释疑了。同样,《礼记·曲礼上》"男子二十冠而字",加冠是一个男人一生之中非常重要的事,"跣足蓬头"则是很不文明的现象。一些原本与礼无关的习俗,由于不合北方的礼制,而被"人"感到厌恶。周去非《岭外代答》:"自福建,下四川与广东西路皆食槟榔。宾至不设茶,唯以槟榔为礼。……不论贫富长幼男女,自朝至暮,宁不食饭,唯嗜槟榔。……每逢人则黑齿朱唇,数人聚会,则朱殷遍地,实可厌恶。"⑤不过,像黑齿这种习俗,随着来海南的北方汉人越来越多,中间的误解也慢慢地释然。《道光琼州府志》记

---

① (清)程夔初:《战国策集注》,上海古籍出版社 2013 年版,第 178 页。
② (南朝梁)萧统选,李善注:《文选》,商务印书馆 1936 年版,第 106 页。
③ (唐)樊绰、向达撰:《蛮书校注》,中华书局 1962 年版,第 103 页。
④ 戴可来、杨宝筠校注:《岭南摭怪等史料三种》,中州古籍出版社 1991 年版,第 23 页。
⑤ (宋)周去非著,杨武泉校注:《岭外代答校注》,中华书局 1999 年版,第 235 页。

载了海南"民人"的习俗："以槟榔为命。四州皆产,文昌、琼山、会同特多。人无贫富,皆酷嗜之。以消瘴,能忍饥,而不能顷刻去此。"①这种重视也提高了槟榔在日常生活中的价值,无论黎、汉、回、苗均以槟榔为婚姻之礼,到近代,黑齿最显著的反而不是海南的黎、苗族人,回族青年的黑齿现象最为明显,因为回族多在三亚一带,槟榔种植更多。并且,这种习俗也随着人员的往来很快从海南延及闽、广以及两湖等地。北方人也都见怪不怪了,所以,虽然黑齿的人员没有减少,但后来的史志却鲜有将其视为怪异的现象加以记载。

第三,史上海南比较独特的身体装饰还有"儋耳"。《山海经》里记载有"儋耳之国",而有关"儋耳之国"的记载有事实,也有荒诞。《大荒北经》:"有牛黎之国,有人无骨,儋耳之子。"②常识告诉我们,"无骨"之人只出现于神话之中。即便后人的记载,也都是道听途说,"儋耳"则是事实。宋《诸蕃志》:"或谓土人耳长至肩,故有儋耳之号。"③《后汉书》:"其渠帅贵长耳,皆穿而缒之,垂肩三寸。"④"耳长至肩"的可能性是零,"垂肩三寸"更不可能,因为人的耳朵不管怎样都不可能拉至肩部的。这些应该是传说过程中夸大其词的结果,也可能是作者本人为了突出自己记载事件的奇异,故意夸大的结果,但不管怎么说,都不可能是事实。也正因为如此,才出现了许多试图对这些记载合理化的解释。如《异物志》:"耽耳夷,生则镂其头皮,尾相连并,镂其耳匡为数行,与颊相连,状如鸡肠,下垂肩上,食蕌,纺织为业。"⑤认为,"儋耳"只不过是文面的一种图纹形式,并且,这种图式的文面至今还存在于白沙县本地黎中,正好说明了这种解释是合理的。宋《诸蕃志》也为这种记载的合理化进行了自己的解释:"以大环堕耳,俾下垂至肩故也。"⑥还是前面所说的原因,即便

① (清)明谊、张岳崧等:《道光琼州府志》,海南出版社 2006 年版,第 92 页。
② (晋)郭璞注:《山海经》,上海古籍出版社 2015 年版,第 385 页。
③ (宋)赵汝适:《诸蕃志》,商务印书馆 1937 年版,第 41 页。
④ (南朝宋)范晔:《后汉书》,中华书局 1965 年版,第 2835 页。
⑤ (汉)杨孚:《异物志》,广东科技出版社 2009 年版,第 6 页。
⑥ (宋)赵汝适:《诸蕃志》,商务印书馆 1937 年版,第 41 页。

是大耳环也不可能将耳拉至肩部,如果说耳环本身"垂肩三寸"则是可能的,明《海槎余录》:"男子家富者,两耳复赘盏口银圈十数为富侈。"①直到 20 世纪 50 年代,黎族社会还保持着男女均戴耳环的现象,一般情况下,孩子长到三四岁的时候,开始在耳朵上钻孔,男子戴的耳环一般为锡环,上缀有银质的小片,侾黎女孩戴的耳环比较大,男女耳环均可下垂及肩,由若干个铜制耳环组成,很重,常常把耳朵拉得长长的甚至撕裂。现在男子戴大耳环的现象以及女子戴许多大环的现象都不见了,但黎族女性戴稍大耳环的现象也一直传至今天。

另外,"露头"、"跣足",从中原来到海南的人也会不自觉就接受这种习俗。海南天气炎热,如果非要冠戴整齐就成了苏轼说的"谁能更包裹,冠履装沐猴"。当然,到了当代,随着现代技术的发展,社会环境变化了,人们工作环境也变化了,这些习俗自然也发生了变化。

二、"同川而浴"等伦理习俗的是与非

"同川而浴"是典型的不被北方人认可的伦理习俗。《汉书·贾捐之传》中保存了一段贾氏对海南习俗的记载:"骆越之人,父子同川而浴,相习以鼻饮,与禽兽无异,本不足郡县置也。"②后文甚至说"其民譬犹鱼鳖",鄙夷之态见于言表。从文中的叙述看,贾氏厌恶的,"相习以鼻饮"还在其次,最关键的是"同川而浴"。在儒家文化中,自"黄帝、尧舜垂衣裳而天下治",礼俗中就开始讲究遮蔽,即使在暑天,也要穿着整齐,先着里衣,再表"绤绤",所谓"欲其不见体也",这种遮蔽不仅仅是对外人,还包括父亲与成年儿子之间也不能相见裸体。所以,"父子同川而浴"是不合乎儒家伦理的"蛮俗"。

在中原人眼里,更不可"理"喻的是在交趾(包括海南)不仅有"父子同川"还有"男女同川"。《后汉书·南蛮传》称,"其俗男女同川而浴,故曰交

---

① (明)顾岕:《海槎余录》,台湾学生书局 1985 年版,第 386 页。
② (汉)班固:《汉书》,中华书局 1962 年版,第 2830 页。

阯。"先不管"交阯"一词的解释，"男女同川而浴"是岭南地区的一大习俗。并且，这种习俗一直保持到明清，明人沈德符《万历野获编》中有一则故事记载：沈德符的好友沈继山曾任番禺县令，后被贬，闲居神电卫（今广东电白县境内）。发现家里的仆人每天饭后便一起出去，到河边，观看"老少男妇俱解衣入水内，拍浮甚乐，弥望不绝，观者如堵，略不羞涩"。但沈氏的态度是开放的。在得知这一情形之后，自己也跟家里仆人一样每天饭后去河边观看。按说"万恶淫为首"，干宝《搜神记》中就表明晋时人们对待"男女同川而浴"的态度："先儒以为男女同川而浴，淫女为主，乱气所生也"①，这种"致乱致淫"之事，为什么沈氏会毫无顾忌地与朋友谈说呢？

这是岭南一带的普遍习俗，是那种见怪不怪的事，或者说，"同川而浴"本来就符合岭南之"理"。

第一，岭南包括海南地区更注重集体力量或更依赖集体以求得生存。在恶劣的环境中，个人的力量是微不足道的，比如遇到野兽、山火、山洪等，或者遇到前文所说的"含沙射影"或水中毒蛇等，或者遇到其他部族的侵害，这些都需要集体来共同面对，而这有可能就是"同川而浴"集体活动的其中一个原因。海南汉族多从福建迁入海南，相当一部分人是逃生至此，为了能够在此生存常常是同宗同姓住在一起，所以，多数村庄一村一姓，他们依靠父母兄弟姐妹的孝义及宗族情义联系在一起，共同应对生产生活中出现的困难。同样，海南黎族社会是由家庭连家庭的方式组成的氏族集团构成的，同一氏族的人分散居住在不同的村落，这就组成了峒。他们应对战争与灾难的时候往往也是氏族集团集体应对，而应对困难的多寡则主要依据血缘关系的亲疏，较大的问题需要整峒人共同应对，小一点的事，则由同村落的人或较亲近的几家人共同应对。黎区有句俗谚："只有山猪才能独自寻食，人不能单独做食。"这种共同应对现实生活中的困难的方式可能是"同川而浴"现象产生的一个原因。

---

① （晋）干宝：《搜神记》，吉林大学出版社 2011 年版，第 215 页。

第二,社会中"贱男贵女"现象。《黎岐纪闻》:"其俗贱男贵女,有事则女为政","遇有事妇人主之,男不敢预也"①,而遇到械斗之事,事主双方往往为各种利益弓矢标枪相向,如果有妇人从中间劝解,则会相机和解。《黎族简史》中记载了20世纪50年代保亭县的毛枝峒和毛道峒发生械斗之事,最后,两峒商谈和解,各峒均派一寡妇作为代表,举行"蕊岔"仪式。而这种女性在生产生活中的地位也传到海南汉区。儋州有民歌:"栽秧男女各辛勤,收割全家遍陇纷。独有儋民男好惰,力田惟见女如云。"②其实,不仅仅是儋州,整个海南均是如此,沿东线高速公路,路旁肩犁牵牛者,几乎清一色的女性,男人下地干活者很少,只是近年随着北方入岛人数增多,习俗略有改变。正如焦和生《连云书屋存稿》所说:"儋崖妇女杂黎风,气猛心豪男子同。往往当场群佐斗,教人无处辨雌雄。"海瑞《与琼乡诸先生书》中也说,其父海瀚"不治生产",又说"不事家人生业"云云,而海家的生产应该是由其母亲来完成的。由于女性下地劳作,为了方便甚至出现了"东坡裙"现象,焦和生在其诗下自注云:"一切服苦事,皆为之,并用水牛耕水田,终身不衣裤,惟有布裙一条,曰东坡裙。"③这种女生兼主内外现象以及"不衣裤"仅穿"东坡裙"的习俗,客观上造成了女性角色的男性化,是造成"男女同川而浴"的一个原因。

但如果都界定为"贱男贵女"却是不太准确的,从大陆汉族传来的风气是"男尊女卑"。大陆移民带来的传统文化与海南本土的文化从一开始就发生了碰撞与融合,儒家的男权主义规训与海南黎人女性独立的文化共同形成了海南汉族"女主内外"的独特习俗,同时,也形成了"女劳男逸"的畸形社会现象。④ 周去非《岭外代答》:"深广,旷土弥望,田家所耕,百之一尔。必水泉冬夏常注之地,然后为田。苟肤寸高仰,共弃而不顾。其耕也,仅取破块,不复深

---

① (清)张庆长:《黎岐纪闻》,广东高等教育出版社1992年版,第114页。
② 潘超等编:《中华竹枝词全编》第6册,北京出版社2007年版,第509页。
③ 潘超等编:《中华竹枝词全编》第6册,北京出版社2007年版,第509页。
④ 闫广林:《海南岛文化根性研究》,社会科学文献出版社2013年版,第248—250页。

易。乃就田点种，更不移秧。既种之后，旱不求水，涝不求决，既无粪壤，又不籽耘，一任于天。既获，则束手坐食以卒岁。其妻乃负贩以赡之，己则抱子嬉游，慵惰莫甚焉。"①与黎族女性不同的是，海南汉族女性并没有一定的话语权，在家中的地位也比较低。

第三，黎、苗族社会的婚姻习俗对"同川而浴"当有一定的影响。海南黎族婚姻去古未远，其婚姻关系刚刚走过原始群婚和对偶婚的界限，婚姻相对自由，不受太多羁绊。《方舆志·生黎》："春则秋千会，邻峒男女装饰来游，携手并肩，互歌相答，名曰'作剧'。有乘为婚合者，父母率从无禁。婚姻不避同姓。"②这种现象叫"夜游"，是男女青年自主婚姻的一种形式。按照黎族传统女孩成年时，便不再与父母住在一起，由父母专门为她们建造"隆闺"或叫"寮房"，以方便青年男女的恋爱，遇到自己中意的男孩，可以在房子里幽会、对歌，也可以留宿，父母的这种做法叫"放寮"。这种自由恋爱也出现在苗族中，苗族实行族内婚，同村男女恋爱不相避讳，往往田头、村边互相对歌抒情，但恋爱时多由媒人作为中间人，同时也是二人婚姻的见证人。婚姻恋爱自由完全打破了传统礼俗中"男女授受不亲"这一男女大防，也模糊了男女之间的界限。当然，婚姻自由并不意味着两性关系混乱，结婚之后的男女双方在两性关系上必须忠诚于对方，否则会受到惩处。某种意义上说，黎、苗社会的两性关系更符合现代社会的认知，只是在古代不被人认可而已。

儋州人的婚姻习俗是受黎、汉民族的双向影响形成的独特形式。儋州汉人的通婚异常严格，严禁同姓通婚，直到1949年之后才有所突破，其情形似乎受到了回族的影响。有些习俗明显受黎族影响所致。"夜游"习俗也盛行在儋州地区。一般约两千多口人的村庄常常设置六个"后生笼"，其中三个男性"笼"，叫后生哥笼，三个女性"笼"，叫后生女笼，这些"后生笼"是专门让年轻后生幽会的地方，类似于黎族的"寮房"，不同的地方在于"后生笼"是村里为

---

① 胡朴安：《中华全国风俗志》，岳麓书社2013年版，第259页。
② （明）戴熺等：《万历琼州府志》，海南出版社2003年版，第410页。

男女青年建造的公共活动场所,而"寮房"则是各家为自己家女儿建造的私人场所。另一个"不落夫家"也曾是黎族的一项传统婚姻习俗。而儋州汉族也盛行此风,一般是婚后第五天离开丈夫返回娘家长住,直到临产前才回夫家定居。这些"不落夫家"的女子回到娘家也可以参加"夜游",同时,在家的丈夫也可以参加"夜游"活动。这种习俗客观上起到了促进自由婚姻的作用,也为"同川而浴"创造了机会。

随着社会的文明进步,人们已经意识到男女只是性别上的差异,在社会中的角色不同,而作为人的地位应该是平等的。暑天到来,或男女结伴或全家出行同到海边浴场"同川而浴",已经没有人会认为不正常了。

三、"以骨为醢"等饮食习俗的信与疑

关于屈原《招魂》提到"得人肉以祀,以骨为醢些",刘锡蕃的《岭表纪蛮》中说:

> 若屠牛豕,即以其骨合菜并腌,俟其腐烂,然后取食,酸臭呕人,而蛮人以为美品。赵瓯北《镇安风土诗》有"箸包盐有卤,菹窖菜成油"之句,即咏此也。①

这一段文字解释了南方民族制作的一种食品——骨醢,也叫"骨酱"。陆游有"东门买彘骨,醢酱点橙薤"。从这种食物制作本身来看,是南方独特的制作方式,其制作的骨一般是动物之骨,最常见的是鸡骨,也有牛骨、猪骨等。海南酱的种类很多,有虾酱、豆酱、鸡酱、什锦酱,骨酱只是其中一种。至于杀人为牺牲,食其肉,醢其骨,在古代海南确实存在。前文已介绍海南黎族一部分来自古乌浒人,"其国长子生,则解而食之,谓之宜弟"。不仅仅食长子,更重要的是食敌人,这种风气一直保存到民国时期。史图博《海南岛民族志》中记载了"他们(美孚黎)最近(两三代以前)还有吃人之风,把被打倒的敌人和

---

① 刘锡蕃:《岭表纪蛮》,上海书店出版社 1991 年版,第 53 页。

不能操作的本族老人拿来吃掉。至少,直到今天,被打倒的敌人特别是尚未收殓的敌人的尸体是会被他们吃掉的"①,并且,这种风俗不仅仅出现在美孚黎,岐黎中也有这种风俗。当时岐黎人的解释是为了不让那些被杀死的人的灵魂害人,必须把他们吃掉。可见,"得人肉以祀"、"以骨为醢"并不是空穴来风,只是后来随着社会的发展,尤其是黎族周边民族交往渐多,这种现象完全绝迹了。

不过,我们此处关注的是骨醢这种独特的饮食习俗。"醢"这种食物最大的特点是先使食物腐烂,即进行发酵之后,再制作成食物,依据前文所提到的"逃避作物",我们也可以称之为"逃避食物",即为了适应逃避生活而制作的食物。生活在热带丛林之中,气候的热、湿都容易让食物腐烂变质,丢弃实在可惜,而吃了又容易生病,制作成"醢",最大程度地保证了食物的补给,尤其是面临官方围剿或部落冲突的时候,这种食物可以补充足够的必需的营养。直到现在,黎族居民还吃一种酱叫"蒟酱"。以前,黎族居民居住在深山之中,家畜比较珍贵(包括猪、牛、鸡、鸭等),日常肉食的补充基本不靠家畜,黎族男女平时都是带个腰篓,遇到小鱼、蟹、蛙、蛇等动物,就把它们装进篓中,回家食用。只有遇到大事才会杀家畜集体享用,除了招待客人的,剩下的常常与米饭搅拌在一起,装进坛子里,腌成酸肉,即可以作为下次活动的美味,也可以留着平时女人没事时嚼着吃,和嚼槟榔一样,用一种树皮和着贝壳粉包好。黎族黑齿不只是嚼槟榔,也有"蒟酱"的"功劳"。

"鮨"也是这类食物,又叫"鱼露",越地人"以椰桃棕桐为饭,禽兽鱼鳖为鮨",是将抓到的一些小鱼,经过发酵晒炼而成的一种水产调味品,这种饮食流行于古越地的沿海一带,即今之福建、广东、海南、广西一带,以及泰国、越南等国的沿海地域。

鼠类作为食物在我国历史非常悠久,先秦时期普遍流行于中原地区,《战

---

① ［德］史图博:《海南岛民族志》,1964 年印刷,第 14 页。

国策》曾说周人谓"鼠未腊者"为"朴",并且在当时"朴"已经作为一种商品进行交换,这说明"腊鼠"是被人广泛接受的一种食物。但是,老鼠作为一种常见的鼠疫病毒的载体,后来"鼠"已经彻底离开了人们的餐桌。但食"鼠"行为,在海南非常普遍,笔者考察中发现,黎、苗居民都有食"鼠"的现象。黎族过去逮到老鼠之后常常跟其他小动物一样,放进水里加盐煮熟食用,现在基本接受了苗家进行烧烤的制作方式,笔者的海南汉族同事小时候也经常逮老鼠加油爆炒食用。不过,现在食鼠情况的最大变化是:已经不再以家鼠为食,这就化解了病毒传染的症结。

竹筒饭也可以确定是逃避食物的一种。竹筒饭的做法比较简单,用新鲜的竹筒,将大米、肉或其他的菜类放入其中,加入适量的水,用香蕉叶将竹筒的开口端堵严,可以随意带在身边,需要吃的时候,在野外用火烧烤即可。山里不像平原,离家往往较远,如果进山打猎或务农,中午回家吃饭可能性不大,如果携带煮熟的米饭,由于海南天气炎热,很容易腐烂变质,这种方法可以避免食物腐烂。操作非常方便,只要有米,山里有的是竹子,可以就地取材,在逃难或耕作的时候,便于携带,甚至可以长期食用。

黎族所有的食物都是用水煮熟而食,包括青菜、肉类等,所用的调料主要是盐,有时也用生姜,很少食用植物油或猪油。海南汉区的饮食也特别清淡,许多食品制作采用"白切"的方式,如清蒸和乐蟹、白切文昌鸡、白切加积鸭、白汁东山羊等,均是不加任何佐料,清蒸、水煮即可,这种淡雅风格非常独特,其存在由来已久。至于为什么如此?是不是跟其他逃避食物一样?没有确切的文字记载,但这种可能性还是有的。

总的来说,海南的饮食习俗的主要特点是"简":一是材料"简",往往就地取材。即如前人所说的"以米汁为酒,以桄榔棕榈为饭,禽兽鱼鳖为鲊(鱼露),姜根为盐。刀耕火种,地多糯米,以竹筒炊之"①。二是制作流程"简",

---

① 戴可来、杨宝筠校注:《岭南摭怪等史料三种》,中州古籍出版社 1991 年版,第 11 页。

不须多余的配料,简单烧制即可。

第三节　民俗的断裂与延续

民俗的形成往往与这个族群的生存状态密切相关,但民俗的推广与存续往往更多的依靠权力,这些权力包括:政治权力、宗教权力、宗法权力等,其中最为重要的权力是一个社会的政治权力。当一种民俗得到权力支持的时候,往往可以更苗壮地成活、成长起来,甚至可以借此得到其他族群的支持与接受。反之,当权力持续反对一种民俗的时候,这种民俗存活下来的几率就非常小,即使勉强存活下来,也随时面临着消亡的危机。

一、宗教祭祀习俗的存续与传播

"宗教"一词,从汉语的词源意义上看,包括两个方面,即"宗"与"教"。"宗"字对己,包括对自己家族、族群的祖先进行膜拜或效法;"教"字对人,是指通过一系列的仪式活动让人们接受某种训导。因此,宗教常常包含着仪式、神话和教育活动,并通过这些活动起到教化、规范和稳定社会的作用。一种宗教要在一个族群里得以存续,最关键的是将这个族群的道德纳入自己的教义当中,即实现宗教的本土化。而一种宗教一旦完成了本土化之后,就成了另外一种权力,它屹立于社会管理权力与道德权力之外,虽然常常与道德、政治混淆在一起,却又不是从属于二者的一种权力。同时,宗教在社会中还有一个特殊的看似悖反的作用:宗教既可以给人以信心和勇气,也可给人以恐惧与禁忌。回归到海南社会的宗教情况,有以下几个方面的特点。

第一,海南的原始宗教发达。前文已经探讨过,海南黎族的原始宗教内容驳杂,比如敬奉祖先鬼,认为一旦冒犯祖先鬼会给自己及家人带来祸端;认为万物有灵,山川草木各种精灵皆有灵性,均可给人带来福与祸,人生于世间,均由这些数不清的寄寓身边常见事物身上的精灵主宰着。他们也创造了许多除恶祈福的巫术。早期有相当恐怖的原始宗教仪式——杀俘虏头以献祭鬼神，文身以避鱼龙之害，绣面以祈祖先降福，这些在我们看来荒诞的事情，在他们的观念里都是非常庄严慎重的行为。海南苗族在万物有灵方面与黎族大体相类，但苗族所崇拜的祖先则与黎族完全不同，他们崇拜的最大的祖先是盘古和社主大皇，盘皇是海南苗族的始祖，而其民族传说中常常与"狗"联系在一起（黎族的传说也有狗的影子），他具有超自然的神力，可以庇护子孙后代免于灾祸的侵袭，免于恶魔伤害，因此，每遇大的灾难，苗族人民就会祭祀盘皇，求其消灾除害。社主大皇则是每个村寨的保护神，凡是村寨中有什么"不洁"的东西作祟，都需要社主大皇保护，也需要用猪、鸡等祭品祭祀。除了这两个大神之外，另有各个姓氏之神：邓元帅、马元帅、赵元帅、关元帅等，也都是苗族除害祈福的重要神灵，这些神灵既是苗族各个姓氏的祖上，也是道教中常见之神。

明清以及以前，黎苗地区甚至汉族地区普遍流行岭南独特的消除灾祸的方法是鸡卜，包括三种：鸡卵卜、鸡眼卜、鸡骨卜。关于"鸡卵卜"，周去非《岭外代答》：

> 焚香祷祝，书墨于卵，记其四维而煮之，熟乃横截，视当墨之处，辨其白之厚薄而定侬人吉凶焉。昔汉武帝奉越祠鸡卜，其法无传，今始记之。[1]

"鸡眼卜"，张守节《史记正义》：

> 鸡卜法，用鸡一、狗一，生祝愿讫，即杀鸡狗煮熟；又祭，独取鸡两眼，骨上有孔裂，似人形则吉，不足则凶。[2]

民间流传的鸡骨卜，就是先对鬼神祷告祝愿，然后将鸡煮熟，除去鸡头以及鸡皮，视鸡骨裂纹状况以定吉凶。鸡卜之后，确定了吉凶祸福，若是祸，则施展法术驱走灾祸，驱走的方式就是"厌胜术"，"厌"即"压"，也就是通过法术

---

① （宋）周去非著，杨武泉校注：《岭外代答校注》，中华书局1999年版，第442页。
② （汉）司马迁：《史记》，中华书局1959年版，第478页。

压制邪恶，求得吉利。具体做法是：先杀鸡以求福，若不行，再杀狗以驱鬼，实在不行，则杀牛以求助于祖先鬼出手相助，如果还不行的话，就只能听命于天了。这种习俗一样盛行于海南。道光《琼州府志》云：“以巫为医，以牛为药，间有饮药者，巫辄云：‘神怒，病不可复治。’亲戚皆为却药禁医，不许入门。”①此段引自苏轼《书柳子厚〈牛赋〉后》，据说这一习俗本自黎族地区，但早在宋代就已经在汉区广为传播了。此即《琼州府志》所说的“民渐黎俗，病不服药，唯杀牛祭鬼”，而具体的做法又与道教法术有几分相类。

　　第二，道教传入海南。作为中国本土宗教，道教起源很早。《三国志·刘晔传》：“太祖征张鲁，既至汉中，山峻难登，军食颇乏。太祖曰：此妖妄之国耳，何能为有无？吾军少食，不如速还。”②曹操所谓的“妖妄之国”是指张鲁统治下的汉中，以“治”划分统治区域，建立起政教合一政权，顶峰时期设有24“治”，宗教势力一直到达巴蜀各地。随着张鲁汉中政权的灭亡，曹操担心汉中教民难以管理，认为“力不足守”，故尽徙民，弃汉中。据记载，当年“徙民万户以实长安及三辅”。不过，当时汉中民众远不止万户，也就是仍有大量人员继续留驻汉中，另有一部分人自己迁移到其他地方。据《云南道教》一书考证，当时有大批教民通过川滇“五尺道”徙于今之云南、贵州一带。③ 东传入滇的宗教势力，迅速与当地的少数民族的原始宗教结合，如拜鬼、鸡卜及原始巫术等，成为西南少数民族地区的主要宗教势力。另外，随着“万户教民”的北徙，道教在中原上层统治之间传播，成为被官方接受的宗教。随着西晋的灭亡，晋室南迁，道教风靡江南。一方面从北方南下，另一方面从西南北上，两股势力在东吴汇合，道教在东吴成为社会普遍接受的宗教，《三国志·吴书》中清晰地记载了这一现象。岭南正是孙吴直接管辖的地区，因此，道教传入岭南也当在汉代末年。葛洪《神仙传》记载：王远，字方平，东海人，汉桓帝时为中

---

①　（清）明谊修，张岳崧纂：《道光琼州府志》，海南出版社2006年版，第95页。

②　（晋）陈寿：《三国志》，中华书局1959年版，第445页。

③　杨学政、刘婷著：《云南道教》，宗教文化出版社2004年版，第23页。

散大夫,后弃官入山修道,"常治昆仑山,往来罗浮山,括苍山"①,《神仙传》的一些记载或有夸张②,但他后来在罗浮山炼丹授徒却是真实的,张礼正、李明期皆出其门下。之后又有许靖、葛玄、郑思远皆炼丹于罗浮山。其中,许靖曾经浮涉沧海,南至交州,行程万里,布道传教。其本人或者信徒到达海南完全有可能。甘始曾随其师韩世雄在南海作金,投金于海数万斤。又,《晋书·孙恩传》载有琅琊人孙泰,因以"道术眩惑士庶",煽动百姓谋反,被朝廷流放至广州郁林郡,广州刺史王怀之以泰行郁林太守,"南越以外皆归之"。后又被其侄孙恩所用,发起一场声势浩大的反政府运动。另外,汉安帝时郁林太守折国,汉桓帝时桂阳郡太守栾巴,灵帝时交州太守桃俊,献帝建安中交州刺史张津、步骘以及步骘的州治中卢耽,三国吴黄武年间交趾太守士燮等,多位地方长官是著名道士。那么,与交州、郁林仅一海之隔又被遥领的海南不受其影响是难以想象的。

后来的海南地方志记载得更详细。《光绪昌化县志·寺观》引《九域志》中关于唐乾封中建景昌观之事,说明早在唐朝初年海南就已经有了道教活动③,到了五代时期,道教已经普遍流行于民间,《正德琼台志·坛庙》:神山峻灵王庙,"五代乡人建"。至于唐代是否有道观建设,我们可以从大云寺的情况大体推知。鉴真东渡遇风漂泊到海南振州,而此时振州有大云寺可以确知,而察看《琼台志》、《琼州府志》会发现其"坛庙志"中没有关于唐建大云寺的任何记载,这说明明代以后已经看不到唐代所建寺观的遗迹。但自五代以后,建设的道观存下来的非常多。如琼州府城玄妙观、玉皇殿、佑圣堂,临高的永

---

① (晋)葛洪:《神仙传》,上海古籍出版社1990年版,第16页。

② 笔者注:昆仑山,本指中国西部山脉,西起帕米尔高原,横贯新疆、西藏一直延伸至青海省,号称中国第一神山,传说上有神仙居住。但是,此处可能是指越南南部昆仑岛上之山,亦名"昆仑山"。若此,则可以往来其间。

③ 笔者注:符和积《海南道教的兴起与扩散》(《海南师范学院学报》(社会科学版)2005年第2期)认为道教传入当在唐代,但是道教的传入与道教场所的建设必不同时,一般是道教先传入,若干年后才可能有场馆的建设。所以,笔者认同符氏"唐代有了道教场所",但不认同"唐代才有了道教活动"。另外,元丰九域志并无"景昌观"一事。

兴观,儋州的天庆观,万州的玄妙观、佑圣堂,崖州的真武堂,等等,均为宋朝建设。当然,最重要的是这一时期海南出现了许多道士:刘遁、白云片鹤、僧和靖、白玉蟾、林道玖、僧佛功等,尤其白玉蟾,成为道教南宗五祖之一。道教到明清时期,成为海南第一大宗教,"几乎无地无之",道士们并不是生活在道观中,而是散处于农村之中,平时操持家务,与常人无异,遇事时跟随师傅在道场学习或工作,海南道教已经融入人们的日常生活,而海南普通百姓无论黎、苗、汉都对道教甚为崇信,"超亡禳祭,斋醮祈福"等活动多由道士来完成。①

第三,佛教进入海南。《唐大和上东征传》记载高僧鉴真漂泊至海南,先住在振州(即今三亚)的大云寺,又住崖州(即今琼海、澄迈)的开元寺,并且崖州开元寺曾经被火焚毁,又在鉴真的主持下重新造寺。可知,在鉴真来琼之前,海南已经多地建有佛寺。

大云寺始建于唐武后天授元年(690 年)。青铜镜僧法明等献《大云经》四卷,枉称武氏为弥勒所生,当作天子,于是诏令各州郡建大云寺,宣扬《大云经》,振州大云寺当建于此时,并且,很可能海南并非仅此一座大云寺。后中宗继位,因其为武后篡位的见证,求罢大云寺,改建中兴寺。至唐玄宗天宝年间,又诏令诸州郡建开元寺,当时的海南至少建有三座开元寺:一座在琼州,即今海口市,一座在儋州,一座在崖州,这三座寺庙都未保留至宋代,宋人建庙仍以旧名。佛教迅速发展的时期是宋代,由《正德琼台志》可知,宋人建设众多道观的同时也建设了许多佛寺,仅以琼山为例,天宁寺琼山县北(今海口红城湖路),宋建时称为"天南寺",开元寺在城南(今海口南桥路),其他宋代建的佛教场所有:弥陀堂、水月堂、老佛堂、三滴水堂等,尤其建设的众多"佛堂",更说明宋代琼山佛教传播之盛②。由于海南佛教兴盛,以至宋代的周去非、赵

---

① 陈铭枢:《海南岛志》,海南出版社 2004 年版,第 265 页。

② 笔者注:佛教中"堂"即行堂之意,为行者之居所。如老佛庙(实由二堂组成),神为宋朝宜春行者,本姓余,名印肃,号老佛,隐居于海南,后全身入塔,被人奉为南泉祖师。据唐胄老佛庙记,之后的祭祀均为本地乡民自发行为,以至,庙所屡废。

汝适都将海南人喜耳戴重坠误认为"慕佛相好"的原因①。苏轼被贬海南,亲见"儋俗尚佛,相袭为佛日"(苏轼《书柳子厚〈牛赋〉后》)。

明洪武年间归并庙宇的结果,是减少了庙宇的数量,同时也变相地提高了佛教的地位。琼山天宁寺,明朝僧录司派人查考琼山周边庵堂归并为一寺,又将各处庵堂的神像一并归入天宁寺,并扩建了天宁寺以容纳郡中百姓于此听经诵佛,以至于"郡邑迎诏,官师习仪,皆在此寺",到永乐年间终于建成"海南第一禅林"。到清初乾隆年间,天宁寺最为繁盛之时,曾经占地多达三百庙。明朝宣德年间,为了化解黎汉冲突,户部郎中徐鉴奉命守琼,看到汉民受黎俗影响很严重,决定"以佛老"教化黎人,鼓励钜室大户捐款修建佛寺,"以易黎积习"。这次行动带有一点强制性,是作为治黎之策出现的,佛教也因此顺利地进入了黎、苗人家,陵水英州镇伍合峒加卜村每月均行斋戒,白沙本地黎家里藏有佛像。黎族民间故事中也流传着佛祖解困的情节,一些工艺品上也有许多佛教元素。

不过,从总体上看佛寺的数量就远低于道观的数量。《康熙琼州府志》著录佛寺(含庵,及观音阁,未计塔)共计 16 座,而道观却达 74 座。到《道光琼州府志》记载佛寺与道观的数量差距进一步拉大。《民国海南岛志·宗教》中也发现了这一现象:"佛教在海南不甚普遍,自昔名师大德南渡者少,丛林刹宇至为寥落。"②只有岛的东北部距离大陆较近,还有一些大的寺庙如天宁寺香火较旺,南部寺庙香火甚为冷清。有意思的是,海南僧侣历来不重戒律,元朝时期元文宗的侍从撒迪到海南佛寺之中就发现了这一现象,特别不愉快。陈植认为,出现这种现象的原因可能是"沿门托钵,或不得一饱,欲事清修亦綦难已"!因此,海南僧侣"饮食酒肉如常"。

比较具有戏剧性的是,自 20 世纪 80 年代以来,佛、道在民间的地位形成

---

① 周去非《岭外代答》卷 10 和赵汝适《诸蕃志》卷下。
② 陈铭枢:《海南岛志》,海南出版社 2004 年版,第 265 页。

了一个翻转,虽然仍以道教为主,但笃信佛教之人增加迅猛,佛寺建设也甚为神速,除了三亚南山寺大佛外,琼海、文昌都有高达十数米的大佛建成。

第四,官方的宗教仪式。《正德琼台志·坛庙》云:"邦国莫大于祀事,故首列郡邑常祀,而祀典及先贤次之。至于私祀虽多,然亦有死事、御灾之义而不可略,故一依《旧志》,而略纪其神出处,以备考览云。"①自儒家倡导以礼仪治国以来,历代统治者都将祭祀作为国之大事,相应的,地方政府也一直希望通过官方的祭祀维护地方的和谐与稳定。南宋士人陈造撰《高邮社坛记》称:"政之大端二,曰治民,曰事神,自天子达于郡邑,外此无大务。然肃于神亦急于民而已,其事虽二,其本一也。"②因此,地方政府都会建设一些重要的祭祀场馆,并由官方组织具有重要意义的宗教祭祀活动。

官方最重要的祭祀是社稷坛的祭祀,上至中央政府,下至各州各县均建有社稷坛,一般在州郡或县城的西边,如琼州社稷坛宋元时建在城西南,明清两朝改在城西北。坛高3尺,方2丈5尺,有台阶3陛3级,坛前有广场,与坛中间有通道长9丈5尺,广场为正方形南北、东西各五丈。配套设施还有神厨、库房、割牲池、祭器、祭品等,祭期规定春、秋两季第二个月的上旬戊日,由当地最高官员(府道同城,府道主祭,无则牧令主之)主持祭典仪式,同城武职一并陪祭,行三跪九叩之礼,祭文由礼部颁行,各省州府县遵用。"风云雷雨山川坛"祭岳渎诸神,其祭祀同于社稷坛的祭祀,均为各地之大祀。

神祇常雯坛祭地方山水之神,先农坛祭主管农业事务之神,祭品与山川坛相同,也行三跪九叩之礼,但主祭官不同,由主管农业的地方官主持,为中祀。同时,被列为中祀的还有春秋丁祭,祭孔子、颜子、曾子、子思、孟子等人,在文庙祭祀,时间为春秋上月丁日。虽然为中祀,但却是所有祭祀中最为隆重的,礼节最为繁杂,祭器最为豪华,祭品最为丰富,包括祭器、乐器、乐章、舞节、祭品以及祭品的摆设都有严格的规定,祝文由礼部颁定,主祭官没有明确为最高

---

① (明)唐胄:《正德琼台志》,海南出版社2006年版,第531页。
② 四川大学古籍所编:《宋集珍本丛刊》第60册,线装书局2004年版,第559页。

行政长官,因为,祭祀的是所谓"天下文官祖,历代帝王师",所以,一般由当地的最高长官主持。

城隍的祭祀历史也比较悠久,但宋元时代官方祭祀不祭城隍,明洪武二年(1369年)礼部命"宜附祭于岳渎诸神之坛",并在这一年给城隍加封,一般城隍的封爵要高于当地的地方官,如府城城隍为"监察司民城隍威灵公",秩为二品,州为"监察司民城隍灵佑侯",秩三品,县为"监察司民城隍显佑伯",秩四品。到了嘉靖九年(1530年)罢免了城隍的爵位,同时又罢岳渎诸神从祀,改为仲秋祭旗纛日,由城隍召无祀厉鬼共祭之,有司行一跪三叩之礼,为群祀。

维系社会稳定的一些庙会(含寺庙)也起了部分宗教的作用。在海南古代社会中有许多较大的庙会,起着独特的维系社会稳定、族群和谐的作用。琼山有"龙华会",每年的四月初八,据说是佛祖释迦牟尼的诞辰,所以又称"佛诞节",又称为"浴佛会"。这一日常常由僧、尼用五香水和蜜水为佛祖洗浴,人们也于这一天汇集到寺庙之中,等洗浴毕,善男信女尤其是妇女饮其"浴水",据说可以结缘、求子。龙华会还有一个重要内容,男的刻龙首、龙尾,并举行"洗龙"仪式,也吸引了许多人。再加上每当庙会时各种手工艺品、生活用品的买卖,以及琼戏等娱乐活动,永庆寺前往往"至者塞途"。从仪式上看,龙华会的两项重要活动恰恰代表了两种宗教(佛教和中国传统宗教)的融合。同时,龙华会上刻的龙首、龙尾正是为接下来的端午节的赛龙舟作的前期准备,端午节在海南又称作"端阳食会",它道出了这个会的另一项重要内容——食,五月初一至初四,"轮流迎龙于会首家唱饮"。"关王会"则是一个半官方的庙会,一般以卫、所军士为主角,开始于五月十一日,由卫所军士扮演关王及关王的军士进行街游,到十三日都集中到关王庙,演出各种关王戏以及进行各种军事类的比赛,许多表演带有血腥暴力色彩,比如膊刺、腰背签枪等,与今天军坡节上的表演比较类似。前文已经介绍的祭祀冼夫人的军坡节、祭祀妈祖的天妃诞等,都是以祭祀的方式开场,从不同的角度维护社会的稳定。黎母庙也曾出现于琼州府城以及儋州府城,最初可能也是官方有意而为之,如琼州府黎母庙由明洪武年间的都指挥蔡玉展主持建设，由于没有收到预期的效果，琼山、儋州的庙宇荒废了。礼拜寺的建设，琼山为明宣德年间琼州军指挥海兰答建设，崖州（即今三亚）礼拜寺则是由乡民筹建，感恩县（今东方市）的飞来庙由知县亲自为记。

为了鼓励官吏勤政并维护好边疆秩序，又对海南以往的一些地方官吏以及海南名宦进行表彰，在官方的推动下建立了许多祠堂，据《道光琼州府志》所载，共计79座，其中，忠孝节义祠为每个州县皆有，为本地方符合这一标准的榜样人物共有之祠，文昌祠实为文昌宫庙，其他多有具体所指，如政界贤达：丘文庄、海忠介、苏文忠以及十贤祠等。还有就是被贬海南的诸公的祠堂：景贤祠，最初祀苏轼、丘濬，后来加入了唐李德裕，宋胡铨、赵鼎、李光、李纲等人。以御边、安黎为主的将军为主的祠堂：忠勇祠、昭忠祠、忠烈祠为普通将士的祠堂，著名的御边主将或平定海南的主将主要以两伏波祠为代表，另有江公祠祀江起龙，屡剿海盗，后遇风身亡，张公祠祀张瑜，御海盗有功，以劳瘁死于军。比较有意思的是这些祠堂中还有黎族的峒主祠，会同县峒主王公祠，从《会同县志》可知峒主王源寿，为本地世袭峒主，本来元朝朝廷准备让他平黎，但他用和平的方法解决了会同县治所建设的问题，于是官方及民间都认可他的做法。

坊表也是官方推动的仪式之一。坊表的种类繁多，常见的有功德坊、忠孝节义坊和科第坊。海南的功德坊多着眼于对边地的教化，察看各地方志的记载可以看出，几乎各县皆有"宣化坊"、"承宣坊"、"宣达坊"等，都是指向宣教的。数量最多的是贞节坊，从总体上看，这是相对容易达到的目标，只要能坚持就可以做到贞节，同时也是官方比较期望出现的现象，因为更多的人参与进来无疑会减少现实社会中不稳定因素，同时也是对黎、苗传统伦理的一种纠正。琼山县王銮妻吴氏的贞节坊，张诩赞铭竟然上推到"天间此定，神相厥祉"，"作善降祥，天命有以"，这种拔高实际上也是一种仪式，通过这种仪式彰显这个群体的文明意识，并显示出与蛮夷不同。其预设的作用是维持家庭秩序,进而维护社会稳定。虽然和进士坊、功德坊等不同,但保持社会的总体向心力的目标是一致的。

　　第五,天主教在海南的传播。天主教传入海南跟鉴真东渡传佛有点类似,明嘉靖三十一年(1552 年),葡萄牙人加戈神父从日本返回印度的途中遇台风,被吹到海南三亚,加戈成了有记载以来天主教踏入海南之始。[①] 之后直到万历十一年(1583 年),因遇风或触礁来到海南的传教士至少有 14 人,由于朝廷的禁教政策,他们都没能在海南传教。[②] 崇祯初年海南岛上第一次传入天主教[③],崇祯五年(1632 年)马多禄和林本笃被派到海南给王宏诲的儿子王汝龙(即王保禄)及其全家洗礼。至此,海南又多了天主教派。经过二人的努力,尤其是林本笃,精通汉语,又尽心尽力在琼山的传教,很快在海南岛建立四个教区:琼州、Jing-hoang(定城)、PanKao(仙沟)、Long-mo(龙门),尤其是仙沟镇由于林本笃在仙沟,所以几乎全镇人皆入教,最初两年接受洗礼的人数多达 665 人。[④] 由于天主教在海南的迅速发展引起了当地佛教和一些士人的反对,"谗之于琼州长官",再加上明末战争,天主教在海南的发展步履维艰,但即便如此,从明末到清廷正式统治海南的顺治九年(1652 年),在册教徒达 2253 人。之后的一段时间是海南传教的黄金时间,但好景不长,康熙三年(1664 年)受汤若望案的影响,全国范围开始了对布道人士的打压,这期间,海南又有 3900 人接受洗礼。康熙十二年(1673 年),汤若望案停息以后,海南传教又

　　① 汤开建、袁国客:《明清之际天主教在海南的传播、发展及兴衰》,《海南大学学报》2001 年第 4 期。

　　② 颜小华:《相遇、对话与调适——美国长老会在华南的活动研究 1837—1899》,兰州大学出版社 2009 年版,第 134 页。

　　③ 笔者注:嘉尔定《日本教省报告》:"1631 年重返安南南圻,未行时命,在海南岛中重立教会,次年教会成立。最后复还澳门,而殁于 1635 年。"所谓"重立"说明在 1631 年之前已经有教会,故最迟也要在 1630 年以前,有可能更早,不可能是 1631 年,否则就没有"重立"一说。[法]费赖之著:《在华耶稣会士列传及书目》,冯承钧译,中华书局 1995 年版,第 202—203 页。原书标点有误,现标点为笔者所加。

　　④ [法]费赖之著:《在华耶稣会士列传及书目》,冯承钧译,中华书局 1995 年版,第 212—213 页。

重新开始,海南仙沟、定安、琼山、东坡与另外一个地方又重被开设为传教所。康熙六十一年(1722年)再次驱逐洋教,海南基督教受到了很重的打击,许多人宣布放弃信仰,如著名的琼山教会改成了道观。①

直到清光绪七年(1881年),美国长老会教派牧师冶基善在府城文庄路吴氏宗祠设立临时传教所——中华基督教琼海区会,基督新教再次传入海南,海南岛才再次有了基督教的活动。光绪十一年(1885年),牧师康兴利来到海南,在海口盐灶村购置荒地筹建海南福音医院、海口福音堂,作为传教人员的居住和工作场所,冶基善在儋州也建立了一个福音堂。光绪十三年(1887年),在府城北门建立中西女学堂。光绪二十年(1894年),纪路文、张约逊、康兴利再次来到海南,在原学堂西边再建一座楼房为中西女学堂(后改为匹瑾女子学校),将原学堂改为中西男学堂,并开始了岛内各县的传教活动。1934年,中华基督教海南大会在女学堂成立,以府海、那大、嘉积为重点传教区,在海口、嘉积、那大等地创办医院、学校、麻风病院、孤独院等,在各市镇设立传教点,将传教活动扩展到各个乡村,基督教迅速在海南普及,成为影响广泛的一种宗教活动。据《海南省志·宗教志》记载,到1950年海南全岛共有基督教徒8000人,仅海口、府城两个教堂人数就占了700人,②从1950年开始,在全国开始了基督教"三自革新"(自传、自养、自治)运动,到1954年,全岛基督教徒三四千人,1957年"反右"运动开始,基督教教徒又减少,"文化大革命"中基本上停止了所有活动。直到1980年恢复教堂活动,教徒人数迅速增加到一万多人,到80年代末期,据《海南省志·宗教志》统计:海口有教徒364人(含牧师1人,长老4人,传道员2人,执事2人),琼山教徒172人(含牧师2人),儋县教徒2401人(含牧师1人),琼海646人(牧师1人),文昌教徒250人,澄迈512人,临高3361人(含长老19人,执事27人,传道员6人),琼中教徒1371人(1980年统计),万宁2500人,三亚教徒150人,合计11727人,其中值

---

① 小叶田淳:《海南岛史》,学海出版社1979年版,第317—319页。

② 海南省地方史志办公室编:《海南省志》,海南出版社1994年版,第500页。

得注意的是琼中县有苗族教徒 699 人,黎族教徒 670 人。[1] 到 2015 年,海南全岛基督教徒共有 20 万人,占海南总人数的 2.5%[2],笔者考察中发现,琼中县长征镇烟原村是一个苗族村,人口 838 人,全村信仰基督教,临近的几个黎村,信教者也占大部分。可见,基督教已经走进了普通黎、苗人家。

第六,各族群宗教祭祀习俗的合流。每个族群都有自己的集体记忆,这种记忆常常保存在宗教祭祀仪式上,人们为了巩固自己的族群认识,通过反复的表演使本族群的人认识到他们是一个共同体,有着共同的利益与传统,进而增强族群的凝聚力。但是,随着社会的发展,黎汉之间经济往来日渐增多,黎族地区的香料、椰子、木材贸易也日趋频繁,部分汉人为了经商的需要不得已入住黎区。尤其是官方的努力,希望模糊汉黎、苗黎以及汉苗之间的界限。再加上黎族脱黎入汉,黎汉错居现象越来越多,一些熟黎又有意迁居于汉区,改黎为汉。这就是民族的融合,而民族融合的一个明显的结果就是宗教祭祀合流,这个合流的过程也就是集体记忆模糊的过程。"模糊"也是新的民俗形成的动力。

昌江十月田镇保平村公德庙,从其庙名看,该庙应该是神山广德峻岭明王(即峻灵王)的庙宇,但是,里面又放有保平附近村庄祖宗神像及族谱,如陈氏、吴氏等,而陈氏族谱记载其迁琼祖公为陈茂珠,而陈氏为福建适琼汉人。再如琼山下田村旧为黎峒村有"雷庙",《正德琼台志》载,原来为林姓,为人正直,后被雷击,人们奉为林(雷)公元帅,后来又将关公元帅、冼太夫人、殷大元帅、火雷娘娘移入庙中。汉人入黎庙,汉人祠堂中请进黎峒峒主或者苗族神明的现象非常常见。如陵水县新村镇龙门七爷庙,主要祭祀灶仔村的村主,从其村名可知,该村过去为汉人灶户,以烧盐为生,七爷即本村的村主,但庙中所藏大印却是黎族的峒主印——西黎峒主万圣帝君印,可知,这是将灶民的村主庙

---

① 海南省地方史志办公室编:《海南省志》,海南出版社 1994 年版,第 503—509 页。

② 《福音时报》2016 年 10 月 27 日。

与黎民的峒主庙合二为一了。关公庙是广泛分布于东亚地区的汉人庙宇,在黎区也最为常见。《凡俗与神圣——海南黎峒习俗考略》考察了几所关公庙:澄迈加乐镇加乐峒武圣庙,"武圣"即关公,故此庙所祭主神即为关公,但有意思的是庙中还有昌化老爷,即峻灵王,海南黎族的神仙;华光大帝,即马元帅、马天君,亦即俗话说的三只眼的"马王爷",是道教之神,同时也是海南苗族传说中的重要人物;①以关公为主要祭祀神是毫无疑问的,但庙的管理者竟直称关公为本峒峒主。琼海市南堀村南堀庙,所祀主神是关公,另有汉族道教诸神如文昌君、魁星公等。侯王的情形大体与关公相类。侯王本是南宋杨淑妃的弟弟杨亮节,蒙古大军入主中原后,杨护主有功,被封为侯王,崖山战败,悲愤至死,粤人感其忠正,处处建侯王庙。由于杨的事迹并不为普通百姓知晓,流传日久,却不知道侯王是谁。这在海南的庙宇中表现非常明显,侯王庙与广东其他地方相同,多建在海口、河口一带,说明庙主正是杨侯,但庙中供奉的神明却很奇怪:水口侯王、陵水椰林镇华东村下港岭的水口公,传说为被洪水冲至此地的石乡石峒公庙的峒主神像、正顺夫人(即冼夫人)、万天元帅(道教中并无此神,此神来自苗族变化之后的道教)、地理神师(不知何方神圣)、本港土地神等,这座汉人庙宇供奉了来自各个族群的神仙,不亦乐乎。正如同将关公混为本峒峒主一样,黎人也将侯王误为本峒峒主。琼海大锡峒主庙所祀神为"大锡峒主忠烈侯王","忠烈侯王"显然就是说的杨亮节之事。同样,琼海石壁峒也将侯王误为峒主。更可笑的是,还有将"侯王"误为"猴王"的,澄迈县文丰村排坡园村南林峒庙中竟然设有《西游记》故事中天蓬元帅的神位,很可能是受《西游记》故事的影响,既然有"感应侯王",必当有"天蓬元帅"了,可见明代以后汉族文化对黎峒人民的影响。影响比较大的还有"天妃(即妈祖)庙",这在很大程度上是由官方推动的祭祀活动,道光《琼州府志》记载天妃庙共21座,大多每县一座,部分县多至三座或四座,府城一座,正是由于其在汉

---

　　①　唐玲玲、周伟民:《凡俗与神圣——海南黎峒习俗考略》,上海大学出版社2014年版,第二章"现存峒主庙考察实录"。

区的影响特别大,所以,天妃也慢慢地走进了黎区,如陵水县黎安镇,屯昌市的镜主庙虽以当地境主圣德娘娘为主神,但同时祭祀的有天妃。澄迈加茂村"昌化老爷庙"中也祀有天后。冼夫人的情况大体跟天妃相同,在县城或郡城都是官方祭祀,在民间也是以多种形式进入黎族、灶民的庙宇之中。苗族神明也有被列入官方祭祀的。比如,赵元帅(或称玄坛)庙、马王(或称华光)、邓元帅(或称邓天君)庙这些都是海南苗族敬奉的先祖,黎族神明被列入官方祭祀的有黎母庙,琼州府城、儋州城以及琼中县都曾有过官方祭祀。不过,近年来,黎母的祭祀一直是海南省政协派人参加的官方祭祀。比较特殊的是昭应庙,从史志记载上以及祭祀禁忌上都可以看出庙主是位伊斯兰神,但是,现在的三亚回族基本不予认可。这种情况还有东方四更镇日月民庙,即《琼州府志》所载的金轮庙①(又称飞来庙),因庙上画有日月图像,故称"日月庙",其实就是一座伊斯兰教堂,但是,随着东方市回族迁出,四更镇不再有回民居住,庙近于荒废,里面所供神仙也不知是何人,只称之为"明王"及其圣母、二妃,后来又迁入毛泽东和杨开慧塑像,香火渐旺。族群之间的区别虽然保持着,但民间祭祀的神明已经很难分清族属了。

二、禁忌习俗的存续与消亡

禁忌实际上包括两个部分:一部分为"禁",即禁止,是指民俗中不允许碰触的领域。这类禁忌不是法律,但它却具有类似于法律的约束力,在人们的认识中,如果违背这种禁忌必然会受到惩罚。另一部分为"忌",即忌讳,它更多的是道德方面的约束,违犯"忌"的"条款"或被认为不吉利,或被他人给予一定的不好的道德评价。当然,"禁"与"忌"往往是混在一起,"禁"中有"忌","忌"中有"禁",没法完全分开,也没必要分得清清楚楚。不管是哪种禁忌,都是在一定的社会条件下产生的,一般也会随着社会生活、生产条件的变化,或

---

① 笔者注:金轮庙在中国南方各地比较常见,又称金轮元帅府,或称玄坛庙。

改变,或消失。与海南社会成员构成复杂一样禁忌的来源也非常复杂,有些禁忌仅出现在各自族群中间,有些禁忌虽然来源于一个族群但已经发展成为全社会共有禁忌习俗。

第一,根源于远古法术的禁忌——"禁"与"放蛊"。海南诸多禁忌习俗中最引人注目的是"放蛊"。它们既不是类似于法律的"禁",也不属于类似于"道德"层面的"忌",而是根源于远古法术的一种禁忌习俗。

禁公、禁母的出现是宗教权力染指世俗活动的一个可怕的结果。黎族社会信鬼,也惧鬼,认为鬼可以作祟,使人害病。这些使人害病的鬼,除了山鬼、水鬼、树鬼之外,还有一种类似于鬼的人——禁公、禁母,也可以使人害病,甚至死亡。袁枚《子不语》中记载了海南禁婆(禁母)实施法术的情形:"粤东崖州居民……黎女有禁魇婆,能禁咒人致死。其术取所咒之人或鬈发或吐余槟榔纳竹筒中,夜间赤身仰卧山顶,对星月施符诵咒,至七日其人必死,遍体无伤,而其软如绵。"据说禁公、禁母非常了得,受害之人即使擒住,也不能近其身,否则也必为所禁。至于真有禁母、禁公还是假有,人们无从得知,因为,所有的传说都指向:"婆中有年少者,不及笄便能作法,盖祖传也,其咒语甚秘,虽杖杀之,不肯告人。"由于过去黎族社会医疗卫生事业不发达或者根本就不信医,导致许多人被认为是禁公或禁母,1954 年琼中县统计其辖区内公认为禁公、禁母的:第一区 15 人,第二区 6 人,第三区 5 人,第四区 7 人,全县共计 33 人。没有得到其他县市清查禁公、禁母的资料,从保亭县人民法院宣判的案例来看,各县的情形也差不太多。这些被认为禁公、禁母者,大多是无辜百姓。1962 年《保亭县人民法院刑事判决书》([62]年度保刑字 68 号)记载了这样一个案例:

> 被告王×川因亲生孩子生病,存在严重的封建迷信思想,不愿请医诊治,而从今年 5 月份以来到处请道士黄×礼等多人,求神拜公,偏听道士的胡说八道,就认为孩子病是村中黄×念、黄×金等人"禁"病的,因而对被怀疑为禁母的人怀恨在心,加上村中王×符孩子于 9

月下旬死亡,就信以为真,认为真是黄×念"禁"死的,于9月30日晚在王×符家召集二个生产队队长卓×明、陈×秀、王×徐、卓×梅等五人会议进行商量,借以生产消极为名,通过非法斗争黄×金、黄×念二人的决定。在会上被告王×川说:要趁国庆节放假时间,没有工作队下队的机会,否则工作队来了就无法斗争。并说斗争时当场不要打死,可打重伤,回后慢死,无人知道,这样政府就不会追究责任等话,同时还决定由生产队队长陈×秀在二个生产小组会议布置斗争。①

最后将被怀疑为禁母的黄×念活活打死,又去斗争其母亲,打成重伤。黄×念、黄×金的结果也是大部分被认为是禁公、禁母的人的结果。在解放前,如果道公将某人视为禁公、禁母,常常会被烧死或者活埋,并且,死后的埋葬也与正常人不同,要被放进独木,不起坟,也不扫墓。禁公、禁母的认定很荒唐,一般有四种情况:一是如果母亲被认为是禁母,其女儿就是禁母;二是两人对打或对骂之后,其中一人患病,常常会说对方是禁母或禁公;三是如果有病人梦见某人来害他,这个人就被指为禁母(公);第四种也是最常见的,有人生病被道公查证为某人所"禁",即被认定为禁母(公)。这些人一旦被认定为禁母(公),后代甚至数代人都会成为众人讨厌的人,这就是为什么一旦有人被认定为禁母(公),其家往往迅速衰败,子女或疯、傻或自杀,最后剩下孤苦伶仃一个人了却残生的原因。当然,人们对于"禁"也不是完全无可奈何,也有破解的办法:首先要"查禁",即找到谁是"禁母(公)",方法比较特别——"泥包卜"进行查禁,查禁时用竹竿中间吊起泥包(内装石头或鸡蛋),查者手持两端,逐个念周围人的名字,念到谁的名字的时候,泥包抖动,谁即为禁母。接下来就是"除禁",除禁一般由道公主持,先是带领禁母(公)在河水里洗澡净身,然后再跨过火堆,再经过四天闭门不出,除禁结束,还要给禁母(公)甚至全家改名。经过除禁之后的禁母(公)理论上就成了正常人。

---

① 韩立收:《查禁与除禁黎族标习惯法研究》,上海大学出版社 2012 年版,第 145 页。

当然,道公之所以能够得到民众的认可原因很多。第一个原因,在"万物有灵"的理念支持下,海南黎族想象中有一个丰富的鬼世界,而道公(含娘母)是连接人与鬼的重要媒介,由于鬼无处不在,因而,人们也须臾离不开道公。第二,除了个别道公(娘母)本身也是禁公(娘母)外,道公(娘母)都被人拥护的原因是,他们认为道公可以察觉究竟谁是禁公,有些道公还懂得一些简单的医学知识,因而,道公(娘母)可以帮他们解除病痛,甚至是挽救生命。第三,道公往往广泛参与到民众的日常生活当中,婚、丧、嫁、娶,以及祭祖、求雨、建房盖屋,跟人们打交道比较多,也是公开的。第四,道公往往是村里见过世面的人,在教育落后的黎村中知识水平相对较高。

苗族的"放蛊"现象跟黎族的"禁"非常相似。苗族人也是谈之变色,笔者2014年去琼中县烟原村考察时,问到这个问题,马上被随行的政协领导制止了,给出的理由是:村民不会跟你说,说了也没好处。在苗族村民眼里以及县干部眼里,"放蛊"现象都是真实存在的。放蛊的具体方式,笔者在海南的地方文献中没有找到,考察过程中苗民也都讳莫如深,但关于放蛊的其他地方的记载却很多,比如《汉书》曾经记载了汉武帝曾经两次遭人放蛊,《东华录》还记载了康熙朝中大阿哥曾经对太子放蛊。但对如何放蛊,记载都比较模糊。光绪《乾州厅志》这样写道:

> 苗妇能巫蛊杀人,名曰放草鬼,遇有仇怨嫌隙者放之。放于外则虫蛇食五体,放于内则食五脏。被放之人或痛楚难堪,或形神萧索,或风鸣于皮肤,或气瘴于胸堂,皆置人于死之术也。将死前一月,必见于放蛊之人生魂背面来送物,谓之催药,病家如不能治,不一月即死矣。闻其法不论男妇皆可学,必秘设一坛,以小瓦罐注水,养细虾数枚,或置暗室床下土中,或置远山僻径石下,人得其瓦罐焚之,放蛊之人亦死矣。①

---

① (清)蒋琦溥等:《光绪乾州厅志》,江苏古籍出版社2002年版,第214页。

　　这段文字出自《隋书·地理志》,后来《本草纲目》也转抄以说明"蛊毒"。笔者在苗寨考察的时候,曾有村干部暗示其中房屋特别破烂的一户的老太太就是一位会"放蛊"之人——蛊婆,因为村民皆知,所以,他们家基本上没有什么朋友,儿子已近四十,也未能娶上媳妇。其结局跟禁公、禁婆非常相似。但从他们叙述的情况来看,"蛊婆"的身份基本上都是外界强加的,笔者曾经试图了解被传为蛊婆的情况,所有受访者都说不清楚"蛊婆"怎么放蛊,都是猜测。从历史记载来看,这种"放蛊"之术不仅仅出现在海南苗族,汉族也有。《明史·刘仕貆传》:"琼俗善蛊,上官至,辄致所产珍货为贽。受则喜,不受则惧,按治蛊杀之,仕琼者多为所污。"①"琼俗"不特指苗族,历史上也曾经记载过多起宫廷"放蛊",《红楼梦》中也详细地描绘了"放蛊"的一些细节。

　　从社会学的角度看,"禁"和"蛊"实际上是一种民俗信仰现象,它往往发生在社会文明较为落后的地区。现实中的许多问题,人的力量往往没办法解决,人们就幻想超自然的力量帮助完成,这种超自然的力量既包括正面的天神,也包括负面的恶鬼,或者超自然的蛇、蜇、虫、鱼等。而且,人们还坚信自己的族群中有人可以掌控或沟通这些神或鬼,能够沟通神的是巫,能够掌控鬼和蛇、蜇等东西的就是禁公、禁婆、蛊婆。这种现象屡禁不绝的一个最重要的原因就是人们的这种信仰。而那些被看作是禁公(婆)、蛊婆的人一般不去辩解的原因:一是个人的话语权比较低,其作的许多解释,别人未必相信,甚至会适得其反,更加确认他就是这一角色;二是也有自身利益的考量,从笔者的调查可知,禁公(婆)、蛊婆往往是一个小社会中的弱者,他们常常长相丑陋,或者体弱多病,或者是家族遭遇特大的非正常的变故,这些人正处于社会的底层,而禁公(婆)、蛊婆角色恰恰可以让他们同村人有所忌惮,就像自然界中一些原本弱小的生物由于不具备对抗天敌的本领时往往披上狰狞的外表以吓退敌人一样,虽然可能给其带来更大的危害,但更多的是给自己以保护。可以确

――――――――――

　　① (清)张廷玉:《明史》,中华书局1974年版,第4003页。

信,随着科学以及法律常识的普及,这种"陋俗"不久的将来在黎苗地区将彻底消失。

第二,源于原始崇拜的禁忌。自雷州至海南,普遍信仰雷公,二月的初一至初三不宜做任何事,只适合走亲访友。黎族的支系比较多,每个支系甚至每个峒都有自己独有的图腾与信仰,而图腾的选择也有意思,有动物,如狗、猫、龙、蛇、鸟、蛙等,也有植物,如木棉、野薯、芭蕉等,之所以将其视作图腾,大抵是因为在这个族群生存或迁徙过程中,这些动物或植物起到了关键作用,比如提供得以御寒的衣物,提供了可以暂时充饥的食物,或者在逃脱敌人追击过程中提供了庇护,或者帮助他们捕捉猎物、耕作农田等都可以成为一个支系的图腾,因此东方县有以动物或植物命名的情况,如韦氏称"勒豪"(木棉的孩子),梁姓称"勒烫"(龙的孩子),朱姓称"勒威"(芭蕉的孩子),高姓称"勒歪"(野薯的孩子),另外还有以猫、蛇、狗等为祖先的。① 其中一些禁忌直接来自这些作为图腾的事物。比如,保亭县毛道乡以猫为图腾,禁食猫肉;白沙峒以约加西加鸟为图腾,这些鸟类也是禁止捕猎的;南方吃蛇是很普遍的,但是乐东宝雅乡黎人认为蚺蛇是他们的祖公,所以,这里禁止吃蛇,与之相同的还有三亚台楼乡也是禁食蛇肉。海南苗族认为他们的祖先为盘瓠,是大禹养的名犬,因此,禁食狗肉是海南苗族的一个共同禁忌。基督教之所以能够在海南苗族中迅速传播,恐怕这一相同的禁忌是起到一定的作用的。白沙县番响村的岐黎也有类似的禁忌,当家里的狗死了埋葬的时候禁止人们说"狗死"之类的话,当然也禁食狗肉,其他黎族都有用狗作为祭品的现象,但在白沙县的番响村、风马村都是不允许的。

黎、苗社会中都盛行"万物有灵"的原始信仰,以至于生活中的各种事物都有脱离躯壳的"鬼",这些"鬼"生活在人们生活环境中,一不小心就可能被冲撞,于是,人们就不得不处处小心,时时小心,避免冲撞这些无所不能的

---

① 陈凤贤:《从文化遗存试探黎族母系氏族制及其向父系氏族制过渡》,《中央民族学院学报》1987 年第 2 期。

"鬼"。尤其是祖先鬼,人们不能随便提起,否则会冲撞了祖先鬼,冲撞祖先鬼可不是好事,可给家人带来灾祸。岐黎认为,如果本族中人生病可以祈求祖先鬼去病消灾,由本族的奥雅以打"总兵"(打鼓和铜锣)举行祭祀,法事很繁杂,不可或缺的是祭品,一般是牛、狗、猪、鸡等,然后做法驱鬼,保平安等。家里有坐月子的,外人是不能来家的,于是在房前屋后绑一束草告知人们,否则,外人会带来鬼,冲撞了小孩。比如,文身或绣面时,男人或外人不允许看,据说,如果被人看到文身的伤口就会化脓、感染,这既是原始信仰在禁忌方面的表现,同时,也是社会伦理及科学的要求,从社会伦理上说,避免赤裸的身体展示在异性面前毕竟是社会的进步,从科学卫生方面说,人越多越易于感染病毒,因此,较少人参与其间是相对科学的选择,尤其是在医疗卫生落后的古代。

第三,来自生产、生活经验的"禁"与"忌"。三亚疍民一直生活在海上,长年从事渔业及海洋运输,他们的禁忌大多与生产有关。他们平时说话讲粤语,忌"沉"、"翻"、"空"等词,因为在他们的观念中"不说则已,一说应验"。这些与海上事故联系的词,与这种禁忌相联系,如吃过饭的饭碗,喝过水的茶杯非常忌讳倒扣在桌子上,因为它也意味着"翻"。疍民认定龟是神物,因此,在捕鱼的过程中不捕龟,即使捕到也会放生。其实,这与他们的工作性质有关,因为"龟"意味着"归"。再如,禁忌坐在船沿上双脚悬空,说是有可能激怒海神,其实也是生活经验的总结,因为那样很不安全。黎苗的"万物有灵"也给他们平添了更多的禁忌,让他们除了在生活中处处小心,工作中也要处处小心。五指山黎族如果男子出外打猎,家人不能白天待在家里,一定要等到太阳落山才可以回家,否则,会引起山鬼的不满。牛日、狗日、龙日是捕山猪的好日子,每年的这一天都要下套捕山猪,否则会被认为对山鬼不诚。种稻、砍山、烧山、捕鱼都有一定的禁忌,而这些禁忌大多是要求生产劳作中要小心谨慎的一种告诫,或者表达对亲人的一种牵挂。比如砍山,黎族砍山的日子,在家的女人不许织布和梳头,因为,纱线和头发会缠住丈夫的手脚,以至从树上或山上掉下来。这等于告诉在外劳作男人:千万记着家里人都在等着你回来。苗族大体与黎族相类,但不同处也很明显,比如,如果禾苗突然枯死,苗人也会认为是冲撞了土地鬼,不同的是苗人更重视道公的作用,而且苗族的道公也更"专业",他们拥有各种专业的符、印用来驱鬼。这些禁忌所体现的就是人们对自然界的朴素的敬畏,而正是这些敬畏约束着人们对待环境不得恣意妄为。有意思的是,"做鬼"的道公也有禁忌,不管是婚丧嫁娶的仪式,还是生活生产中出现了鬼,都会请道公做法事,而做法事的时候一夜不准进食,尤其是猪肉绝对不能吃,而且做完法事回去后,一个星期之内不得与妻子同床,否则鬼会附到妻子身上。

在社会生活中还有一些,虽然也被称之为"忌",但实际上人们对之完全无能为力。《万历儋州志·天集》有"农家俗忌"条列举了 13 条所谓的"俗忌",比如"元日喜干"、"二月二日三日雷禁",春节是不是下雨,二月二日或三日是不是打雷,人们都是毫无办法,只能听天由命。再如,"三月三日"忌雨,有雨则"谷秕",忌有雷电,"电则死",而四月初八则是下雨的好日子,有雨可以杀虫,让作物旺盛。有忌也就有了相应的禁,比如"二月雷禁",相对应的办法是人们在此时,不做任何事,免激雷公怒,如果非要做事,则"犯禁者有罪"。三月三日则祭祀真武大帝和他的女儿妈祖祈求他们免雨免雷。十月要祭灶以鸡骨"占年",十二月要以飓母、蜂巢的高低、芦苇的节数占风,以西北风占海溢(即今所言海啸),以蚁路占雨等,据说非常灵验。①好在这些"俗忌"对人的约束不是太多,大多是对海南自然规律的总结。客观上看,它提醒人们如何顺应自然规律做好自己的农事或出行安排。

第四,是与族群的存续密切相关的"禁"。健康的生育是族群存续的关键,但是,怎么才能够保证下一代的健康? 这是各个族群都曾经考虑过的,他们都不约而同的发现了"近亲"交合带来的危害,因此,几乎每个民族都有自己的乱伦禁忌。在考察黎族、苗族的民间文学的时候会发现这两个民族都有

---

① 参见(明)曾邦泰:《万历儋州志》,海南出版社 2004 年版,第 45—46 页。

兄妹成婚或母子成婚的古老传说,但现实生活中黎族与苗族对这种乱伦性质的婚配形式都是严格禁止的。如岐黎严禁族内婚,即同族内的直系亲属严禁通婚。润黎规定包含六代以前的同族都不能结婚,但可以与汉人结婚。但润黎和岐黎不禁同姓,只以"祖先鬼"的世系为主,而不考虑后来汉化的"姓",也就是说他们更注重实质性的家族关系。侾黎、美孚黎同姓不准通婚,在他们看来同姓即为有血缘关系的。"同姓不婚"可能来自汉人的影响,如白沙许多侾黎认为自己的姓氏为汉族皇帝册封的,赐姓,甚至说就是皇族。海南回族也有相同的"乱伦"禁忌。《崖州志》记载:"姓不忌同姓,唯忌同族,不与汉人为婚,人亦不与为。"①但是,来海南的回族本来就少,现在总共才有 10670 人,最初只有数百人甚至几十人,他们采取了比较有意思的解决办法——变姓,《通屯族谱全书》记载的海南回族 21 个姓氏中 12 个姓氏是从蒲姓分离出来的,即与蒲姓同源,这就是《崖州志》所谓的"不忌同姓",实际上是一种误解。回族实行严格的民族内婚,"为了抵制血统相近的同姓之间的联姻,扩大血统疏远的同姓之间的联姻,他们才想出了这种'变姓'的方法"②。这正是古代"姓以别婚姻"作用的再现。

与这个相关的海南黎族的"文身"习俗也是为了维护族群的存续。在黎族的各个支系中,只有赛黎不文身,侾黎、岐黎、美孚黎和润黎都有文身现象,文身的图案、点画以及文身的部分都不一样,有的只是文面,有的则一直文到腹部甚至四肢。主要的依据就是自己族群图腾与象征:如侾方言有《斑鸠传种》的传说,因此侾黎文身有斑鸠的形象,润黎和美孚黎都有约加西拉鸟养育黎族的传说,因此,在他们的文身中也加入了约加西拉鸟的图案。也就是说,文身"叙述"的是他们各自的族类。而有关文身的传说往往与婚姻有关,比较著名的有兄妹互不相认说,抢亲毁容说。润黎解释为"文身是分别支族的主要依据,每族都有他们的传统的文式,这是祖先鬼制定的,不文身的妇女是不

① (清)钟元棣:《光绪崖州志》,海南出版社 2006 年版,第 52 页。
② 王献军、梁海燕:《海南回族的特色文化》,《新东方》2009 年第 1 期。

得到族内的承认，死后鬼魂也不为祖先所接受"①，滤掉其中的一些无效信息，最核心的信息就是：文身区别不同的支系，于是许多关于文身（或绣面）的禁忌都有了一个明确指向：别婚姻！

有些禁忌看似与族群的生存无关，但仔细推究也可以发现它们与这个族群的存续有着千丝万缕的联系。回族的许多"禁忌"都是着眼于族群的存续的。"禁食猪肉"一直是回族禁忌习俗中极为敏感的一种。如果仔细考察这一习俗的形成与发展会发现，其形成的初期确实关系到了民族的存续。在古阿拉伯人眼里，猪是一种不洁畜类，因为阿拉伯半岛气候炎热，又多沙漠，不利于猪的生长，并且，猪的生活环境很脏，传染病很多，对人的健康影响很大，尤其是瘟疫历来是古代人们尤其是热带地区人们最为忌惮的疾病。因此，阿拉伯人即使走路遇见，也要跳到河里洗去它带来的"不洁"之气，不要说食，连碰甚至见都觉得晦气。这说明古阿拉伯时期就已经有了禁猪习俗。犹太教创立时，为了适应阿拉伯地区的习俗，也把禁食猪肉当作共有的戒律写进《旧约全书》中，"豕虽分蹄不趾，却不反刍，当以为不洁，其肉勿食，其尸无扪"②。到七世纪穆罕默德创立伊斯兰教，也顺应了这一禁忌习俗。对古代来到海南的阿拉伯人来说，海南也是天气炎热的地区，同样也是瘟疫横行的地区，也就是同样的问题仍然存在，因此，这也是海南回民坚守这一习俗的重要原因。当然，更重要的原因则是：族群标志性特征模糊的结果必将导致族群的消失。据托卡列夫考证："至于禁杀、禁食猪豕，则因为它是典型的'定居者'家畜，属农业民族，而游牧民族对于农业民族则持之以敌视。"③从历史与现实考虑，中国回民大多在草原上生活，或者从草原地带迁入到现居住地。不管哪种解说，都

① 曾昭璇等：《海南黎族的人类学考察》（未出版），华南师范大学地理系 2004 年印刷，第 87 页。
② ［英］湛约翰等译：《新旧约全书》，大英圣书公会 1919 年版，第 132 页。
③ ［苏］托卡列夫：《世界各民族历史上的宗教》，魏庆征译，中国社会科学出版社 1985 年版，第 607 页。

涉及族群的生存与发展,可以说,其出发点都是为了维护自己族群的存续。

第五,维系社会伦理的禁忌。社会伦理中首要的是家庭伦理。海南汉族多从福建移民至此,从他们的禁忌看,还保持着许多在内地都已经消失的传统禁忌,大有"礼失求诸野"的感觉。公公与儿媳要保持一定的距离,几乎是各个民族的共同习俗要求。琼北谚语"公公不入媳妇房",要求公公与儿媳尽量少单独相处,以免遭别人议论,在海南很少看到翁媳同乘一车的现象。

家中遇丧,三年之内不许办结婚的喜事,必须守孝三年,才可以结婚。但这样确实有许多不便,现在海南人通融的做法是:只在民政部门领取结婚证,本来应该办的酒席不办,并且,父母的丧期(含守孝期一般是三年)禁拆房与建房。这种情况也传到部分黎区,2019年,琼中县新农村建设的过程中就遇到这样的麻烦,长征乡一个村庄总共才20户人家,其中有八家坚决不拆老房,原因就是老人过世,兄弟姊妹各家都不能拆房。海南哥隆人是一个比较特殊的群体,他们的语言类似于马来语,但在考察的过程中发现,哥隆人都坚定地认为自己是汉人。他们的称谓有点类似于内地甘陕一带,称叔叔、伯父和父亲都叫"爹爹"。家里有人去世,子孙戴孝,也忌讳与别人交往。但没有海南东部地区那么严格,而且办丧事的时候,也有邻居会主动到家里帮助做事,这也与中国北方汉族风俗相近。

从来源看,海南的禁忌习俗可以分为:第一,具有海南本土特色的禁忌习俗。主要是海南黎苗及疍人流传下来的禁忌习俗,由于海南三亚回民的独特性,他们的一些禁忌也是独具特色的。与中国其他地区共有的禁忌习俗,海南社会早在唐宋时期就已经发展成了以汉族为主体的社会,因此,这些来自全国各地的汉族带来的一些禁忌习俗,逐渐为其他族群所接受,形成与全国大数地方相类的禁忌习俗,这些习俗的生命力较强,不仅仅是存续,而是逐步为更多的族群所接受,成为共有的禁忌习俗。第二,外来的禁忌习俗。海南独特的地理位置决定了它与他国交往的广泛性,这些来往于海南的商人、来琼的旅游者、西洋的传教士、学生以及政府的工作人员,都给海南带来了各自的禁忌习俗,有的经改造之后,逐渐走进了寻常百姓家,有的由于不合时宜渐渐退出了海南社会。

禁忌得以存续的最为重要原因是:至少在"那个"社会阶段,这些习俗被认为最符合族群正常存续下去的科学规律。只不过,有些禁忌被后来人证明是真的是有科学性,这种习俗就会接着传续下去,而有些习俗是完全违背科学的,虽然族群中或族群外的某些人都不愿意这种习俗断绝,但是,不管人们怎样"不愿意",它退出人们的社会生活就成了必然。

三、节日民俗的叙事方式

"节"的本意是竹节,最初是用来度量长度的,后来引申为季节,用来表示时间。因此,"节日"的本意是指一年之中相对固定的节点。早期节日的设立与农业生产密切相关。古人通过观察天象指导农业生产活动,在长期观察的过程中发现了天象的周期性变化,于是"历法"被创造了出来,这就有了年、月、日、时等概念,于是,人们发现了季节的变化规律,不同的时间气温、降水、物候都不相同,这就有了节气,节日就是根据"节气"而设定的具有一定标志的日子。因此,节日本身算不得习俗,它只不过是人们认识世界的结果。我们现在所见到的节日习俗是叙述或传承节日时附加进去的对自己有利的事物。所以,叙述者所站的角度不同,叙述的结果也就不同,对于同一个节日习俗来说至少存在官方与民间两种不同叙事,在海南不同的族群有不同的叙事。

第一,海南节日民俗的官方叙事。首先是"祭日"。作为农业社会的中国,农业活动一直是社会生活中最重要的活动,为了祈求好的年成和庆祝丰收,人们总在春、秋两季举行祭祀活动。《事物纪原》:"伏羲初置元日,神农初置腊节,轩辕初置二社,巫咸初置伏日。"① 可见,春节(元日或叫元旦)、腊八、二社(指春社与秋社)、伏日都与农事活动有关。从汉朝始,官方就非常重视

① (宋)高承:《事物纪原》,中华书局1989年版,第11页。

立春日的祭祀活动,立春前一日,"官率僚属迎春于东郊",活动主要有祭祀句芒神,然后是行鞭春礼,解土牛,整个过程在京由皇帝主持,在地方由当地最高行政长官主持,其目的是表现对农业生产的重视,这之后才是各种春节娱乐活动。同样,春社与秋社的祭祀也是由最高长官主持的,一年两祭,非常隆重,在社稷坛举行,祈求社稷神保佑农业丰收,以及希望"神仓不匮"。伏日、腊日之祭也是开始于汉朝,"立夏之日,迎夏于南郊,祭祀祝融,车旗服饰皆赤","立冬之日,迎冬于北郊,祭黑帝玄冥,车旗服饰皆黑"①,所祈求的是消除劳动过程中的辛劳。这些祭祀活动本来是同等重要的,因为所祭的神都是上古的帝王:"孟春之月……其帝太皞,其神句芒,余春月皆然";"孟夏之月……其帝炎帝,其神祝融,余夏月皆然";"孟秋之月……其帝少皞,其神蓐收,余秋月皆然";"孟冬之月……其帝颛顼,其神玄冥,余冬月皆然。"②但是,随着社会时代的发展,海南的祭祀却发生了变化:一是夏、冬二神的祭祀规格降低,不再列为"通祀"中的"大祀"降格为"群祀";二是祭祀时间发生了变化,改为春、秋祭祀;三是二神的祭祀不再列为官方的节日。但是,由于许多祭祀活动放在一年开始的前前后后,使新年成了最热闹的一段时光,也奠定了春节为最大节日的基础。

其次是"假日"。一般情况下大的祭日都会"休假",除了前面说的立春日、社日外,风云雷雨山川祭、先农祭、城隍祭等,都照例不再处理公务,百官参与到祭祀活动之中。唐朝的假日最长,《唐六典》中记载:"内外官吏则有假宁之节,谓元旦、冬至各给假七日,寒食通清明四日,八月十五日、夏至及腊各三日。正月十五日、晦日、春秋二社、二月八日、三月三日、四月八日、五月五日、三伏日、七月七日、七月十五日、九月九日、十月一日、立春、春分、立秋、秋分、立夏、立冬、每旬,并给休假一日。"③后来的许多节日都是在此时形成的,但之

① (南朝宋)范晔:《后汉书》,中华书局1965年版,第3182页。
② (清)孙希旦等:《礼记集解》,中华书局1989年版,第399、439、465页。
③ (唐)李林甫等:《唐六典》,中华书局1992年版,第34—35页。

后,除了例行的旬休之外,只保留了"元旦"(即春节)、冬至、元宵节等节日放假。尤其是元旦至元宵连在一起的假日,让人们有了更多的闲暇时间去与家人团聚,或走亲访友。

最后是经过官方的不断加封而渐具规格的纪念节日。这些节日往往是先由民间兴起,影响越来越大,官方发现可以借以鼓励官吏,教化民众,就由中央政府正式授权,举办活动以示纪念。这种节日又可以分成两类,一类是官方树立的典型,一类是经由官方确认的民间典型。在海南,前者如五月十三日,又称武圣节,民间称为关公磨刀日,从祝文中可知,官方设武圣节意在彰显对主人的忠贞。文昌宫的祭祀日也属于此类,其他,像马援的祭日、路博德的祭日,虽然也屡经官方推动,但影响不大。后者如妈祖,又称天妃,或称天后,早在明朝就以灵验著称,过往官民经此必上贡品,广东巡抚揭稽于景泰二年(1451年)渡海,曾经投诗一首《天妃庙》言自己冰清玉洁,"若载苞苴并土物,任教沉在此沧溟"。民间认为其诞辰为三月二十三日,为真武大帝的女儿,而真武大帝的诞辰是三月初三,因此,从三月初三日就开始了祭祀天妃的准备,一直活动到二十三日达到高潮。由于海南汉人来自福建者较多且从海路来到海南,而天妃又是掌管海运之神,所以,天妃庙在海南极为普遍,天妃诞辰日的活动影响也极大。明、清时期天妃庙祭由土人私祀升格为群祀,祭祀所用支销官方并不出钱,在琼州府,由"知府捐俸备办",在县城"由地方官捐廉致祭,不支经费"。①

这些节日多是随入琼官员及来琼汉人传播到海南各地的,渐渐成为官方的节日。官方叙事的侧重点:一是作为一种意识形态向民间推广;二是宣示对当地统治的合法性;三是通过定期活动促进社会和谐。

第二,节日的民间叙事。首先,独立于官方叙事之外的节日。三月三节,在官方叙事中是真武大帝的诞辰。真武帝原为玄武大帝,道教称之为"玄天上帝镇天真武灵应佑圣帝君",《河图》:"北方黑帝,神名叶光纪,精为玄武。"为

---

① (清)明谊修,张岳崧纂:《道光琼州府志》,海南出版社2006年版,第675—677页。

北方七神之宿,"镇北方","主风雨"。自被唐太宗封为佑圣玄武灵应真君之后,历代皆有加封,因清朝为满洲人入主中原,因此,特别重视真武的祭祀,尤其是南方各地均建有真武庙。"三月三日"的民间叙述要分成若干个族群观察:汉族,如前文所说,由于多从福建迁徙至此,民间叙事有意将其与自己最熟悉的天妃合在一起。但不管是来自福建或者江南诸省,多能上溯到中原各地,在另一部分民间叙事中保留了古老的"上巳节"的习俗。美孚黎族的族群记忆中,保存着兄妹天妃和南音的爱情故事,这明显是一个嫁接过来的故事,天妃是对福建来的妈祖娘娘的嫁接,南音则是对佛教里的南海观音的嫁接,而传说中的燕子以及习俗中的"五色饭"显然与中原地带"三月三"吃五色豆、三色豆、画彩蛋以及简狄吞燕卵而生契的故事有关。苗族"三月三"的中的主人公是伏羲和小妹,故事讲述的是他们逃过大水得以生存下来的故事,故事似乎来自西北的汉族。可见,三月三的民间叙事有三个明显的特征:一是完全独立于官方叙事,官方叙事的关键词是"北方之神"、"主风雨",而民间叙事的关键词则是"爱情"、"婚姻";二是民间叙事是民俗共享的典型,同一个故事在不同的族群中有着不同却相类的传说,里面的人物、情节互相移植;三是"三月三"的汉族故事最早,但在海南的汉族中几乎没有关于"三月三"的传说,这是一个族群对原有习俗的"失忆",也是 20 世纪 80 年代"三月三"节日被广东省命名为"黎苗三月三"的原因。

与黎族三月三相关的,三月十五日是黎母的诞辰,从三月三日开始,来自各地的黎族民众就陆续聚拢到黎母山,登山上香,祈求平安。到三月十五日,人们在黎母山下的广场上,载歌载舞庆祝黎母诞辰。黎母的故事大概在宋代已经广泛流传了,周去非《岭外代答》"黎母山"条,描绘了黎母山,"若黎母山巅数百里,常在云雾之上,虽黎人亦不可至",而"其上之人寿考逸乐,不接人世",文中所述实为仙境,没提到黎母其人。① 但是,至少在宋代山上之神"黎

_____

① (宋)周去非著,杨武泉校注:《岭外代答校注》,中华书局 1999 年版,第 22 页。

母"已经广为世人所知,《舆地纪胜》记载胡铨曾经梦见"黎母",十年之后被贬崖州,并且以李光《赠胡铨》诗为证:"梦里分明见黎母,生前定合到朱耶"(注:朱耶即朱崖)。① 从史志可知,黎母的民间故事也是黎族图腾的故事:雷摄蛇卵说、蛇婿说、勾花的传说等,都是充满神妖或者说比较荒诞的,但这些传说更合乎早期神话。

官方的叙事从一开始就有意消解这些民间叙事:一是如宋代赵汝适的《诸蕃志》称:"岛上有黎母山。因祥光夜见,旁照四郡,按《晋书》分野属婺女纪,谓黎牛婺女星降现,故名曰黎婺,音讹为黎母。"②历代志书"分野"一章都会详述琼为扬越之地,为牛女星之分野,牛为牵牛,女为婺女,"黎母"之称实来自黎婺;二是如《正德琼台志》:"艮山风竖为妖孽,黎岭寒尖出瘴烟"③,直接称呼民间传颂之黎母为"妖孽",而传说中的祥瑞也变成了"瘴烟",通过这种叙述方式的改变或消解民众信仰的神圣性;三是尽量减少民间所建的黎母庙宇,从《正德琼台志》所载可知,在明朝正德年间共有黎母庙三座,分别在黎母山、琼山、儋州,到《道光琼州府志》仅剩黎母山一座庙宇。不过,由于"黎母"关系到黎族这一族群的图腾,所以,虽屡禁而不绝。改革开放之后强调尊重各族人民的民间信仰,黎母诞辰又重新被海内外黎族重视,如今每年三月十五日参加黎母诞辰庆典者,动辄十数万人。

海南回族的节日属于第三种——宗教叙事。回族民众最为隆重的节日是伊斯兰教的三大节日:开斋节、古尔邦节和圣纪节。"开斋"是相对于"封斋"而言的,斋月到来,每日自黎明至日落所有成年男女都要断绝一切饮食、娱乐和房事直到斋月结束,才可以结束封斋。开斋节的民间叙事的侧重点是:锻炼人的忍耐力和意志力,让人体会到饥者的痛苦,这样才能具有战胜困难的勇气

---

① (宋)王象之著,赵一生点校:《舆地纪胜》第 8 册,浙江古籍出版社 2012 年版,第 2864 页。

② (宋)赵汝适著,杨博文校释:《诸蕃志校释》,中华书局 2000 年版,第 219 页。

③ (明)唐胄:《正德琼台志》,海南出版社 2006 年版,第 877 页。

和能力。古尔邦节又称着忠孝节,或音译为库班节,海南的古尔邦节一般开始于 12 月 9 日,早晨晨礼之后,成年男子就来到回族公墓"游坟",祈祷真主饶恕亡人。回来之后开始准备宰牲献祭。而古尔邦节的民间叙事主要是告诉人们:对安拉的忠诚必能换来好运。圣纪节的叙事模式与其他民族有点类似,3 月 12 日是先知穆罕默德的诞辰和逝世的日子,穆斯林为了纪念先知,故将此日定为所有穆斯林共同纪念的日子。

其次,官方叙事相类而不同的节日。官方的意识形态在任何社会都是主流意识形态,民间叙事并不总是对官方叙事的悖反,更多地是对官方叙事的演绎。汉族重要的四大节日春节、清明、端午和中秋都同时出现在官、民叙事之中。春节是一年中的第一个节日,历代官方都会放假休息,由于新年开始的一段时间,祭祀活动比较集中,官方民间叙事中都有祈求丰年、平安的内容,但在祭祀的对象上,官方所祭是距离人们很远的天和地,民间也祭天、祭地,但更注重的是自己祖先的祭祀,悬挂祖先遗像或者祠堂神主,男女老幼依次拜祭祖先,并向长者拜年,走亲访友"贺岁"。这实际上是官方拜天活动的扩展。由于春节的假日比较长,由官方假期带动了整个社会的娱乐与休闲。这也很自然的传到了黎、苗各族(当然,还有一个原因,就是汉人的黎化以及黎人的汉化都推动了春节习俗的传播)。清明节是一个有着悠久传统的节日,也是一个不断累积起来的节日:清明首先起源于远古时代的"火"崇拜,各家都要祭火,而这"火"每年都要熄灭一次谓之"改火",后来就有了"禁火节",再后来就有了"寒食节"。而清明原本是秦汉时确立的二十四节气之一,《淮南子·天文训》:"(春分)加十五日,(斗)指乙,则清明风至。"[1]但这两个节日都与祭祖没有任何关系,祭祖的习俗来自古老的上巳日。上巳日原指三月的第一个巳日,《后汉书·礼仪志》:"官民皆絜于东流之上,曰洗濯祓除,去宿垢病,为大絜。"[2]这个节日实际上也融合了先秦时期官、民叙事的不同内容,包括:洗

---

① 刘文典:《淮南鸿烈集解》,中华书局 1989 年版,第 99 页。
② 范晔:《后汉书》,中华书局 1965 年版,第 3110 页。

除污秽之气、祭典亲人亡魂、自由择偶。由于这几个节日间比较接近,到唐朝渐渐融合在了一起,其中的一些习俗也经过了取舍,比如,随着儒家男女有别理论日趋加强,在中原地带"三月大会男女"被视为大逆不道之事,渐渐式微,由于北方的三月天气毕竟还有点冷,洗除污秽的习俗也渐渐被淘汰,于是,清明节仅留下了"禁火"和祭祀亡魂,而岭南地区少数民族(包括海南、越南等地)则将"大会男女"的内容从中剥离出来,加强为三月三节,清明节则与寒食节完全混淆成为一个非常重要的节日,每逢清明,海南汉族都会纷纷从外地返回老家,祭祀先祖,如果实在不能回去,他们在城市的偏僻路段烧香及纸钱。不像清明最初由官方提倡,后来慢慢走向民间,最终彻底成为官方话语体系之外的节日,端午完全走的相反的路线。据闻一多《端午考》可知:越人以及胡人(匈奴人)以龙为图腾,原有祭龙日,时在五月,而"龙"又以五为数:东、南、西、北、中,黄帝以一屠死,故有重五之称,而俗竞龙舟以避蛟龙之害(龙舟只是文身的范围扩展到器物之上),又五龙有五彩,故有彩丝系臂以象瓯越文身之俗,同样,遗粽子于水中也是为了避蛟龙之害。① 而后世的许多关于端午的传说,用闻一多的话说是"古人撒谎",而撒谎的目的则是为了教化民众,其中一个最大的"谎言"就是纪念屈原,所以端午节又称"诗人节"。除了这个众所周知的意义外,笔者推测海南海口、儋州、琼中汉黎苗混居的烟原村一带还保留了另一个可能从山西一带传来的"谎言":农历五月十三日是关公"斩鬼日",五月五日则是关公"磨刀日",所以农历五月五日最爱下雨。这很有可能与自五月初一至十三连续 13 天的"武"祭有关。据《琼山县志》记载:五月初一至初四,各迎本境之龙于会首家,初五各村大赛龙舟,孩童小女皆系香囊,臂缠五彩丝带,士伍(军士之义)则跨马携弓到校场插柳竞射,被称着"剪柳",活动持续到十一日,男青年扮杂戏迎关帝,十三日庙前祈福。而且五月端午关王"磨刀日"本就广泛流传于中原地带,故,端午节纪念关羽也就顺理成章了。

---

① 闻一多:《闻一多神话与诗》,吉林人民出版社 2012 年版,第 203—224 页。

当然，"这谎无限的真"（闻一多语），其真处即在于他们的爱国、忧民情结，改革开放之后将端午设为公休假期也是注重这一节日的爱国教育意义。另外，海南端午节举行赛龙舟活动的场所一般放在天妃庙前：天妃是水神，天妃庙往往建在水边，提供了场地，所以，嬉水节的前身祭水活动、举办龙舟赛都选在此，比较方便。有关中秋的最早记载是《尚书·尧典》："宵中，星虚，以殷仲秋。"但只是指出玄武七宿之"虚星"黄昏时正在南方，平分昼夜的时候是秋天的第二个季节。在官方叙事中，中春主日，故中春中午祭日，中秋主月，故中秋夜分祭月，主要是提醒人们要注意顺应阴阳，适时更换衣裳。嫦娥奔月、玉兔捣药、吴刚伐桂等故事都与月有关，但都与中秋无关，而送月饼、吃蟹以及家人团聚等活动又乏故事说明，也就是说，四大节日中，中秋节是最少故事的。

正月十五也是中国大部分地区的传统节日，以糯米粉制丸谓之"元宵"，最大的习俗是做秋千，制花灯，作灯谜。元宵节的官方叙事是"作道场"、"祝圣寿，祈年丰"。民间叙事让这一节日增加了许多新鲜的内容。《民国琼山县志》载："元宵满城妇女尽到总镇衙前，折取榕叶，谓之偷青。"[1]"偷青"之说不仅仅见于琼山，东方、乐东两地的美孚黎、㑇黎也都有同样的风俗，据《道光琼州府志》载，尤其是久婚不育者，择此日偷人瓜果便可生儿育女，而且，元宵夜偷别人瓜果，主人并不以意，反以为好事。琼山的换香节也是被引入的叙事。元宵之夜琼州府城男女老少，手握香火，走向大街，互道祝福："发丁发财，子孙平安"，可以彼此互换手中的香火，意为"送子"，但香火即将燃完，要说"接香"，意为"延续香火"。此即所谓"燃香城门祝之，以祈有子"。[2] 此与中原一带的元宵相类而不同。中原一带每逢元宵也有夜游活动，游时嘴里念念有词："转转井不腰疼，转转河能睡着"，临了，要从地里拿回一把豆根（俗语称豆茬）嘴里说着："拔拔拔豆茬，金子银子往家爬。"元宵节与生子添丁无关。但海南各地元宵节首先关注的内容即为添丁添口。另外，北方所说的"小年"是腊月

① 朱为潮等：《民国琼山县志》，海南出版社 2004 年版，第 61 页。
② 朱为潮等：《民国琼山县志》，海南出版社 2004 年版，第 61 页。

204

二十三,而海南的"小年"是正月十六。

第三,新时代海南节日的重构与演绎。黎、苗"三月三"节是非常典型的对原有节日的重构。

作为得天独厚的热带海岛,海南具有丰富的自然旅游资源,在"国际旅游岛"确立之前,海南省政府就已经决定发掘海南的文化旅游资源了,其中,重续一部分节日文化也是其中重要的内容。保亭的嬉水节,本是自福建至海南普遍存在的"祭水"活动。每年的下元日(农历十月十五日)是水官的诞辰,故沿海一带多于此日祭水官以祈求保平安。为了区别于傣族的泼水节,自2000年农历七月初七,海南官方命名为嬉水节,而且去掉原有的祭水仪式,更加侧重于保亭七仙岭的故事,讲述男女爱情。正月十五夜原是海南的换香节,然而,据《民国琼山县志》载,此夜"亲月具香花佐供奉",可见"花"也是此节日重要的内容,1984年,当时的琼山县政府出台文件,改换香为换花,此即海口的换花节。其出发点在于香烛易引起火灾,而香花更为安全。

军坡节是一个独特的"节"。一般的节日都有一个固定的日期,而军坡节不是,从每年的正月初二到本年的十月十四,各村之人择吉日举行。海口新坡镇,从正月初四"卜选婆头"开始,到二月二十四日"洗口"结束,共计一个月零二十天的时间。军坡节的核心内容是纪念梁冼夫人,最重要的活动就是"装军","巡游",之前"请神","封斋","退神","招兵"活动异常肃穆繁杂,其间还有许多文艺表演,比如舞龙、舞狮、武术、秧歌、琼戏等,动辄集合数百人,主要以模拟"冼夫人出征"活动为主。海口新坡镇的军坡节是办得最红火的,2002年由原琼山县政府更名为"冼夫人文化节",将活动的主题内容规范下来,更带有官方的味道。但是,琼北关于军坡节民间叙事与之差别甚大。民间将这一活动称为"闹军坡"、"行袍",俗称"吃公期"。所请之神主要是本村或本境庙宇里的"公祖"或者"婆祖",一般情况下,神为男性则坐神椅,为女性则坐神轿,由被称着"装军"的村民抬着绕村巡游,其目的是让村民近距离接触自家的"公祖"、"婆祖"。也有的地方例外,所请之神为妈祖,或者是关公,这一活动也传到黎区，黎人常常以本峒有很大影响的峒主或境主作为神主。笔者认为，海南的军坡节可能是冼夫人纪念活动与祭祀妈祖、关公以及祭祖活动同岭南少数民族的"走坡"活动融合而成的一种文娱活动，跟关中、中原一带的庙会非常相似，所以，《澄迈县志》直接将军坡节称为"庙会"。活动中融进了古老的傩文化，"驱鬼降福"，以及来自关中地带的"血社火"（钢钎穿腮，斧头砍头）等杂耍技艺。也正是由于这种现象，20世纪50—80年代，军坡节作为封建迷信活动被禁。事实上，军坡活动既可以丰富农村的娱乐生活，也可以增强社会的凝聚力，促进社会的和谐稳定。

民俗是一种集体记忆，而与"记忆"相对应的就是"失忆"。一种习俗在一个族群里延续的过程，就是这种记忆逐步强化的过程，流传越久越是刻骨铭心。反之，一种习俗在族群中渐渐消失的过程，也就是这个族群集体"失忆"的过程。像人一样，失忆的原因很多。时间久了，由于各种环境的变化，原有的习惯不再适应环境，记忆会渐渐模糊，再久，就要"失忆"，这是一种自然的"失忆"；一段不堪回首的过去，尤其是新的道德评价标准出现，人们回首过去的时候，发现与现有的道德标准严重不符，就会有一种羞愧之感，于是就会逼迫着每一个族群个体忘记它，不向后人或他人叙说，这个"记忆"也将慢慢"失忆"；再就是外力的击打，或者利益的诱惑导致"失忆"。当然，"记忆"也有可能被重新唤醒，添加进去更多的内容，也就是对原有的"记忆"进行重新建构，使一些并不显著的习俗重新大放异彩。这些都是让人"记忆"和"失忆"的途径，同时也是一个族群"记忆"和"失忆"的途径，它们共同铸就了当前绚烂多彩的民俗活动。

结语　突破围城

——海南民俗保护与发展的基本思路

冯骥才在谈到中国古村落保护的时候提到一个词:"围城"。指的是,对于古村落来说,外面的人恨不得马上进去开发,而住在里面的人却急着出去。其实,这种"围城之困"不仅仅出现在古村落的保护方面,当前,整个传统文化的保护也都陷入"围城之困"中。有学者提出,为了促进海南旅游文化建设,必须加大海南民俗文化的保护力度,比如,鼓励黎、苗人平时穿民族服装,真正住在船形屋中,甚至还有学者呼吁要保护黎族妇女文身绣面习俗。设身处地的思考一下:这可能吗? 在全社会都进入了现代社会的当下,凭什么让我们坚持古俗? 黎、苗民族服装都是手工织染的粗布,在炎热的海南,与现代衣裙比真不舒服,船形屋相对于现代楼房来说,通风、抗风、宽畅、明亮都相差甚远,这或许就是前文所说"瘴气"的一个来源。文身、绣面都是极不卫生且易引发疾病的陋俗。扪心自问一下:如果让我坚守,我会同意吗? 通过多年的考察调研,笔者认为:保护与发展海南民俗文化,必须找到突破"围城"的办法!

第一,外接诸蕃,内通黎峒。前人概括海南的地理形胜曾说"外接诸蕃,内盘黎峒",着重突出的是国家战略地位比如"险","外接诸蕃"牵涉到与周边国家的关系,处理不慎可能造成国家矛盾与冲突,"内盘黎峒"则强调的是与黎族的关系处理不好可能会酿成所谓的"黎乱",威胁海南内部的稳定。到今天,"外接诸蕃,内盘黎峒"概括仍然有实际意义。

首先是南海问题,由于南海牵涉到的国家很多,国家之间存在着各种各样的纠纷。解决南海问题最好的办法是加强沟通,也就是要切实做好"一带一路"的战略部署,让海南成为真正的"国际"旅游岛,比如,通过与周边国家外交协商,全面实现海南旅游落地签证;通过与其他各国的教育合作,吸引更多的国际学生,尤其是东南亚诸国的留学生;建设更多的体育场馆吸引更多国家的运动员来海南进行冬训或夏训;发挥海南博鳌论坛等基础设施的作用,举办更多的国际会议;等等。

其次则是海南中部地区。五指山一带是少数民族居住的地区,由于交通不便,经济文化发展都相对缓慢,甚至不夸张地说,海南中部地区分享改革开放的成果远不如东部地区的居民,原因也在于地理位置。化解这一危机的关键是交通,这也正好与国家及省府当前的政策相吻合。海上丝绸之路的建设意在强化与周边国家的经济联系,而经济联系的首要条件是交通的顺畅。海南国际旅游岛建设最大的瓶颈是中部文化旅游未能适时发展起来中部地区的交通制约了其旅游产业的发展,而独特的海南文化主要来自中部地区,因此开通海南中部的机场与高速即可以使"黎峒"成为新的旅游景区。可以利用"内盘黎峒"的优势整合中部地区旅游,建设"大黎母文化旅游区",使之成为海南国际旅游岛的另一名片,具体参见笔者《海南中部文化旅游模式分析——以大黎母文化旅游为核心》①和《关于考察海南省少数民族地区群众生产生活情况的报告》②。

再次是坚定发展"非工业"经济的信念。海南独特的地理格局决定了海南环境的独特性,同时也形成了海南民俗文化的独特性,环海封闭的地理环境

---

① 马荣江:《海南中部文化旅游模式分析——以大黎母文化旅游为核心》,《海南大学学报》(哲学社会科学版)2016年第5期。

② 《关于考察海南少数民族地区群众生产生活情况的报告》,全国政协办公厅文件,政全厅发(2014)4号。

限定了向外扩展的陆地地理空间,也决定了其岛上的资源承载能力。"外接诸番"的海外交通又为其吸引外来游客提供了方便。独特的地理资源和民俗资源又决定了其民俗文化的独特性,为其建设国际旅游岛,发展旅游、会展、服务经济提供了可能性。因此,保护资源(含自然资源和文化资源),合理发展"非工"经济成为其发展的关键。

第二,"移民文化"是海南文化的关键特色。"海南人"既有远古时代留存下来的海南土著,也有屡经战争逃难至此的骆越之人,既有抛家舍业被迫实边的山东大族,也有走南闯北贩卖香料、海货的商人,既有从征至此的汉达官军、广西土目兵的后裔,也有游宦至琼安家落户的官家,当然,更多的是来自闽广一带的普通民众,他们为了能更好地活下来,经过上千年的被迫迁徙来到了海南,形成了独具特色的海南话人群。还有少部分漂洋过海来到此处的南岛岛民、水上为生的疍民、远涉重洋的阿拉伯人。每一个族群都有自己的民俗文化,在长期的交流与融合中,既有对自己的族群原有民俗的沿袭和继承,彼此之间又相互渗透、影响、借鉴,便形成了多姿多彩的当前海南的民俗文化。如果我们能够充分发掘这些移民文化,就可以使许多国家、地区的游客在海南找到与他们相通的文化,而这种似曾相识的感觉正是海南拓展旅游资源,建设国际旅游岛的关键元素也是建设国际自贸港的重要方面。

第三,保护民俗文化一定要发展民俗文化,而不是让民俗文化故步自封。许多人将民俗理解得太过狭隘,认为民俗就是古代的东西,传统的东西,与现代社会无缘。在这种观念之下,要保护民俗就必须保护传统,而保护的结果就成了保护落后,甚至是保护愚昧。人类社会总是朝前发展的,从野蛮到文明,从落后到先进。保护民俗文化不是让某些地方始终处于落后地带与人类文明进步无缘。因为任何民俗的主体都是人,民俗是人在长期使用的过程中形成的习惯性的东西。因此,我们必须研究民俗元素与现代元素的结合,以海南黎族的"船形屋"为例,船形屋的建造包括两个部分:一是黎族人的集体记忆部分——将屋建成船形,这是文化方面的元素,是这个族群曾经漂洋过海的经历,这个元素是需要保护的,否则也不能称为"船形屋";二是建造工艺的部分,这又包括两个部分,一部分是可以改造也可以保留的,比如干栏式建筑是船形屋基本特点,但是当时之所以用竹木搭建主要还是当时现实条件造成的,深山多竹木,取材方便,不具备烧制砖瓦的工艺技艺,都决定了必须用竹木搭建,但竹木结构的坏处也是显而易见的:易朽,几年过去必须重新搭建;不易防火,一旦发生火灾只能听之任之。因此我们完全可以保留其竹木的外形,用现代工艺制作。另一部分则是必须改变的,比如小窗或者无窗,古人建造这种房屋出于多种考虑,其中两种情况最为重要,海南多台风,破坏性极大,一些小的缝隙都可能掀掉整个房屋,不留窗在某种程度上可以保证房屋的安全;另一种情况是古时候族群之间、部落之间的械斗频繁,留窗给了敌人以可乘之机。但是现在情况已经发生了变化,这种无窗之屋任谁都不愿意居住,完全可以改造成窗明几净适合居住的形式。当然,其他可改和必改的元素很多,比如,厨房与卧室一起,上面住人下面牲畜的饲养传统,等等。

保护民俗要让民俗成为"俗"。一些比较独特的需要保护的民俗,我们要想办法让它切实成为"俗",这样才可以保护,而不仅仅是简单的让其成为表演项目,与大众无缘。以海南黎、苗族的服装为例,多为黑色手工织服装。其实,古代多为黑色本身并不是什么俗,大体跟中国古代汉族百姓常穿白色衣服仅仅在头上包上黑布一样,颜料本身也不是随手可得的,没有大量的染料织染,黑色就已经是社会进步的结果了。保留其象征性的图案,开发适合人们平时穿着的衣服,尤其是适合在海南高温情况下穿着的服装,才可以让这种俗不仅仅是表演,而是真正走入寻常百姓家的习俗。

保护民俗不能违背人性,违背科学。对于一些违犯人性、违犯科学的俗必须毫不犹豫地禁止,这是历代官方所做的正确的选择。在海南,一些习俗经历了多代人的努力,已经渐渐消失,其危害也是显而易见的,他们的族群中没有人愿意保留这些习俗,但是,有些学者还在大声疾呼:这是古老的传统,要保护!

　　第四,设立民俗博物馆和建立生态发展基金。前面章节已经提到,民俗是一个族群的集体记忆,这个"记忆"有时候非常可怖,非常可怜,或者非常可羞,但它毕竟是这个族群发展的历史,如果任其"失忆"也是对文化研究中的一大损失,对历史的不负责任,对这样类型的民俗保护可以通过博物馆的方式将其存留下来,既可以丰富人们的文化知识,也为后世研究提供重要的资料。可以放入博物馆的还包括一些已经被淘汰的技术、落后了的工艺,等等,诸如此类不再适应新的时代的民俗事与物。

　　经济的发展和民俗的保护都离不开资金和技术的支持,设立生态发展基金,对于海南发展来说,既有必要性,也有合理、合法性。海南国际旅游岛建设是国家级的战略规划,以旅游业作为海南经济发展的支柱产业也是海南省经济发展的战略策略,而国家方面的资金支持可以说是杯水车薪,设立生态发展基金可以更好的利用资金。海南中部地区在发展上滞后于东部地区,既有区位的原因,也有国家政策方面的原因,中西部地区为保持海南岛优越的自然环境已经先期作出了自己的贡献,对中西部地区进行资金方面支持是回馈中西部地区的自然举措,合情合理又符合国家的方针政策。

主要参考文献

一、译著

1.[法]费赖之著:《在华耶稣会士列传及书目》,冯承钧译,中华书局1995年版。

2.[法]莫里斯·哈布瓦赫著:《论集体记忆》,毕然、郭金华译,上海人民出版社2002年版。

3.[美]露丝·本尼迪克著:《文化模式》,何锡章、黄欢译,京华出版社2000年版。

4.[美]詹姆斯·斯科特著:《逃避统治的艺术》,王晓毅译,三联书店2016年版。

5.[日]桑原骘藏:《蒲寿庚考》,陈裕菁译,中华书局2009年版。

6.[日]小叶田淳:《海南岛史》,张迅斋译,学海出版社1979年版。

7.[日]真人元开著,汪向荣校注:《唐大和上东征传》,中华书局1979年版。

8.[苏]托卡列夫:《世界各民族历史上的宗教》,魏庆征译,中国社会科学出版社1985年版。

9.[英]马林诺夫斯基:《巫术科学宗教与神话》,李安宅译,中国民间文艺出版社1984年版。

10.[英]韦尔斯:《世界史纲》,蔡慕晖等译,上海三联书店2008年版。

11.[英]湛约翰等译:《新旧约全书》,大英圣书公会1919年版。

二、国内著作

1.陈江:《临高学研究初集》,海南出版社2012年版。

2.班固:《汉书》,中华书局 1962 年版。

3.巢元方:《诸病源候论》,北京科学技术出版社 2016 年版。

4.陈伯海:《唐诗汇评》,上海古籍出版社 2015 年版。

5.陈梦雷:《古今图书集成》,中华书局 1985 年版。

6.陈寿:《三国志》,中华书局 1959 年版。

7.陈长勇编:《哲学·种源》,金城出版社 2006 年版。

8.陈植:《海南岛新志》,海南出版社 2004 年版。

9.程曖初:《战国策集注》,上海古籍出版社 2013 年版。

10.崔高维校点:《礼记》,辽宁教育出版社 2000 年版。

11.戴璟等:《嘉靖广东通志初稿》,海南出版社 2006 年版。

12.戴可来、杨宝筠校注:《岭南摭怪等史料三种》,中州古籍出版社 1991 年版。

13.戴熺等:《万历琼州府志》,海南出版社 2003 年版。

14.丁世良,赵放主编:《中国地方志民俗资料汇编》,国家图书馆出版社 2014 年版。

15.樊绰等:《蛮书校注》,中华书局 1962 年版。

16.范成大著,齐治平校补:《桂海虞衡志校补》,广西民族出版社 1984 年版。

17.范晔:《后汉书》,中华书局 1965 年版。

18.方鹏:《海南岛历史、民族与文化》,南方出版社 2003 年版。

19.冯仁鸿:《海南风灾纪实/琼崖史海钩沉》,天马图书有限公司 2000 年版。

20.符昌忠:《海南村话》,华南理工大学出版社 1996 年版。

21.符和积,符颖:《海南古代教育发展史》,海南出版社 2009 年版。

22.符和积:《海南文史》(第 10 辑),南海出版公司 1994 年版。

23.符永光:《琼史寻踪》,亚洲出版社 1994 年版。

24.干宝:《搜神记》,吉林大学出版社 2011 年版。

25.高承:《事物纪原》,中华书局 1989 年版。

26.顾岕:《海槎余录》,台湾学生书局 1985 年版。

27.顾炎武撰,黄坤校点:《天下郡国利病书》,上海古籍出版社 2012 年版。

28.顾野王:《舆地志辑注》,上海古籍出版社 2011 年版。

29.郭棐撰:《粤大记》,广东人民出版社 2014 年版。

30.海瑞:《海瑞集》,海南出版社 2003 年版。

31.韩立收:《查禁与除禁黎族习俗惯法研究》,上海大学出版社 2012 年版。

32.郝思德、黄万波:《三亚落笔洞遗址》,南方出版社/海南出版社 2008 年版。

33.胡耐安:《中国民族志》,台北商务印书馆 1974 年版。

34.胡朴安:《中华全国风俗志》,岳麓书社 2013 年版。

35.怀效锋点校:《大明律点校本》,辽沈书社 1990 年版。

36.黄公渚选注:《周礼》(注),商务印书馆 1936 年版。

37.黄谷甘:《三亚市方言博览》,李建璋,王隆伟主编:《崖州史话》,海南出版社 1989 年版。

38.黄友贤,黄仁昌:《海南苗族研究》,海南出版社/南方出版社 2008 年版。

39.黄钰:《评皇券牒集编》,广西人民出版社 1990 年版。

40.贾耽:《广州通海夷道》,欧阳修等:《新唐书》,中华书局 1975 年版。

41.蒋琦溥等:《光绪乾州厅志》,江苏古籍出版社 2002 年版。

42.焦竑:《国朝献徵录》卷 107,台湾学生书局 1964 年版。

43.乐史:《地理志·海南六种》,海南出版社 2006 年版。

44.李昉:《太平广记》,中华书局 1961 年版。

45.李林甫等撰,陈仲夫点校:《唐六典》,中华书局 1992 年版。

46.李调元:《南越笔记》,广东人民出版社 2015 年版。

47.李文烜等:《咸丰琼山县志》,海南出版社 2004 年版。

48.李贤修等:《一统志·琼州府》,海南出版社 2006 年版。

49.郦道元:《水经注》,岳麓书社 1995 年版。

50.梁敏、张均如:《临高语研究》,上海远东出版社 1997 年版。

51.刘明原:《金秀瑶族自治县志》,中央民族学院出版社 1992 年版。

52.刘文典:《淮南鸿烈集解》,中华书局 1989 年版。

53.刘锡蕃:《岭表纪蛮》,上海书店出版社 1991 年版。

54.刘昫:《旧唐书》,中华书局 1975 年版。

55.刘耀荃、练铭志校补:《明实录广东少数民族资料摘编》,广东人民出版社 1988 年版。

56.鲁迅:《鲁迅辑录古籍丛编》,人民文学出版社 1999 年版。

57.罗天尺等:《清代广东笔记五种》,广东人民出版社 2015 年版。

58.马建钊:《中国南方回族谱牒选编》,广西民族出版社 1998 年版。

59.马镛等:《明代笔记小说大观》,上海古籍出版社 2005 年版。

60.蒙文通:《越史丛考》,人民出版社 1983 年版。

61.明谊修、张岳崧纂:《道光琼州府志》,海南出版社 2006 年版。

62.欧阳修等:《新唐书》,中华书局 1975 年版。

63.潘超等编:《中华竹枝词全编》,北京出版社 2007 年版。

64.潘啸龙:《楚辞》(注评),合肥:黄山书社 1998 年版。

65.祁学义译:《布哈里圣训实录全集》,宗教文化出版社 2008 年版。

66.钱以垲、张庆长:《岭海见闻黎岐纪闻》,广东高等教育出版社 1992 年版。

67.屈守元笺疏:《韩诗外传笺疏》,巴蜀书社 1996 年版。

68.商浚辑:《稗海》第 3 册,大化书局 1985 年版。

69.沈志成、沈艳:《海南文物记事》,海南出版社/南方出版社 2008 年版。

70.史海涛等:《海南两栖爬行动物志》,科学出版社 2011 年版。

71.司马迁:《史记》,中华书局 1959 年版。

72.司徒尚纪:《海南岛历史上地开发研究》,海南出版社 1987 年版。

73.苏轼:《苏轼全集》,中国文史出版社 1999 年版。

74.孙希旦:《礼记集解》,中华书局 1989 年版。

75.孙有康,李和弟:《五指山传》,暨南大学出版社 1990 年版。

76.唐河主编:《曾国藩通鉴》,内蒙古大学出版社 2001 年版。

77.唐玲玲、周伟民:《凡俗与神圣——海南黎峒习俗考略》,上海大学出版社 2014 年版。

78.唐胄:《正德琼台志》,海南出版社 2006 年版。

79.脱脱:《宋史》,中华书局 1977 年版。

80.王充:《论衡》,岳麓书社 2006 年版。

81.王溥:《唐会要》,中华书局 1955 年版。

82.王桐龄:《中国民族史》,吉林人民出版社 2013 年版。

83.王献军:《海南回族的历史与文化》,海南出版社/南方出版社 2008 年版。

84.王象之:《舆地纪胜》,中华书局 1992 年版。

85.王学萍主编:《五指山五十年》,海南出版社 1999 年版。

86.王俞春:《历代过琼公传》,中国国际广播出版社 1993 年版。

87.王筑生主编:《人类学与西南民族国家教委昆明社会文化人类学高级研讨班论文集》,云南大学出版社 1998 年版。

88.王佐:《鸡肋集》,南海出版社 2004 年版。

89.魏源:《魏源集》,中华书局 1976 年版。

90.魏徵等:《隋书》,中华书局 1973 年版。

91.闻一多:《闻一多神话与诗》,吉林人民出版社 2012 年版。

92.吴海京:《资治通鉴续纪》,中国文史出版社 2014 年版。

93.吴岩峻:《中国气象灾害大典》海南卷,气象出版社 2008 年版。

94.萧统:《文选》,商务印书馆 1936 年版。

95.辛世彪:《海南闽语比较研究》,商务印书馆,2013 年版。

96.徐凤鸣、廖必强等:《广西通志》,近卫本。

97.闫广林:《海南岛文化根性研究》,社会科学文献出版社 2013 年版。

98.阎根齐:《海南古代建筑研究》,海南出版社/南方出版社 2008 年版。

99.颜家安:《海南岛生态环境变迁史研究——以植物和动物变迁为研究视角》,南京农业大学出版社 2006 年版。

100.颜小华:《相遇、对话与调适——美国长老会在华南的活动研究》,兰州大学出版社 2009 年版。

101.杨孚:《异物志》,广东科技出版社 2009 年版。

102.杨学政,刘婷:《云南道教》,宗教文化出版社 2004 年版。

103.余振贵等主编:《中国回族金石录》,宁夏人民出版社 2001 年版。

104.袁珂校注:《山海经校注》,巴蜀书社 1993 年版。

105.张华:《博物志校证》,中华书局 2014 年版。

106.张启富等:《海南岛地质》,地质出版社 1991 年版。

107.张庆长:《黎岐纪闻》,广东高等教育出版社 1992 年版。

108.张廷玉等:《明史》,中华书局 1974 年版。

109.张文豹等:《康熙定安县志》,海南出版社 2006 年版。

110.张宪文等编:《中华民国专题史·国共内战》第 16 卷,南京大学出版社 2015 年版。

111.张需等:《咸丰文昌志》,海南出版社 2003 年版。

112.张友渔等编:《中华律令集成》清卷,吉林人民出版社 1991 年版。

113.张有隽:《瑶学研究》第 4 辑,广西民族出版社 1997 年版。

114.赵汝适著,杨博文校释:《诸蕃志校释》,中华书局 1996 年版。

115.钟元棣:《光绪崖州志》,海南出版社 2006 年版。

116.周祁:《名义考》,文渊阁《四库全书》本,子部第 856 册。

117.周去非:《岭外代答》,中华书局 1999 年版。

118.周元文:《重修台湾府志》,台湾文献委员会 1993 年版。

119.朱为潮等:《民国琼山县志》,海南出版社 2004 年版。

120.朱右曾:《逸周书集训校释》,商务印书馆 1937 年版。

三、论文与报告

1.董文静等:《海南临高人9项人类群体遗传学特征研究》,《广西师范大学学报》(自然科学版)2016年第3期。

2.广东省博物馆:《广东省海南岛原始文化遗址》,《考古学报》1960年第2期。

3.鞠菲:《海南黎族族源及入琼时间研究》,《海南大学学报》(哲学社会科学版)2012年第4期。

4.李辉等:《客家人起源的遗传学分析》,《遗传学报》2003年3月9日。

5.李跃平:《海洋迁徙文化视野下的海南建筑艺术构景》,《美与时代》(城市版)2015年12月3日。

6.马荣江:《海南中部文化旅游模式分析——以大黎母文化旅游为核心》,《海南大学学报》(哲学社会科学版)2016年第5期。

7.《关于考察海南少数民族地区群众生产生活情况的报告》,全国政协办公厅文件,政全厅发[2014]4号。

8.汤开建、袁国客:《明清之际天主教在海南的传播、发展及兴衰》,《海南大学学报》(哲学社会科学版)2001年第4期。

9.王献军、梁海燕:《海南回族的特色文化》,《新东方》2009年第1期。

10.王献军:《再论海瑞族籍问题》,《海南师范大学学报》(哲学社会科学版)2014年第2期。

11.谢业琪:《海南岛黎族指、掌纹研究及临高人与汉族、壮族指、掌纹特征比较》,《人类学学报》1982年第2期。

后　记

从教这些年，我一直在思考一个词——学术。什么是学术？就西译词 Academia 或 Academe 及 Academie 等词的构成来看，其意思应该是"知识的积累"，与我国古人所说的"学问"一词相近。但是，国人说的"学术"就是"学问"吗？显然不是这样。《史记·张仪列传》说："始尝与苏秦俱事鬼谷先生，学术，苏秦自以不及张仪。"刘献廷《广阳杂记》卷三："诸葛孔明为千古一人，其学术全从此书出。"苏轼《到惠州谢表》："臣性资褊浅，学术荒唐。"排除"学习的方法"这样一个词组，古人所说的学术实际上包括了两个方面：一是学问，二是方法。古人向有"学得文武艺，货与帝王家"思想，"学"是"齐家、治国、平天下"之学，"术"也是"齐家、治国、平天下"之术。用现代话来说，学术研究的根本目的是什么？服务社会！当然，服务社会的方式有多种，有直接的，有间接的，我觉得社会民俗学是距离社会较近、服务社会比较直接的一种学术。这是我由古代文学研究转到社会学研究的一个重要原因。

作为民主党派人士，本人一直参与海南省的各项事务，尤其是民俗文化方面，也提出了一些被国家和省、市政府采纳的政策建议。为了更好地进行这些方面的研究，2014 年到 2015 年我到北大做了一年访问学者，有幸得到了高丙中先生的指导。刚见高老师的时候，很忐忑、心虚，就是因为自己只是喜欢社会学而没有经过科班训练。高老师的鼓励我一直记忆犹新："以古代文学专业为背景进行社会学研究,有其短但也有其长,要学会取长补短。"我明白老师的意思,是要我学会"取长补短"。"取长",取古代文学文献考证之长,"补短",补社会学理论知识之短,这正是我来做访问学者的目的。于是在高老师的指导和帮助下,我顺利完成了本课题的研究和国家社科基金项目的结项。人民出版社的王怡石老师为本书的修改提出了许多有价值的建议,包括篇章结构、文章的词句以及具体的技术细节等,让我受益匪浅。

海南民俗的来源实在复杂。就国别来说,涉及越南、泰国、马来西亚、印度尼西亚以及中亚西亚诸国,就国内来看,涉及福建、广东、广西、云南、四川、两湖和江浙诸省以及中原地区各省,耗时长,耗费也大。除了国家社科基金委的资助之外,海南大学人文传播学院、海南省中国文学研究中心、海南省特色重点学科"中国语言文学"为本书的出版提供了资助,海南省政协民族宗教委员会、致公党海南省委、致公党海南大学委员会、海南省民俗学会等单位,为本课题的调研提供了便利。我的几位学生也曾经帮助搜集资料,她们分别是季云迪、尚玉嫣、王夏君、张泽、张芃等,莫斯翔、麦藤燕、王怡青同学在本书的修改过程中也做了不少工作。在此一并谢过。

马荣江记于观海阁

2019 年 12 月 1 日

责任编辑:王怡石

封面设计:王欢欢

图书在版编目(CIP)数据

海南民俗文化生态研究/马荣江 著. —北京:人民出版社,2021.8

ISBN 978－7－01－022862－4

Ⅰ.①海… Ⅱ.①马… Ⅲ.①风俗习惯-文化生态学-研究-海南

Ⅳ.①K892.466

中国版本图书馆 CIP 数据核字(2020)第 252376 号

海南民俗文化生态研究

HAINAN MINSU WENHUA SHENGTAI YANJIU

马荣江 著

人民出版社 出版发行

(100706 北京市东城区隆福寺街 99 号)

北京盛通印刷股份有限公司印刷 新华书店经销

2021 年 8 月第 1 版 2021 年 8 月北京第 1 次印刷

开本:710 毫米×1000 毫米 1/16 印张:14.5

字数:230 千字

ISBN 978－7－01－022862－4 定价:79.00 元

邮购地址 100706 北京市东城区隆福寺街 99 号

人民东方图书销售中心 电话 (010)65250042 65289539